U0071046

人言　可畏

阮玲玉

碎玉之謎

中　躍 編著

目次

PART 2

孽緣

阮玲玉生平遭遇了三個男人：第一個是初戀情人張達民，第二個是衣食情人唐季珊，第三個是藍顏知己蔡楚生。三個男人三種典型，第一個是無賴加無恥，第二個是自私加冷酷，第三個是能理解她卻不能真正愛她。

PART 3 無冕影后

「阮玲玉的卓絕演技霸佔了中國影壇十幾年以來的第一位。」在阮玲玉去世二十多年後，權威大導演孫瑜又寫文章懷念阮玲玉，對她的表演藝術給予了更高、更準確的評價：「阮玲玉的天才演技，是中國電影默片時代的驕傲。」

PART 4

人性可畏

假如唐季珊搶救阮玲玉時送醫及時……假如蔡楚生敢於帶阮玲玉私奔……假如她的朋友們能對阮玲玉多一點關心和支持……假如輿論與公眾對她多一點寬容……假如唐季珊不虐待她，真的對她好……假如張達民不敲詐、狀告阮玲玉……

赤裸的童真、藝術的追求，在當代世界的遊戲規則裡越來越格格不入了，阮玲玉碰得頭破血流。連自己的死，都要以迷醉的姿勢，演出一幕與世界最後驚鴻一瞥的淒美之戲。

引子　永不消逝的美麗

阮玲玉被公認為是上世紀三十年代上海灘的第一「骨感美人」：她那瘦削修長、婀娜多姿的身材，那雙細長飛挑的眼睛，不笑時流露出自然天成的憂戚感，獨有一種「煙視媚行」的風姿。

阮玲玉於1934年

她曾是國人心目中最美麗的女神，嫵媚妖豔，風情萬種，傾倒億萬影迷；她也是舊中國最悲慘的女星，欺騙、謊言和家暴伴隨著她短暫的一生……她就是阮玲玉，上世紀三十年代上海灘上紅得如日中天的女明星，中國電影界公認的無冕影后。

在短短的九年從影生涯裡，她演繹了舊中國各階層無數悲慘女性的形象，最終在留下一句「人言可畏」的「遺言」讓人議論紛紛的同時，卻帶走了她生命裡無數最值得追究的真相……

一個女影星紅到讓人生死相隨，紅到舉國同悲，這得受到多少人的愛戴，釋放出多大的影響？既然擁有這麼大的影響，擁有這麼多人的喜愛，受到了近似女王般尊貴的待遇，她怎麼還會選擇自殺呢？

這個問題不僅困擾我們，也困擾著一代又一代的影迷……

如今的人們提起阮玲玉，常會想起張曼玉在香港電影《阮玲玉》裡扮演的那個「阮玲玉」，就覺得她長得漂亮，嫵媚，就知道她年紀輕輕在二十五歲這樣如花蕊初放的妙齡就看破紅塵，自己掐斷了自己生命的花莖……

不得不承認，當代女星張曼玉把八十年前的那個紅顏薄命的阮玲玉演活了：暗淡的旗袍，精緻的臉龐，自虐的眼神，一切如曇花一般芬芳而寂寞……導演關錦鵬把所有的細膩、哀婉的感情全部投射到了阮玲玉（張曼玉）的身上。光影交錯，撲朔迷離……彼此的黯啞……

岸的阮玲玉，今世的張曼玉，如同隔著印花玻璃的對話，視聽效果是如此的迷離而又如此的黯啞……

阮玲玉被公認為是上世紀三十年代上海灘的第一「骨感美人」：阮玲玉總是一襲旗袍加身，鑲花邊的、高開衩的、格子型的、碎花型的還有純色的陰丹士林布。她那瘦削修長、婀娜多姿的身材，那雙細長飛挑的眼睛，不笑時流露出自然天成的憂戚感，獨有一種「煙視媚行」的風姿。

阮玲玉所留下的圖像和聲音讓我們心中的那道陳舊的傷口再次撕裂！你看，阮玲玉又回來了，她如煙花般的美麗，更比煙花寂寞……你看她，香肩窄窄，曲線玲瓏，一路的掙扎和徘徊，特別是那一回眸的悽楚，給人卿何薄命的鋒利痛感……

是啊，叫人如何不疼痛——痛徹肺腑——

二十五歲啊，蓓蕾初放的花樣年華！放在如今，那些自命不凡的姑娘們才剛剛大學畢業、剛剛走出校門、剛剛從父母的羽翼下探出頭來——好奇地打量、幻想著這個世界；很多才女們還賴在象牙塔裡面，繼續啃著書本、讀著研、讀著博、工作還沒有著落……於是乎，人們自然就會發出這樣的疑問：八十年前的那個阮玲玉，只有初中文化、連一天電影學院都沒有正式上過的她，居然二十五歲時就已經大紅大紫、成了如日中天的電影明星——才二十五歲啊，她的演技能好到哪裡去？她的藝術造詣能高到哪裡去？不會是一個美麗的花瓶吧？……

這些疑問也許是順理成章的，甚至也是「放之四海而皆準」的，但可惜的是，它們恰恰不適用於一個天才，至少不適用於阮玲玉。

翻開《中國電影史》，找到阮玲玉的詞條，可見如下文字：

阮玲玉（一九一〇年四月二十六日至一九三五年三月八日），中國無聲電影時期著名影星，民國四大美女之一，生於上海，祖籍廣東香山。由於父親早逝，阮玲玉自孩童時期隨母親為人幫傭，母親節衣縮食供她上學。一九二六年為自立謀生奉養母親，阮玲玉考入上海明星影片公司，主演處女作《掛名夫妻》，從此踏入影壇。代表作《野草閑花》、《神女》、《新女性》等。阮玲玉是中國默片時代最具票房號召力的演員之一，被認為代表了早期中國演員的演技最高水準。阮玲玉成名後陷於同張達民和唐季珊的名譽誣陷糾紛案，不堪輿論誹謗的阮玲玉心力交瘁，於一九三五年婦女節當日服安眠藥自盡。噩耗傳來震驚電影界，各方唁電不可勝數，上海幾十萬民眾走上街頭為其送葬，隊伍綿延十幾里，魯迅曾為此撰文〈論人言可畏〉。阮玲玉生前出演電影二十九部，但歷經亂世戰火，目前僅發現九部倖存。

換句話說，阮玲玉，確實是一位集美貌、氣質、聰慧、演技於一身的天才少女。

西元一九九五年，中國電影界紀念世界電影誕生一百週年暨中國電影誕生九十週年大型活動，評選中國藝術成就最高的十大電影，阮玲玉主演的《神女》赫然排名第一！評選中國電影史上最有影響力的十大女明星，已離世整整六十年的阮玲玉又躍居榜首！

阮玲玉之於中國影壇的貢獻被一些專家比喻為葛麗泰・嘉寶、英格麗・褒曼之於美國好萊塢。阮玲玉主演的電影曾一次又一次打破了當時國產影片的賣座紀錄。她彷彿就是專門為電影來到這個世界，她瞬間釋放的天才如焰火一般絢麗耀眼，以至於驚動了上帝，他老人家不得不派天使提前把她招去了天堂……

當年的大明星阮玲玉自殺引起了社會上很大的震動，她的死讓億萬觀眾傷心欲絕，她的死讓無數影迷困惑不解。有不少喜愛、癡迷她的觀眾居然追隨其香魂而逝——

上海戲劇電影研究所的項福珍女士，聽聞噩耗，隨即吞服了鴉片自殺；

紹興影迷夏陳氏當天吞服毒藥自殺；

杭州聯華影院女招待員張美英也因痛悼阮玲玉服毒自盡；

單是一九三五年三月八日這天，上海就有五名少女追隨她們的偶像而自盡。

其他地方棄世的追星族則是數不勝數。

她（他）們留下的遺書內容大同小異——

「阮玲玉死了，我們活著還有什麼意思?!」

……

阮玲玉生前名聞天下，死後的哀榮亦盛極一時。

一九三五年三月十四日，她的靈柩從萬國殯儀館移往閘北的聯義山莊墓地。阮玲玉生前的好友差不多都到齊了，將近三百人。

下午一時十分，由金焰、孫瑜、費穆、鄭君里、吳永剛、蔡楚生、黎民偉等十二位電影界大腕將靈柩抬上靈車。

這天送葬的隊伍排成長龍，靈車所經之處，萬人空巷，沿途夾道的摯愛者多達三十萬人。

美國《紐約時報》駐滬記者見狀極為驚奇，特意作了「這是世界上最偉大的哀禮」的報導。文中還配發了一幅插圖，送葬行列中有一壯漢，頭紮白布，身穿龍袍——其寓意為「倘若中國還有皇帝的話，他也會前來參加葬禮」。

PART 1

玉碎

吞服了大量安眠藥的阮玲玉似乎還是無比眷念著這個世界，在藥力早已沁入五臟六腑，且被顛簸折磨了一夜之後，她竟然一直堅持了十多個小時，才嚥下最後一口氣。

阮玲玉在《小玩意》中飾演葉大嫂

謎1

迫害阮玲玉的禍首到底是誰？她的前男友張達民？

面對阮玲玉的自殺慘案，大概每一個人都在想同一個問題：

一代天驕阮玲玉只有二十五歲，鮮嫩如蓓蕾初放，那是多麼年輕、美麗的生命！

要知道，稀世才女阮玲玉在二十五歲的時候已經拍了二十九部電影，並且已經成為中國電影歷史上默片時代的無冕影后。

正處於事業的高峰期的她，為什麼要用那樣決絕的手法終止自己的生命，終止自己如日中天的藝術才華？……

這是無論如何說不通、也讓人想不通的！

那麼只剩下一種可能：她是被迫的!!她是被害的!!!……

那麼兇手到底是誰呢？

禍首到底是誰呢？

阮玲玉的前男友張達民，是阮玲玉生命中的第一個男人。按上海人那個時候的說法，張達民就是一個小K（上海人把紈褲子弟稱為小K，就是有錢人家——遊手好閒不工作的那種子弟。相當於如今的「富二代」）。然而，在上世紀二、三十年代，張家的小少爺、「富二代」張達民也是經受過五四新思潮影響的一個青年人，所以他對阮玲玉這個保姆的女兒並沒有歧視，因為五四新思潮中就有一個平等的意識，這是其一；其二，張達民那時年正十八歲，年輕，處於叛逆期，有熱情，有追求，有一股不知天高地厚的傻勁兒。阮玲玉那個時候十五歲，作為一個「窮人的孩子早當家」的早熟的少女，身上隱約已有一種女人的味道。於是張家的這位「富二代」小少爺，就大膽地對阮玲玉發起了進攻。

不久，張太太發現自己的親生兒子和保姆的女兒有這樣一層關係，表示堅決不同意。她軟硬兼施地想要拆散他們。而張達民那個時候也是情竇初開，也是初生牛犢不怕虎，他真心實意地想要和阮玲玉好，他強烈提議要和阮玲玉同居。於是，當時十八歲的張達民，成了在阮玲玉短促的一生中第一個佔有了她的男人。

生活的磨難，使阮玲玉比普通少女更早懂事成熟；生活的磨難，又使阮玲玉過早地將自己的命運和一名玩世不恭的少爺連結在一起。

從十六歲到二十五歲，阮玲玉在近十年的時間裡，為這個花花公子付出了自己的青春和用血汗換來的金錢，而張達民則愈來愈像魔影似的追隨著她、籠罩著她，直至將她早早地送給了死神。我們不得不說，認識張達民，是阮玲玉悲劇命運的開始。

當時，舊上海發達的電影業，造就了阮玲玉，同時也造就了她的悲劇命運。

一九三二年，當阮玲玉在電影藝術上迅速發展的時候，「一・二八」事變爆發，日本把侵略的戰火燒到了上海灘。上海很多富商為了安全紛紛躲避到了香港，阮玲玉也隨著所在的電影公司，帶著自己的養女和張達民一起來到香港。

在香港，阮玲玉遇到了她生命當中的第二個男人——唐季珊。事後來看，正是這位中年男子的出現，再次加速把阮玲玉推向了死的邊緣。

唐季珊當時在東南亞是一個特別著名的富商，他是做茶葉生意的。因為他很有錢，電影公司都拉他入股，所以他當時就是阮玲玉所在的電影製片廠聯華公司的一個大股東。

唐季珊旋即對阮玲玉展開了瘋狂而耐心、持久的追求。當時唐季珊在上海的新聞路買了一棟三層樓的小洋樓，作為他們的同居之所。後來阮玲玉就是在這棟小洋樓裡自殺的，所以唐季珊送給阮玲玉的這份貴重的禮物，相當於是送給阮玲玉一座漂亮的墳墓。

就在阮玲玉和唐季珊開始新的同居生活時，張達民從外地回到了上海。當張達民看到阮玲玉身邊的唐季珊時，他那黑暗的嫉妒心理油然而生，他那無賴的本質暴露無遺。苦命的阮玲玉暫時平靜的生活再次掀起了風波，而這次風波直接把阮玲玉推向了死亡。

那個時候張達民已經潦倒了，他看到和自己同居了八年的一個女人居然和另外一個男人同居在一起，並且這個男人要比他更有錢、更成熟、更有實力，仇恨和嫉妒旋即控制了他整個的情緒、整個的身心。

這個時候張達民人性惡的一面就露骨地表現出來，他開始使用一種非常無賴的方式來糾纏阮玲玉。我們說張達民的身上既有公子哥兒的那種灑脫、那種浪蕩，也有小市民的那種精明、斤斤計較，更有上海「拆白黨」式的那種無賴，這三種東西合在一個男人身上，這個男人真的就是惡棍，而且是一個十惡不赦的大惡棍。

張達民準確抓住了阮玲玉要面子、怕出醜的軟肋，一次又一次地向她敲詐錢財，並且最後這一次敲詐的數額很高，索要五千塊大洋。

五千塊大洋是個什麼概念？

以當時的魯迅為例：魯迅當大學教授的固定薪水每月可拿三百塊大洋。（那時候，一個北京市民每月的基本生活費平均是兩三個大洋。）當年魯迅在八道灣買的那幢四合院房子，一共花了四千大洋。這事如果放到現在，那得花多少錢呢？這是一道小學生都會換算的算術題。

我們是不是可以這樣說，當時的五千塊大洋相當於現在上海市區的一幢別墅。

當時的阮玲玉就想花錢消災、息事寧人，但唐季珊不幹，他不想給這筆錢。他的理由也很正當：他不能沒完沒了地被一個無賴敲詐。

阮玲玉只好聽唐季珊的。

結果張達民真的耍起了無賴：他跑到法院遞了一張狀子，說阮玲玉當時和他同居的時候，偷走了他們家的多少多少東西，而且還把這些偷來的東西送給了唐季珊。這樣等於把唐季珊也一併告進了法庭。

唐季珊為了維護自己的名譽，決定先發制人，搶先向法院反訴張達民對他名譽誣陷。第一輪官司不了了之，誰也沒有告倒誰。真正的受害者只有一個人，那就是夾在他們兩個男人中間的明星女人——阮玲玉。

張達民惱羞成怒之下，再次向唐季珊、阮玲玉提起刑事訴訟：他告阮玲玉犯有非法侵佔和偽造文書罪，控告他們非法通姦、妨礙家庭罪。因為是刑事訴訟，作為被告當事人的阮玲玉必須親自出庭受審。兩個男人的訴訟夾攻，加上媒體報刊的狂轟報導，謠言傳聞的愈演愈烈，讓阮玲玉陷入了越來越深的醜聞泥潭。有的小報上甚至出現了〈美女影星阮玲玉通姦記〉這樣惡俗的醒目標題。雙方告來告去，受傷最大的還是阮玲玉。各報連篇累牘地報導阮玲玉和兩個男人之間的風流韻事，繪聲繪影，誣衊、攻擊、謾罵接踵而至……

最後，精神崩潰的阮玲玉便像她在電影中演的那些悲情女主角那樣，在一個凌晨吞服大量安眠藥自殺了。

我們已經知道，那是一九三五年三月八日、國際婦女節的凌晨。第二天，也就是三月九日，便是預定的阮玲玉必須親自出庭受審的日子。在死亡與受辱之間，阮玲玉無奈選擇了前者。

謎 2

迫害阮玲玉的禍首到底是誰?是「人言可畏」?

一石激起千層浪。阮玲玉之死一下子在全國範圍內點燃了億萬公眾的怒火。唐季珊迫於輿論壓力，向媒體提供了阮玲玉留下的兩份遺書。其中一份遺書的矛頭直指張達民

我一死，人們一定以為我是畏罪。其是(實)我何罪可畏，因為我對於張達民沒有一樣有對他不住的地方，別的姑且勿論，就拿我和他臨別脫離同居的時候，還每月給他一百元。這不是空口說的話，是有憑據和收條的。可是他恩將仇報，以冤(怨)來報德，更加以外界不明，還以為我對他不住。唉，那有什麼法子想呢!想了又想，惟有以一死了之罷。唉，我一死何足惜，不過，還是怕人言可畏，人言可畏罷了。

阮玲玉絕筆廿四年三月七日

遺書曝出，一時間輿論大嘩！阮玲玉她犯了什麼罪？一個電影明星何罪之有？如果沒有罪，那麼阮玲玉為什麼會在遺書中提到畏罪二字呢？這是怎麼回事？……

原來，在阮玲玉死的前幾天，即二月二十五日，阮玲玉收到了法院的傳票，有人在上海特區的第二法庭告了她。這個人叫張達民，他是阮玲玉的前男友。他告阮玲玉犯有非法侵佔和偽造文書罪，還告她重婚和妨害家庭罪。

阮玲玉的前男友張達民差點被公眾的唾沫淹死——他頓時成了一個千夫指、萬人罵的「害人精」、「殺人犯」。無數阮迷恨不得用磚頭把他活活砸死才解恨。

阮玲玉在她的這份遺書裡，把「殺人兇手」一是歸究於張達民，二是歸究於社會輿論——人言可畏。阮玲玉在遺書裡一連寫了兩個「人言可畏」，尤其奪人眼球，令人痛心疾首。

「人言可畏」這四個字，也成了阮玲玉遺書的代名詞，半個多世紀以來被一代代的國人、騷客們反覆提起，且大做文章。

當年的文壇巨匠魯迅也不甘落後，及時在沸騰的社會輿論大油鍋裡加了一把鹽——他揮毫撰寫了一篇有名的雜文，題目就叫：〈論人言可畏〉。其中的幾節精彩論斷至今讓人感到振聾發聵——

「人言可畏」是電影明星阮玲玉自殺之後，發見於她的遺書中的話。這轟動一時的事件，經過了一通空論，已經漸漸冷落了，只要《玲玉香消記》一停演，就如去年的艾霞自殺事件一樣，完全煙消火滅。她們的死，不過像在無邊的人海裡添了幾粒鹽，雖然使扯淡的嘴巴們覺得有些味道，但不久也還是淡，淡，淡。

小市民總愛聽人們的醜聞，尤其是有些熟識的人的醜聞。上海的街頭巷尾的老虔婆，一知道近鄰的阿二嫂家有野男人出入，津津樂道，但如果對她講甘肅的誰在偷漢，新疆的誰在再嫁，她就不要聽了。

阮玲玉正在現身銀幕，是一個大家認識的人，因此她更是給報章湊熱鬧的好材料，至少也可以增加一點銷場。讀者看了這些，有的想：「我雖然沒有阮玲玉那麼漂亮，卻比她正經」；有的想：「我雖然不及阮玲玉的有本領，卻比她出身高」；連自殺了之後，也還可以給人想：「我雖然沒有阮玲玉的技藝，卻比她有勇氣，因為我沒有自殺」。花幾個銅元就發見了自己的優勝，那當然是很上算的。

案中的男人的年紀和相貌，是大抵寫得老實的，一遇到女人，可就要發揮才藻了，不是「徐娘半老，風韻猶存」，就是「荳蔻年華，玲瓏可愛」。一個女孩兒跑掉了，自奔或被誘還不可知，才子就斷定道，「小姑獨宿，不慣無郎」，你怎麼知道？一個村婦再醮了兩回，原是窮鄉僻壤的常事，一到才子的筆下，就又賜以大字的題目道，「奇淫不減武則天」，這程度你又怎麼知道？

無拳無勇如阮玲玉，可就正做了吃苦的材料了，她被額外的畫上一臉花，沒法洗刷。叫她奮鬥嗎？她沒有機關報，怎麼奮鬥；有冤無頭，有怨無主，和誰奮鬥呢？我們又可以設身處地的想一想，那麼，大概就又知她的以為「人言可畏」，是真的，或大眾以為她的自殺，和新聞記事有關，也是真的了。

至於阮玲玉的自殺，我並不想為她辯護。我是不贊成自殺，自己也不豫備自殺的。但我的不豫備自殺，不是不屑，卻因為不能。凡有誰自殺了，現在是總要受一通強毅的評論家的呵斥，阮玲玉當然也不在例外。然而我想，自殺其實是不很容易，決沒有我們不豫備自殺的人們所渺視的那麼輕而易舉的。倘有誰以為容易麼，那麼，你倒試試看！

看來，對於阮玲玉死於張達民挑起的「人言可畏」，魯迅也認為是「真的了」。

這波「人言可畏」的浪潮，一浪高過一浪，漸漸演變成了殺傷力極強的龍捲風、海嘯。眾所周知，張達民曾是阮玲玉的初戀情人，分手後他卻翻臉無情，不惜以一個賭徒、亡命之徒的無賴心理，抱著罪惡的報復目的，破罐子破摔，搧陰風、點鬼火，借助於媒體和社會輿論，不惜把世界上最骯髒的污水瘋狂地潑向他昔日的初戀女友，一個視清白勝過生命的柔弱女子……

魯迅對於阮玲玉死於「人言可畏」的這一判斷，其主要根據還是來源於阮玲玉自殺前留下的那份遺書。

可是，魯迅有沒有想過，大家有沒有想過，假如這份「阮氏遺書」是假的呢？假如這份「阮氏遺書」是偽造的呢？那麼，迫死女明星阮玲玉的真凶又要向何處追尋呢？

阮玲玉的死因真的只是「人言可畏」嗎？

一句「人言可畏」，把所有的人都解脫了。一句「人言可畏」，把阮玲玉的死歸咎於小報記者，歸咎於無聊的小市民，所有的當事人都乾淨了，都沒有關係了。

但是隨著時間的推移，隨著新的歷史資料的披露，特別是當年的一些當事人，當他們進入晚年的時候，他們為了求得自己良心的安寧，他們開始打開了自己記憶中封存的那些祕密……於是我們才能清楚地看到，阮玲玉的死不是像我們當初以為的那樣簡單，僅僅是「人言可畏」。

多少年來，很多人連想都沒有想到，這「人言可畏」四個字的背後，竟然真的隱藏著一段令人髮指的罪惡！所以現在，我們可以這樣說：阮玲玉她最後的死不是死在人言可畏，其實是死在人性可畏。

通過阮玲玉之死，我們更多是看到了人性的脆弱，人性的複雜，同時也可以看到在那個舊時代女性必然的悲劇性命運。

謎3

迫害阮玲玉的禍首到底是誰？她的現男友唐季珊？

前面說過，阮玲玉的兩份遺書，是她的現同居男友唐季珊迫於輿論壓力而被動交出來的。

這兩份遺書的影印件一經在報紙上發表，第一個跳出來表示質疑的，就是她的前男友張達民。張達民與阮玲玉陸續在一起同居、生活了七年，他對她的筆跡和語氣再熟悉不過了。可是，由於當時大家都痛恨這個無賴，以為他只是在為自己狡辯、為自己脫罪，根本沒有人想聽他說話，更沒有人願意相信他說的話。

「人言可畏」四個字，成功地將大眾的怒火引向了以張達民為代表的封建舊惡勢力、引向了那些無良的小報記者、引向了那些無聊的社會輿論……

當然，就算這樣，人們也沒有輕易放過阮玲玉的現男友唐季珊。

輿論普通認為，唐季珊對同居女友的自殺負有不可推卸的責任。要求警方對唐季珊介入調查的讀者來信如雪片一般飛向各大報社，「嚴懲兇手」的公眾呼聲一浪高過一浪！……

一時間，唐季珊成了記者們圍追堵截的熱門對象。

唐季珊也趁此機會，向報界大吐苦水，竭力為自己脫罪，竭力為自己塑造正面形象。

三月八日凌晨二時許，已吞食了大量安眠藥、寫罷了遺書、神志已有些模糊的阮玲玉趨步走到床前，跌坐在床沿，推了一下熟睡中的唐季珊。唐季珊從夢中驚醒，發現淚眼朦朧的阮玲玉正低頭凝視著他，語蔫不詳地輕輕問了他一句：「你真的愛我嗎？」

睡得迷迷糊糊的唐季珊隨口應道：「當然，我真的愛你。」

「你能給我一些最後的安慰嗎？」阮玲玉的聲音已顯得有氣無力。

迷迷糊糊的唐季珊還是聽見了這句話，他模糊地覺得事情有些異樣，有些不對勁兒，頓時有一種不詳的預感朝他襲來，他強睜開眼睛，注意看了一眼阮玲玉的神情，感到明顯不對勁，他急忙坐起身，一邊安撫她，一邊有些緊張地問道：「你怎麼了？你、你不會服毒吧？」

阮玲玉強打笑容，含糊地應道：「沒……有，怎麼可……能呢……」說罷再也支持不住，倒在床上昏睡過去。

唐季珊情知不對，急忙起床，打開燈，查看一番，只見桌邊赫然擺著三隻空藥瓶，頓時驚出了一身冷汗——方知阮玲玉真的服毒了！而且是巨量!!……

以上情形是唐季珊事後對採訪他的記者描述的。

當時在這棟三層洋樓的二樓臥室裡，就他和阮玲玉兩個人，現在阮玲玉死了，死無對證，唐季珊的話到底有多少的可信度？還是一個大大的問號。

現在我們暫且將這個問號擺在一邊，繼續事件的進程。

在下面的事件進程中，至少多了一個人，多了個證人，因而事件的可信度便提高了許多。

話說唐季珊發覺阮玲玉服毒後，驚出了一身冷汗，他隨即赴三樓叫醒了阮玲玉的母親何阿英。阮媽隨唐季珊急忙來到二樓臥室，發現阮玲玉已經呼之不應、毫無知覺了。阮媽見此情形驚慌得失聲痛哭，唐季珊連忙止住她那淒厲的「夜半雞叫」，說道：「現在不是哭的時候，事不宜遲，我們還是趕緊把她送醫院吧?!」

六神無主的阮媽強忍悲痛、吞嚥下哭聲，點頭表示同意。

可是，送哪家醫院好呢？——唐季珊又犯起愁來。在這人命關天、千鈞一髮的時刻，唐季珊居然考慮起了自己的名聲、面子——像阮玲玉這樣的大影星、大名人，服毒自殺，如果被公眾知道、被報界知曉，那份滿城風雨、那份轟動效應可想而知——就算把她救活了，今後自己還怎麼做人？還怎麼做生意？我們大家還有什麼面目見人？……

此時的唐季珊竟然把自己的名聲和臉面放在了第一位。

於是他對玲玉的母親何阿英說：「玲玉是個萬眾矚目的名人，若這種事情讓外界知道了，不知會鬧成什麼樣子呢！玲玉本人也不會原諒我們的！我想來想去，我們最好還是送她去一家外國人辦的醫院，他們嚴格為病人保密，這樣的話，才不容易被別人發覺。」

阮媽是個沒文化的家庭婦女，碰到這種事情，早慌得沒了主意，只是一個勁地說：「好，好，就依你，就依你，你趕緊拿主意吧！」

唐季珊又問，玲玉上一次服毒自殺時，是送的哪一家醫院搶救的？阮媽的腦袋此刻已是一片空白，醫院的名字早想不起來了，況且當時她是跟在張達民的後面，一路上只顧照顧玲玉，其他的什麼也顧不上。她只依稀記得那醫院大致的方位，好像是日本人辦的……

唐季珊一連猜了幾家，當猜到「福民醫院」時，阮媽才不太肯定地點點頭，說有點像。

可唐季珊不是不知道，這家日本人辦的「福民醫院」又小又偏僻，離他們現在的位置距離有多麼遠？光是開汽車也要開上一個多鐘頭吧？

其實，就在離他們家不遠的地方，就有兩家正規的大醫院，唐季珊竟然棄之不顧！僅這點而言，需要有多麼狠毒、多麼冷酷的心腸才能做到啊?!

唐季珊打電話叫醒了他的司機，叫來了車，手忙腳亂地把阮玲玉往遙遠而偏僻的福民醫院送去。

此刻已是凌晨三時。距離唐季珊發現阮玲玉服毒已過去了一個多小時的時間。這是多麼漫長而寶貴的一個多小時！為了他的面子，他寧肯白白錯過搶救病人的最佳時機、和最佳的條件！

難怪有人指出：這樣的冷血行為，簡直令人髮指！如果指責他犯有「過失殺人罪」也不算過分吧？

等他們在夜色裡搖搖晃晃、顛顛簸簸地把車開到福民醫院，已是凌晨四時左右。一問方知，這家小醫院夜間是不留值班醫生的。值班室裡只有一位助理在值班，見送來的是一位中國病人，態度很冷淡，愛理不理的樣子。

唐季珊這時候如果肯大把的花錢，值班助理也許見錢眼開、可以破例為他們開綠燈，緊急喚來醫生先做一番前期的搶救；或者，唐季珊這時候如果肯果斷地下決心，立刻掉轉車頭，把阮玲玉送往附近的大醫院，阮玲玉或許還有一線生機!!……

可是這兩個如果，唐季珊居然都棄之不用，他只是在和那個助理磨嘴皮子、磨了近個把小時！後來見該醫院實在指望不上，他還向人家進一步打聽附近有沒有其他的外國人辦的醫院？人家告訴他有一家德國人辦的醫院，路很遠，且夜間有沒有醫生值班也不清楚。

雖然資訊是如此的含糊不清、如此的不靠譜，唐季珊還是決定去德國人那兒碰碰運氣。

司機路線不熟，加上是凌晨，天黑路荒，又無人可以打聽問路，等他們七轉八繞把車開到那家德國人開的醫院，已是凌晨五點左右了。一打聽，還好，有醫生值班，但只是個小實習醫生，水準太差，而且該院並沒有較好的搶救設備。

至此，車上的阮玲玉已奄奄一息。這時的唐季珊仍然不肯放下雜念、做最後一搏——此時如果立刻送往附近的大醫院，阮玲玉說不定還有「半線生機」！……唐季珊卻是奉行一不做、二不休的頑固政策，決定冷血到底。

不是沒有好醫生嗎？他唐季珊就認得好幾個高水準的醫生啊！他想來想去，想起一個叫陳達民的，他們兄弟兩個都是水準很高的醫生，平時與自己私交不錯，口風還算比較緊，於是他不得不打電話、請他們幫忙，前來會診。

此時天色微明，已是清晨五點多鐘。距離阮玲玉服毒已有近四個小時了。而阮玲玉直到現在、還沒有得到哪怕任何的一點點救治!!

這是「過失殺人」嗎？呸，簡直就是「故意殺人」啊!!

等陳氏兄弟從老遠的地方顛顛簸簸趕到後，已近六點，他們這才開始為阮玲玉洗胃、注射解毒藥物……幾經折騰，哪裡還有救活的希望?!

人命關天！陳氏兄弟建議立刻轉院，轉最好的醫院！雖然希望還不到百分之一……

唐季珊一聽此話方知大禍臨頭！……反正也救不活了！醜聞已經誕生！想藏也藏不

住了！送不送大醫院、讓不讓公眾知道，反正已經不重要了，已經沒有什麼區別了！

萬念俱灰之下，唐季珊才不得不聽從陳氏兄弟的建議，勉強答應將阮玲玉送到條件、設備都比較好的中西療養院去進行搶救……

拖到這個時候，再好的醫生也無力回天，所有的搶救都是亡羊補牢……

在阮媽的苦苦哀求下，絕望的唐季珊不得不給玲玉所在的聯華電影公司的老總黎民偉打電話，並請求他出面，請上海最好的醫生前來中西療養院會診，來搶救阮玲玉的性命。

此時的黎總在家裡剛剛起床，正待洗漱，聽到這個壞消息後，極為震驚！昨天晚上，阮玲玉和部分同事、好友就在這裡參加他舉辦的酒會，席間，阮玲玉談笑風生的，比平時還多喝了幾杯紅酒，情緒蠻好的呀！怎麼剛過了幾個小時，她就服毒自殺、無法搶救了呢?!

慌亂中，黎總將洗漱用的瓷質牙粉罐打落在地、摔成了碎片——他覺得這定是個不祥之兆，於是越發的膽戰心驚！

黎總帶著好醫生、帶著一幫得力幹將全速趕到中西療養院增援，所有的人一聞聽阮玲玉的名字，二話沒說，都是全力以赴，竭盡所能！

只要阮玲玉一息尚存，搶救就不會有絲毫懈怠。然而，所有的搶救者都已明白，阮玲玉因服藥過多，關鍵是錯過了最佳的搶救時機，她中毒已深，病入膏肓，他們就算施盡渾身解數，也頂多只能延長她幾個小時的呼吸而已。

他們已無力回天。

他們只能眼睜睜地看著死神將他們心目中最美的女神帶走……

儘管阮玲玉之前尋死的決心很大，一口氣吞服了三瓶安眠藥，然而在之後的時間，阮玲玉似乎還是無比眷念著這個世界，在藥力早已沁入五臟六腑、且被顛簸折磨了一夜之後，她竟然一直堅持了十多個小時，才嚥下最後一口氣。

直到一九三五年三月八日下午的六時三十八分，無冕影后、絕代女星阮玲玉的心臟終於停止了跳動……

此時，離她二十五週歲的生日還差了四十九天。

事實很清楚：由於唐季珊的刻意拖延時間，他等於是親手間接殺害了阮玲玉！

更有研究者指出，唐季珊這樣做的目的，就是為了讓阮玲玉永遠閉嘴，讓他迫害、虐待阮玲玉的真相永無出頭之日。

至於他事後精心偽造死者「人言可畏」的遺書，更是犯下了欺世盜名、令人髮指的罪惡。本書將在後面專輯加以論述。

謎 4

阮玲玉生命中的第三個男人是誰？

阮玲玉拍《新女性》電影的時候，唐季珊在外面又有了新的相好，這是阮玲玉出於一個女人的敏感而發現的。

唐的這個相好叫梁賽珍，當時是上海灘上著名的一個舞女，舞跳得好，人也長得好，也經常去拍電影，和阮玲玉是一個圈子裡面的人，她們之間也是朋友。當阮玲玉發現唐季珊在外面和自己的朋友梁賽珍有了這樣的關係的時候，她的內心是非常痛苦的，她的處境是非常尷尬的。但是阮玲玉她要面子，她太要面子了，她不說。也無處可說，無人可說。

前面張達民的無賴，讓阮玲玉飽嚐了感情的折磨；現在唐季珊的不忠，讓阮玲玉再次失去了感情的寄託。此時阮玲玉惟有把心中的悲哀和痛苦融化在她所扮演的角色當中。

這時，一次偶然的機會，阮玲玉生命中的第三個男人闖入了她的生活。

事後看來，這個男人是阮玲玉在生命的最後一刻唯一可抓的稻草。但最後這個男人卻退縮了，逃避了，阮玲玉也只好放棄了最後的一點幻想。為此，阮玲玉不惜付出了生命的代價。

當時，一個叫蔡楚生的年輕導演在拍一部「進步電影」叫《新女性》，女主人公就由阮玲玉扮演。

最後一場戲，是女主人公韋明自殺的場景。阮玲玉扮演的女主人公躺在床上，她當時已經把藥吃下去了，但是她忽然又覺得自己不應該死，她覺得自己死了，所有的罪惡也便隨著她的死消失了，自己死得不明不白、不清不楚，所以這個時候她反倒有一種強烈的求生的欲望——這個時候，女主人公韋明在臨死之前不停地哀求醫生說：「救救我，救救我吧，我要活，我要活著……」

這個鏡頭拍得相當出色，在場所有的人都被阮玲玉的表演所打動，全都潸然淚下。阮玲玉這個戲演得那麼好，演技是其一，然而更重要的一點是：她自己的身世、自己的經歷和劇中人是何曾相似？其中的感同身受、切膚之痛，才是最主要的。

最後一個鏡頭拍完了，阮玲玉仍久久陷在劇情中不能自拔。導演蔡楚生就讓所有的工作人員退場，他一個人坐在床邊默默地陪著阮玲玉……

阮玲玉的情緒漸漸平復下來以後，她對蔡導演說：「我多麼想成為這樣的一個新女性，能夠擺脫自己命運的新女性，可惜我太軟弱了，我沒有她堅強。」

阮玲玉在《新女性》中飾演韋明，吳茵飾演女校長

其實當時的阮玲玉已經預感到自己的一生會以悲劇而結束。事實上，當她的演藝事業到達最高峰之時、當她的人生剛剛步入二十五歲的時候，所有悲劇的伏筆都形成了她人生悲劇的最後一個高峰。

香港電影《阮玲玉》的導演關錦鵬曾評論說，阮玲玉應該有過不止一次的自殺經歷，瀕死求生的切膚之痛使她把韋明這個角色演得足以亂真。阮玲玉有沒有自殺傾向？這個不太好說。但有一點可以肯定的是，有很多資料顯示，阮玲玉是個很情緒化的人。其實這也不奇怪，作家、藝術家基本上都屬於這種情緒化很強的類型。

拍攝《新女性》時，女主角韋明自殺身死的鏡頭拍完了，阮玲玉卻久久地躺在「病床」上，躲在白色的被單裡失聲痛哭，哭了很久很久……是她入戲太深？還是想起了自己過去的自殺經歷？預見到了自己的悲劇命運？……這些也許都有。但決不僅如此。除這些以外，一定還有更深層次、更隱密、甚至連她自己都不清楚的原因——那就是對愛的渴望，對感情寄託的強烈渴望！

……

說到這裡，我們已經知道，其實阮玲玉生命中的第三個男人，就是那位導演《新女性》的、很有才華的年輕藝術家蔡楚生。

謎5

「第三個男人」見死不救，掐滅了阮玲玉求生的最後一絲火苗？

蔡楚生和阮玲玉是同鄉，老家都在廣東，他們的感情或者說他們的友誼完全是在片場建立起來的。

用現在的話來說，蔡楚生就是一個奮鬥男，一個鳳凰男。蔡楚生為了謀生，曾經在商店裡面當過學徒，後來他到電影廠來做雜工，他完全是通過自己的自學，然後一步一步地走向導演的位置，並很快成為一個著名的年輕導演。他與當時那些留洋回來、科班出身的很多「海歸型」導演不同，他必須付出更多的努力，展現更多的實力和才華。骨子裡面蔡楚生是有一種自卑感的。這點上，他與出身卑微的阮玲玉恰好有著共同之處。

正因為蔡楚生有著這樣一個「卑微的」背景，使得阮玲玉和蔡楚生平時特別親近。又因為他們都是廣東人，兩個人又多了很多相同的愛好，多了很多共同的語言，包括生活習性方面，藝術追求方面，他們相互欣賞，相互關心。心心相印的感覺使得他們兩個人越走越近……

阮玲玉她是保姆的女兒，可以說一直到阮玲玉死、公眾都沒有知道這個事實。張達民後來出了一本書《我和阮玲玉》，他在書面上這樣注明：本書「句句是實話」。但在那本書裡面，他還是沒有透露阮玲玉是保姆的女兒。可見張達民在阮玲玉死了以後，他還是良心發現要為阮玲玉守住這個祕密的。他算是第一個知道這個祕密的阮玲玉的男人。

除了張達民和唐季珊，知道阮玲玉這個祕密的第三個男人，大概就是青年導演蔡楚生了。如今大家都可以看到一本蔡楚生寫的名為《阮玲玉》的書，在頭十行裡，我們就可以看到「阮玲玉是傭人的女兒」這樣的表述。

這個「絕密的資訊」是在一九五七年、蔡楚生在悼念阮玲玉逝世二十二週年活動的時候披露的。

當時阮玲玉覺得，蔡楚生和自己一樣，出身很卑微，在藝術愛好、人生追求上有許多的共同點，於是就和他很親近，於是就把自己是一個保姆的女兒、怎麼樣和張達民同居、又怎麼樣認識唐季珊、包括後來唐季珊又愛上了別的舞女，她內心是怎麼樣痛苦，等等，全部和蔡楚生說了。

當年，當演藝事業如日中天的阮玲玉拍完影片《新女性》後，她和導演蔡楚生之間有了相互傾心的瞭解，萌發了沒有言傳的暗戀的情愫。這點是可以肯定的。

那麼，阮玲玉與蔡楚生之間，到底有著怎樣的情感糾纏呢？至今還是個謎。

對此，香港電影《阮玲玉》的導演關錦鵬曾評論說，阮玲玉與蔡楚生既是工作夥伴，又有一些很含蓄、很曖昧的感情關係。這個我相信是有的。很多時候一個導演與演員建立的感情，我相信不會是那麼簡單，那麼單一，相反，那一定是某種男女愛戀的感情關係。我甚至覺得他們應該有機會超越這層關係，有更真摯、更進一步的愛戀。

直到一九五七年，蔡楚生寫了一篇紀念阮玲玉的文章，題目叫〈追憶阮玲玉——紀念阮玲玉逝世二十二週年〉。然後直到他一九六八年逝世，他再沒有在任何公開場合談論過阮玲玉。

兩人之間的這個祕密是到了一九八四年、蔡楚生導演離世十多年以後，著名作家、電影界前輩柯靈先生在一次中國電影的紀念大會上首次公開披露的。他詳細披露了阮玲玉和蔡楚生兩個人之間發生的感情及其遺憾的結果：在影片《新女性》合作過程中，這兩位彼此傾心相訴的藝術家，各自痛苦地扼殺了燦然燃燒的熱情。

也就是說，阮玲玉最後一次力圖改變命運的努力落空了。要不然，阮玲玉走上絕路的這一幕悲劇也許還可以避免。

所以我們今天有必要回到當年的明星之死這一人性的拷問，也就是說，在阮玲玉生命中、曾經幸運地出現過「第三個男人」，當阮玲玉遇到最危機的時候、當她徹底看透前面兩個混帳男人即張達民和唐季珊的時候，她曾用她的最後一點真情和癡心去求助過蔡楚生，她想讓蔡楚生來救她，或者說，她想用僅存的最後一絲愛情的火苗來點燃自己體溫已滑向冰點的生命。但是我們現在知道的結果是：這「第三個男人」——蔡楚生，他退縮了，他逃避了，他沒有足夠的勇氣來承擔這一段感情、和這份責任。他放棄的，也許是比他的前途、他的生命更為珍貴的無價之寶，這也讓他自己付出了悔恨終生的代價。

在紀實風格的香港電影《阮玲玉》中，有這樣一組鏡頭：阮玲玉臨死的前幾天，曾在一家茶館祕密約會了蔡楚生，並有以下的一段對話：

阮玲玉：我想最後再問你一次，你可以帶我走嗎？

蔡楚生：……

阮玲玉：我們一起去香港？

蔡楚生慢慢點了一支煙，依然沉默著。半天，他咕嚕了一句：去了，同樣還要回來。

阮玲玉：可以啊。那就結了婚再回來。只要你捨得同居的舞女和鄉下的老婆……

蔡楚生卻岔開話題問：你剛才不是說，還有一件事要問的嗎？

阮玲玉：……

蔡楚生：我在這裡，還有一些事情要辦……

阮玲玉愣了愣，便一言不發地站起身、走掉了。

……

電影《阮玲玉》中蔡楚生的扮演者梁家輝曾問關導演：你認為阮玲玉有沒有真的愛過蔡楚生呢？

關導演告訴他說，他曾採訪過阮玲玉當年的同事、好友，包括當年的女影星黎莉莉，她告訴我們說，拍《新女性》時，她經常在化妝間裡碰到阮玲玉，總聽到她在哼《藍天使》，後來她才回味過來、才意識到：阮玲玉與蔡楚生確有那麼一段如此微妙的感情。

在歲月無情的流逝中，後來的人們、哪怕是再優秀的男人，再也沒有面對阮玲玉本人的可能了。而關於阮玲玉的一切、特別是她和藍顏知己蔡楚生的故事卻一直通過各種各樣的方式在流傳。這種流傳讓人們的感覺是如此的隱秘和怪異，這就又多了幾倍的神祕和想像，於是也就更加審美，甚至成了一種文化情結和一種文化理想……

阮玲玉對於蔡楚生，或反過來，蔡楚生對於阮玲玉，就好像兩片帶電的雲團在空中相遇，一片帶著正電荷，一片帶著負電荷，於是「嘩」地一下，電閃雷鳴——這份燦爛就是如此發生的。

我作如此的形容或者感慨，是因為想起了一個溫暖的詞彙：寄託。

阮玲玉，蔡楚生，他們原本可以相互寄託。

所謂寄託，是我拿你來豐富自己。

事實上，在這個世界上只有兩個人：男人和女人。

男人和女人是互為寄託、互相豐富的。所謂男人培養了女人，女人培養了男人。不過是有些人不懂，而有些人懂得卻又怕苦畏難、不敢冒險罷了。

紈褲子弟張達民、流氓富商唐季珊屬於前者，青年才子蔡楚生則屬於後者。

正是阮玲玉生命中這三個重要的男人，先後打擊了她對男人的期待和幻想，並把她的生活理想變成了一條沸騰的大河，而她一個弱女子，卻由於自救能力的缺失而無法泅渡到生命的彼岸。……

謎 6

女影星艾霞服毒自殺，是阮玲玉棄世的誘因？

阮玲玉自殺的前一年，即一九三四年，有一名叫艾霞的女明星突然自殺了。艾霞是民國時期上海灘首位自殺的女影星。她的情事顯然不如阮玲玉曲折，加之她死得太早，只有二十二歲，事業還未及綻放便匆促凋零。如果她不死，會不會在表演藝術上取得更大成功呢？同樣的猜想，我們也可以放在阮玲玉身上。

阮玲玉自殺後，人們的注意力都轉到了阮玲玉的身上，艾霞的名字便隨著歲月的煙塵湮沒了。那是因為阮玲玉在演藝上的如日光芒、情事上的離奇曲折將艾霞這顆璀璨之星遮蔽了吧？

在上世紀三十年代，艾霞在上海的影視圈曾經是那樣炫目。與阮玲玉相比，艾霞也許更是一位不可多得的才女。

艾霞與另一位女影星王瑩是非常好的朋友，在當年上海的電影界，她們被稱為「才女影星雙璧」。

艾霞與阮玲玉、王瑩一樣，都有不幸的過去。十六歲的艾霞為逃避包辦婚姻，從北京逃到上海來避難。在這裡，她結識了比自己小兩歲的王瑩。

歌舞昇平的老上海，兩個孤單又有才華的女子，一見便成為好友，然後成為閨蜜。人與人的交往有時一輩子都是陌生人，有時也許彼此只須互望一眼，便能確定對方是不是自己的知己。

共同的事業，相當的年齡，同樣的美貌，讓她們感覺有些相見恨晚。艾霞性格單純任性，沒有王瑩成熟。在王瑩面前，艾霞更像個妹妹，有什麼痛苦都喜歡找王瑩傾訴，讓王瑩幫她拿主意。時日長了，王瑩也習慣了傾聽艾霞的愁苦經歷。

艾霞寫詩、作畫、編劇。王瑩也寫作。她們的文章常常一起在報刊上發表。

艾霞的成名作是《現代一女性》。她既是這部電影的編劇，又是這部電影的女主演。在這部電影裡，她飾演了女主角葡萄，這個「希望用愛情的刺激來填補空虛的心」的女子——她在曲折的青春歷程裡，最終從戀愛的迷夢中覺醒過來，走上了自立自愛的「光明」之路。

讓觀眾更感興趣的一點是，女主角葡萄的飾演者艾霞，同時也是這部電影的編劇。這在當年電影明星文化素質普遍不高的情況下，艾霞的才華如同一枝盛放在峭壁上的張揚的山花那樣引人矚目。

從一九三二年到一九三四年，艾霞在短短的兩年裡拍了八部戲。其密度遠遠超過了阮玲玉。這讓艾霞的聲譽在電影界迅速崛起。

一九三四年二月十二日，臘月二十九。在春節就要來到的喜慶日子裡，大上海的街道、商鋪、酒館都異常熱鬧。在這樣喧嘩的背景裡，年輕的才女艾霞卻「因感情原因」服毒自盡。芳齡才二十二歲。

謎 7

艾霞的死因到底是什麼？有何隱情？

前面提到，從一九三二年到一九三四年，艾霞在短短的兩年裡拍了八部戲。其密度遠遠超過了阮玲玉。這讓艾霞的聲譽在電影界迅速崛起。

可是成名並不能給艾霞帶來更多的快樂，她常常向閨蜜王瑩訴說內心的迷惘與苦悶。她的迷惘常常不是具體的事件，而是精神上的掙扎。在黑暗的社會裡、痛苦的生活中，她渴望能有真正的個人幸福感。

誰都知道，精神上的掙扎不是輕易能解決的。與阮玲玉陷於三個男人之間的感情糾葛的苦惱相比，艾霞的痛苦更為高級，更有生命哲學之意味。越「高級」、越「哲學」的痛苦，越難排解。王瑩除了給艾霞以女子之間的友誼外，同處在舊式壓抑的環境裡的她，不知道怎樣才能讓艾霞快樂起來。

艾霞是個不容易與人親近的女子，性格也極具雙重性。心情好的時候，她會主動與人聊天，但也僅止於聊天。除了王瑩，她再難讓自己與某個女子親近。在她的身上，有著文人常見的那種敏感、孤傲與脆弱，這樣的敏感常讓她更深地體會到苦悶社會裡的悲涼和絕望。她困惑女人的處境，無論怎樣輝煌都難逃依附屬性的尷尬。對舊時代局限的無奈，對男人情感、精神上的依賴，讓她走不出無奈、無望的怪圈。

王瑩是瞭解艾霞的，卻無法幫助她從精神的困境中走出來，只能看著她任性地放逐自己，無以自控。

有時，艾霞也買名牌的衣服，出入高檔場所，在縱情的歡樂之後，常會帶來更深的孤獨，那種孤獨無藥可救，且無以緩解。

另一方面，艾霞的父親經商失敗，陷入困境，全家上下的生計都需要靠她接濟，這讓艾霞在經濟上感到很吃緊。經濟上的壓力，是艾霞無法快樂的又一個原因。每天都奔波在謀生路上，寫作、拍戲，像一隻被鞭打的陀螺一樣急速旋轉、旋轉，永遠也停不下來，不知何時才能過上自己想過的那種自由創造型的日子。

然而，艾霞與王瑩訴說的最多的，還是感情和愛情。她戀上了一個林姓的有婦之夫，沉醉在一種哀樂的想像中。王瑩不止一次地勸過她，希望她能尋找一份純潔美好的感情。艾霞卻說什麼戀愛的滋味是辣的、不是甜的，「林先生已答應我，他要和原來的妻子離婚，和我結婚，並保證只愛我一個人。我相信他！」

身陷在愛情中的女人，是沒有智商的，也是聽不進任何勸告的。艾霞與那位林先生戀愛，卻不能讓自己縱情地快樂。

艾霞一直不明白哪裡出了問題。那是因為她把愛情、人性想像得過於美好。她分析不出自己，卻在作品裡、下意識地流露出了困惑的原因。如何過上光明幸福的生活？如何擺脫舊女性的種種束縛、讓精神得到自由解放？

艾霞有這個潛意識，有這個追求，卻並沒有看到一個明確的方向，因而在情緒抑鬱時，常常會陷入難耐的空虛。那時的艾霞像是變了一個人，她情緒倦怠，不思梳洗，也不化妝，夾著紙煙，頭髮蓬亂地走在大街上，或在酒館裡借酒澆愁。

這樣的情況王瑩從未有過，艾霞卻是經常性的，她思考問題總喜歡往最壞處想，天生沒有樂觀精神，又生就一副叛逆的骨頭，不願隨遇而安。這些糾結的心情，常如憂鬱的水草，纏繞著她，令她難以呼吸。

艾霞的這些症狀，用現代精神病學的觀點來看也許很簡單，其實就是典型的憂鬱症。眾所周知，憂鬱症具有嚴重的自殺傾向。但這個結論只是後人研究時的分析和猜測而已。我們並沒有找到艾霞這方面的任何病歷記錄。再說，中國人對於心理上、精神上的疾病從來是不重視、不當一回事的。

就在艾霞的精神困擾在死胡同裡、左右衝殺出不來時，她的情感大廈突然發生了地震。林先生不但沒離婚，還與別的女人打得火熱。艾霞得知後心痛不已，瞬間失去了最後的方向。她說：「難道我最愛的人，便是最欺騙我的人嗎?!」

往日的誓言變得比紙還輕，整個人如同是一塊掉在地上、摔得粉碎的玻璃，四處都是尖利的傷口……

心靈受到重創的艾霞回到淒清的住處，等待她的只有一隻可憐的小貓。她抱起小貓，眼淚情不自禁地流個不停。

這天是一九三四年的二月十二日，農曆臘月二十九，春節就要來到，大上海的街道、商鋪、酒館異常熱鬧。在如此喧嘩的背景裡，艾霞內心的絕望變得比往日更為猛烈，突然就覺得有些走不下去了。此時，她內心裡想的只是王瑩，她本能地跑去找王瑩，想抓住最後的一根救命稻草。艾霞一路走得跌跌撞撞，幾乎是衝進了電影公司的化妝室，腦子在瞬間也變得一片空白。

王瑩當時正在拍電影《同仇》，片場休息，回化妝室補妝。她看見艾霞衝了進來，頭髮披散、眼睛紅腫、神情焦慮、憂愁滿面。艾霞的這種表情，王瑩也不是第一次見，她不用問也知道，準是艾霞的感情出現問題了。這早在她的意料之中。王瑩勸她也不止幾百次了，自己都覺得煩了，何況像這種事情，也只有當事人自己解救自己，外人無論怎麼做也是隔靴搔癢。王瑩本想陪她好好聊聊，但導演催促著還要接著拍片，她只好先勸慰她幾句，並對艾霞說，回頭一有空再主動找她。

艾霞聽了，並沒有馬上走。她低垂著頭，像個找不到回家路途的無助小孩。兩人又站了一會兒，王瑩要去片場了，艾霞才不得不轉身離開。

連最後一根救命稻草也沒抓住，艾霞異常悲傷地走在寒冷的大街上，時有黃包車夫在她身邊停下來，問她坐不坐？她也無心答理，只是呆呆地、木木地往前走……

艾霞在街上繞了一圈又一圈，像是繞進了一團錯亂的毛線裡，越繞越緊，越掙扎自己陷得越深。比死亡更可怕的是精神上的無望掙扎。

艾霞走回到家，覺得太累了。她解決不了這份悲傷的情感，更解決不了這個社會的問題，她能做的只有逃避——逃得遠遠的，讓欺騙與痛苦再沒有機會侵襲她。

當晚，艾霞吞煙自盡。年僅二十二歲。

她留下的最後一句話是：「人生是苦痛的，現在我很滿足了。」

還有另一個版本的考證說，艾霞的死因豈止是失戀那麼簡單，其實是另有隱情。

艾霞的戀人其實不是別人，正是當年風華正茂、才氣橫溢的年輕導演蔡楚生。在一次她和蔡楚生共同出席的高端舞會上，有個富商老闆認出了艾霞——兩年前，即當艾霞窮困之極、走投無路之際，他曾經買過她的一夜之歡。正是這段醜聞在文化影業圈內漸漸傳播開來，導致艾霞失去了所有的尊重、所有的愛——包括她傾心的愛人……當天夜裡，艾霞服毒之後，曾經掙扎著給蔡楚生打了最後一個電話，希望他最後來看看她，然而蔡楚生沒有答應……

近年丁達顯等出品的電視連續劇《阮玲玉》就採用了後面這個版本。

謎 8

阮玲玉自殺，其實是電影《新女性》的現實版？

一九三五年初，就在阮玲玉和三個男人陷入理不清的感情糾葛時，電影《新女性》又遭到了小報記者的攻擊，他們把矛頭直接指向扮演女主角的阮玲玉。

《新女性》：聯華影業公司一九三四年出品，蔡楚生導演，孫師毅編劇，阮玲玉、鄭君里等人主演。本片根據當年自殺身亡的女演員兼作家艾霞的經歷改編而成，敘述一個尋求自由、幸福的知識女性處處碰壁，最終為惡勢力逼上絕路的悲劇。

艾霞：曾加入過田漢創辦的「南國社」，投身電影界後參加了《脂粉市場》、《春蠶》、《豐年》等影片的拍攝。作為影星的她經常在報刊上發表小說、詩歌、隨感等各類作品，享有「作家影星」之譽。一九三三年，她主演了自己編劇的影片《現代一女性》。一九三四年春節，她吞煙土自盡，傳言是由於愛情被騙及對現實失望。臨終前一天，她還寫了一首小詩：「今天又給我一個教訓／到處全是欺騙／我現在拋棄一切／報恩我的良心」。還有傳言說她的感情創傷與蔡楚生有關。

阮玲玉與鄭君里在《新女性》中

蔡楚生：本是雜貨店學徒出身，一九二九年入明星公司擔任著名導演鄭正秋的助手。其獨立執導的前兩部作品《南國之春》和《粉紅色的夢》雖受歡迎卻被左翼影評家批評為「藝術至上」，並被稱為「粉紅色導演」。一九三三年後，他的觀念有所變化，拍攝了《都會的早晨》、《漁光曲》等片，聲名鵲起。《新女性》也是他這種變化的體現。

當時艾霞死後，有一些無良記者和小報捕風捉影，把艾霞和蔡楚生的關係寫得非常污穢，蔡楚生於是產生了要把艾霞的遭遇拍成電影來反擊那些無德的媒體的想法。

很快，到了一九三四年冬天，在濕冷的上海，呵著寒氣、帶著體溫、一部真正意義上的「女性啟示錄」電影作品誕生了——它就是《新女性》。

《新女性》提供了一個嶄新的女性視角，講述了一個近乎女性自傳、自語式的電影故事。

一個真實生命的悲劇被搬上了銀幕。奇怪的是，這悲劇有如魔咒一樣，它反覆地在演繹一個女人的死——先是現實生活中的艾霞之死；接著是《新女性》中女主人公韋明之死；然後是扮演韋明的阮玲玉之死……

這部電影既然是根據艾霞的真實經歷改編的，劇中女主人公韋明其實就是現實生活中的艾霞，而韋明正是由阮玲玉來扮演的。在拍《新女性》的過程中，玲玉把自己的痛苦和人物的痛苦融合一起，透露出一種要把自己撕碎的絕望。

時隔不久，阮玲玉便步影片裡的韋明（也是現實生活中的艾霞）的後塵，服毒自殺了——連自殺的方式都一模一樣，就好像在聯手創造回聲般的自毀紀錄。

事後有輿論指出，蔡楚生的神奇之處，在於他在《新女性》電影裡預言了阮玲玉人生的悲慘結局；更有評論調侃說，蔡導演一手導演了阮玲玉的自殺。

不少人都在問：為什麼在短短的兩年時間內，兩位極品女明星的自殺都與蔡楚生有關？當時的報紙、輿論曾送過蔡楚生一堆難聽的外號：「催花棘手」，「自殺導演」等等。

電影《新女性》為什麼對阮玲玉是如此的重要？我們不妨先來熟悉一下影片《新女性》的故事：

音樂女教師、女作家韋明擁有平穩的生活和一位真心相愛的戀人，韋明不顧家庭反對，與戀人結婚生子，卻最終還是被這個男人無情拋棄了。韋明只好把孩子寄養，然後隻身來到上海找生路，在一所學校謀生。

校董王博士常來騷擾她卻屢次被她的一記巴掌打得退縮回去。這時韋明的姐姐帶著一個小女孩來上海投奔她。這個小女孩就是韋明寄養的親生女兒。

王博士遭到韋明拒絕懷恨在心，他利用權利讓韋明失業、生活無落，而孩子偏偏得了肺炎，病情越來越重，被逼到絕路的韋明只好去做「一夜的奴隸」，想掙點錢為孩子治病，沒想到嫖客竟然是王博士……

憤恨、羞辱以及孩子病重……韋明不堪重負，心生絕望服毒自殺。

韋明正在醫院搶救尚未嚥氣時，窗外的報販們已經在大喊大叫看桃色新聞啦——「看一個年輕女教師墮落當妓女，巧遇老相好羞憤自殺身亡！……」一息尚存的韋明聽見無恥的小報拿別人的痛苦當消遣、拿別人的生命當搖錢樹，不由得幡然醒悟：不能這樣死得不明不白！於是喊出「我要活，我要報復」的吶喊，最終還是因為中毒太深，在悲憤中死去。

影片裡反覆出現了那個「有意味的形式」——女性形象的不倒翁，它被導演賦予「不倒的女性」的含義，「倒下了一定要再站起來」，真可謂情真意切，用心良苦。

阮玲玉主演的電影《新女性》中，有無恥記者利用輿論逼死女主角的情節。這部影片對黃色小報記者的下流心態和以造謠為能事的嘴臉，刻畫得入木三分，因而引起某些記者的強烈不滿。於是這些小報記者們乘機對阮玲玉落井下石，刻毒謳罵。正如魯迅所說：「……不過無拳無勇如阮玲玉，可就正做了吃苦的材料，她被額外的畫上了一臉花，沒法洗刷。」

正因為這個原因，《新女性》影片在公映之初，便因它觸犯了男權社會，被指「醜化報界」、「醜化新聞記者」而引發軒然大波，幾乎所有的報紙都聯合起來向《新女性》影片發難、向聯華影業公司發難、甚至向《新女性》影片的女主角阮玲玉發難——某些黃色小報上，〈阮玲玉與張達民發生性關係之原原本本〉、〈阮玲玉通姦記〉之類的新聞報料不斷湧現——此鬧劇最終竟然以犧牲一代影星阮玲玉而告結束。

不論是《新女性》中虛構的韋明還是現實生活中的艾霞、阮玲玉們，她們在完成了一個反叛姿態的同時便遭遇社會的放逐和自我的放逐。阮玲玉在其主演的電影《新女性》放映不久後棄世，此事件也被稱為是《新女性》的現實翻版。

人們不禁要問：在那個年代、那個社會背景下，年輕女影星連續的自殺事件，難道是偶然的嗎？

愛情的破滅也好，男人的欺騙也好，雖不是阮玲玉、艾霞們自殺的全部原因，卻也佔據了大半。

艾霞曾經歎息過：「眼淚同微笑，接吻同擁抱，這些都是戀愛的代價。要得這夠味的代價、這夠味的刺激，就得賠上多少的精神?!結果是什麼？無聊。」

在那個年代，女性對於情感、對於男人的依賴確實比現在要重得多。即使在阮玲玉經濟獨立之後，她依然想在情感上、社會地位上依賴於男人，似乎只有這樣才能有足夠的安全感。

然而，真的得到一個男人之後，就能擁有安全感嗎？這也是阮玲玉、艾霞們始終沒有弄明白的地方。

現在我們可以這樣說：女性要獲得幸福光明的生活，不是建立在男人身上的；不是有了愛情就能解決所有的問題，相反，拋棄一段不堪的情感，或許是讓精神重新獨立的起點。

是啊，說說總是容易的，就算放在八十年後的新世紀的今天，又有幾個女性能做到呢？

艾霞終究沒有戰勝自己，做了逃兵。阮玲玉也沒能戰勝自己，一年後緊跟著艾霞做了假醜惡的殉葬品。

女人最怕的，不是愛錯了人，而是無法從錯誤的地方走出來。那是一個迷宮，就算當事人想走出來，也不是那麼容易辦到的吧。

艾霞一直在尋找解救自己的路途，最終也沒有找到。年僅二十二歲的艾霞在詩裡寫道：「今天又給我一個教訓，到處全是欺騙。我現在拋棄一切，報恩我的良心。」

艾霞之死，讓她的閨蜜王瑩痛哭不止，覺得是自己沒有幫好友擺脫困境。如果那天她能拋開一切，能與艾霞坐下來說說話，能陪她喝喝酒、走走路，也許她不會死。

王瑩自責著，但明白人都能看出，艾霞的死因，來自於當時的社會。女性軟弱依附的心理，讓她們無法自信地生存。前有艾霞，後有阮玲玉，都想去做一回「新女性」。可是，怎樣才能做真正的新女性、不被當時的社會所傷？她們一直沒有尋找到答案。也不可能單槍匹馬地找到答案。

正如老藝術家柯靈在〈悼艾霞〉中所寫：「艾霞不是弱者，可是她終究不能不受摧殘。她是現實矛盾和時代苦悶的犧牲品！她走到這條末路，是多少年掙扎鬥爭的不幸結局。」

她們渴望做新女性，最終還是無法逃脫舊式女性不幸的結局。這是她們的悲哀，更是那個時代的悲哀。

更為可惜的是，艾霞的死不僅不能引起社會應有的警醒，反而成了一些無聊小報賺錢的談資。這對艾霞是不敬的，也是悲哀的。也正是因為艾霞之死被某些無聊小報扭曲，才促使了後來蔡楚生導演出《新女性》一片。電影裡的女主角韋明便是以艾霞為原型創作的，不料其飾演者阮玲玉竟然成了繼艾霞之後，又一個不幸的無恥男人的犧牲品。

如今，阮玲玉在影片《新女性》中那無助的表情常常會浮現在我們的眼前，那來自天邊的喊叫「我要活！我要活著！」……既是角色的、也是阮玲玉的心聲。我們能說是她自己不想活嗎?!……

謎 9

阮玲玉自殺，是「早有預謀」？還是「臨時起意」？

在當年阮玲玉所在的聯華影業公司的領導人黎民偉發表的日記及文章中，可以幫助我們看清這個事件的真相。現在我們就根據這些文獻，重建她生命最後三天的歷史現場：

三月五日下午，阮玲玉女士到我們霞飛路分廠裡來請假，她主演的《國風》在昆山拍過一場外景，因為取景不甚滿意，導演羅明佑、朱石麟兩先生發出通告，定在八日上午出發蘇州去補戲。而阮女士因為她的訟事在進行之中，九日下午必須親自出庭，故來向我請假。我曾准了她的假，請她在十日（即星期日）的早晨，隨同工作人員乘八點鐘的特別快車趕到蘇州去。除了請假的事以外，我們並沒有談多少話，但是因為提到出庭的問題，阮女士曾對我說：「我有充分的證據，可以證明我無罪，不過報上登的太難聽了。」她又說：「還有馬路上賣報的小孩，嘴裡亂喊著看什麼什麼，更叫我聽了難堪。」……

三月七日的晚上，我在舍間設宴招待一位美籍技師和幾位香港來的同事，與宴者一共兩桌人。阮女士請假那天，我曾口頭邀請了她，那晚她到得特別早，誰也想不到這竟是她最後一次的宴會。筵席雖然十分簡單，賓主尚能盡歡，阮女士始終坐在席上，談笑風生。在席散之後，她臨別吻了我的內人和鏗（黎鏗，黎民偉四子，當年著名的童星）、錫雨兒，特別是阿錫，她伏在小床上連吻了兩次，出門之後，又回進房來吻了一次。這在她平時也是如此，那時我們以為是她太高興了，誰也看不出半點異狀。哪知過了八個小時，竟得到她服毒的噩耗。

而據說阮玲玉當晚離開黎宅之後，又到揚子江飯店與唐季珊等人一起跳舞。他們回到新聞路沁園村九號家裡時，已是三月八日凌晨一點。他們是一路爭吵著回到家的。到家時，阮玲玉吩咐女傭給她準備一些點心，一邊上樓進了臥室。她對唐季珊說：「很晚了，你先睡，我記好零用賬就來睡。」誰也不知道一個行將遠去的苦命女子心裡到底想些什麼，但表面上她還是鎮定而從容的。而後來當被發現時，現場有她吃剩的點心和三個裝安眠藥的瓶子。

黎民偉三月八日的日記這麼記載著：

早六時忽接唐季珊來電話云：阮染疾病，請即代覓醫生來卡爾登戲院旁之鄒嶺文醫生家。偉即漱口，瓷質牙粉罐墜地粉碎，予心知不佳，即找陳繼堯醫生、陳達明醫生往救，無進步。聞她自宴罷歸家，曾請其母煲麵與她食，其時擅服安眠藥，並寫下遺書兩封，乃搖醒季珊，問他是否當她為妻，並叫唐給她最後一吻，唐始覺詫異，遂雇車送她往四川路福民醫院，唯該院夜深無醫生，遂轉送鄒嶺文處救治，各醫見無進步，乃於午間送入中西醫院，至晚六時半與世長辭矣……

在紀實風格的香港電影《阮玲玉》中，有這樣一組鏡頭：

三月七日下午，唐季珊在家裡問阮玲玉：「後天你穿什麼衣服？」

阮玲玉：「後天？」

唐季珊：「後天開庭。」

阮玲玉：「我不會去的。」

唐季珊站起來，走到阮玲玉面前：「我穿黑西裝，繫條墨綠領帶。襯你那件新做的旗袍。他娘的！我就是要讓上海人看看，我們是一對高貴的姦夫淫婦！管他呢！」

阮玲玉轉過頭看著他：「我們是姦夫淫婦啊？……你在廣州有老婆，又跟張織雲，又要跟我，你是姦夫啊！我明知道你有老婆還要跟你，我是淫婦啊！穿多漂亮也沒分別。」

唐季珊突然給了阮玲玉很重的一個耳光。

阮玲玉繼續說：「我們如果不結婚的話，就要分開；若不分開，即使告贏了張達民，你還是姦夫。」

「閉嘴！」唐季珊又狠狠給了阮玲玉一個耳光。

阮媽聞聲上樓敲門，來給阮玲玉解圍：「有個譚小姐說是你的舊同學，一定要見你。」

等阮玲玉出了臥室關上房門，阮媽才問：「他打你？」

阮玲玉平靜地：「沒有啊。」

下樓的時候，阮媽又問：「他有沒有打你？」

阮玲玉依然平靜地：「沒有啊。」

……

在院子裡，舊同學譚小姐對阮玲玉說：「我是來提醒你，明天是三八婦女節，你答應要去我們學校演講的。」

阮玲玉……

譚小姐：「不要再退縮了！我知道你後天要出庭，可明天你可以站出來，把自己所受的委屈都說出來，可以讓年輕的女學生借鑑。」

阮玲玉：「我也有錯的。」

譚小姐：「那就都說出來，把我們自己的軟弱、虛榮心、喜歡，都掏乾淨！……明早十點，我來車接你哦？」

阮玲玉：「不用，我自己去好了。」

「那好，我們等你。不要讓年輕人失望哦？」

阮玲玉：「我也是年輕人啊。」

「可你是阮玲玉啊。」

……

當天晚上，阮玲玉、唐季珊一起出席了黎民偉的家宴。阮玲玉在敬酒時告訴大家，她已經學了八個月的國語，準備在下一部影片中開口說話；她還告訴大家說：「明天就是三八婦女節，我有個舊同學，現在當了女校校長，她請我明天去她的學校演講。演講詞我都想好了，我就準備用國語演講呢！……莉莉，你也去聽我講好不好？」

席間，她上前吻了吻費穆的臉頰：「你真是個好人。費導演，你說我是不是個好女人啊？」

費穆：「不管別人怎麼說，你所有的朋友，都相信你是一個好人。我也相信，你是一個特好的人。」

……

著名作家戴彥在其專著《一個真實的阮玲玉》中，對三月七日晚黎民偉家宴上、阮玲玉的表現做了比較詳細的考證——

最是人間留不住，紅顏辭鏡花辭樹。

一九三五年三月七日傍晚，阮玲玉參加了聯華公司部分員工在黎民偉和林楚楚家中的聚會。

黎民偉是當時中國三大電影公司實力最強的聯華影業公司的經理。這次宴會的主賓是美國電影音響技師史堅納。黎民偉此番特聘美國電影音響技師來聯華，正是為聯華從拍默片過渡到拍有聲電影做準備的。晚宴在熱烈的氣氛中隆重的進行著。作陪的都是聯華的業務骨幹，包括當時最為走紅的電影明星阮玲玉。

當時的阮玲玉正陷入一樁令人極為頭痛的官司中。官司涉及與阮玲玉同居八年之久的張達民和阮玲玉現任「丈夫」唐季珊，致使社會上本來就對電影女明星很注目的小報記者更是極其「傳播」本事，紛紛搖唇鼓舌、舞文弄墨，施盡渾身解數，在上海灘掀起了以這場訴訟為話題的輿論浪潮。

當黎民偉的夫人林楚楚試探著邀請即將出庭為自己辯護的阮玲玉參加宴會時，阮玲玉一口答應出席。

從阮玲玉當時的神態，誰又能料想到這麼一位一向為人平和、事業上正處於顛峰的美麗柔弱的明星，將要在十幾個小時之後在自己身上演繹出悲劇來呢！

也許正如阮玲玉最為喜愛的現代舞蹈大師鄧肯所說：「當一個人遭遇不幸，受到打擊時，真正的悲哀是沒有任何的動作，任何的表情的。」阮玲玉此時此刻的坦然，或許正是在承受了巨大哀愁後的心如止水。

七日晚的黎家宴會上，阮玲玉穿著一件綠底花織錦緊身旗袍，燙著大波浪鬈髮，臉上薄施脂粉，耳垂上戴著唐季珊送給她的定情禮物紅寶石耳環，一雙細眉挑得又高又細，狹長的鳳眼裡流轉著說不盡的風情，嫵媚中給人一點憂戚的感覺。她身姿綽約，麗而不豔，光彩照人。

阮玲玉一直在席間談笑風生，頻頻向眾人敬酒，盡情的勸說在座的人和她一醉方休。阮玲玉平時一向很有人緣，不媚不欺，沒有什麼明星架子，眾人對她也是愛之敬之。所以今夜她來敬酒，在座諸位無不欣然從命。

席間，阮玲玉還對坐在近處的導演史東山嫣然一笑，並很誠摯地說：「史導演，您以後有什麼片子，我們合作拍攝一部吧！」史東山當時很真誠、迅速的答應了。

敬完酒後，阮玲玉又把一個個水果拋給黎民偉的八歲兒子黎鏗和他的小朋友們，並走過去摟住黎鏗一吻再吻。黎鏗是阮玲玉拍電影時的小搭檔，《神女》中扮演阮玲玉兒子的就是黎鏗，阮玲玉平時就很喜愛他，故今晚阮玲玉對黎鏗如此親熱，大家也未覺得有何不妥。

散席之後，阮玲玉吻別了林楚楚的兩個孩子——黎鏗和黎錫。當時，黎錫已在房中熟睡，阮玲玉伏在小床上連吻兩次，出門之後，又回到房裡去吻了一次。誰也看不出她有半點異常，大家以為她的心情不錯。

誰也不曾想到，這是阮玲玉生命中最後的一次晚宴，她在酒席上的表現並非是醉態。這個美麗又善良的女子，她是在向曾經給過她無數幫助和友愛的同事們、朋友們作最後的訣別，也是在與這個給了她美麗也帶給她無盡哀愁的世界作最後的訣別。她的美麗，她的微笑，她的話語的背後掩飾著巨大的哀愁，還有對這個世界的依依不捨。

阮玲玉離開黎宅約四個小時之後，於三月八日凌晨二點前，她把三瓶安眠藥攪在甜甜的八寶粥裡，坦然地緩緩食下……

通過以上資料的綜合分析，我們是否可以判斷：阮玲玉自殺，究竟是「早有預謀」？還是「臨時起意」呢？

筆者的看法是：既是「早有預謀」，更多的還是「臨時起意」——是阮玲玉身邊那個男人、流氓商人唐季珊促使阮玲玉下了最後告別人世的決心。

關於這一點，我們再看一遍阮玲玉留下的那份真實的遺書，便不難探到真相——

季珊：

沒有你迷戀「××」，沒有你那晚打我，今晚又打我，我大約不會這樣做吧！我死之後，將來一定會有人說你是玩弄女性的惡魔，更加要說我是沒有靈魂的女性，但那時，我不在人世了，你自己去受吧！過去的織雲（唐季珊前女友），今日的我，明日是誰，我想你自己知道了就是。我死了，我並不敢恨你，希望你好好待媽媽和小囡囡（阮玲玉的養女）。還有聯華欠我的人工二千零五十元，請作撫養她們的費用，還請你細心看顧她們，因為她們惟有你可以靠了！沒有我，你可以做你喜歡的事了，我很快樂。

玲玉絕筆

當然，以上只是筆者的判斷，並不敢作為定論。

不得不承認，說到阮玲玉的死因，至今還有諸多未解之謎，無數的「玉米」至今還在不停地假設著諸多的「假如」——

假如唐季珊搶救阮玲玉時送醫及時……

假如蔡楚生敢於帶阮玲玉私奔……

假如她的朋友們能對阮玲玉多一點關心和支持……

假如輿論與公眾對她多一點寬容……

假如唐季珊不虐待她、真的對她好……

假如張達民不敲詐、狀告阮玲玉……

當然還可以再往前推：假如阮玲玉沒有遇到唐季珊……假如阮玲玉沒有遇到張達民

……假如阮玲玉沒有進入演藝圈……

PART 2

孽緣

阮玲玉生平遭遇了三個男人：第一個是初戀情人張達民，第二個是衣食情人唐季珊，第三個是藍顏知己蔡楚生。三個男人三種典型，第一個是無賴加無恥，第二個是自私加冷酷，第三個是能理解她卻不能真正愛她。

阮玲玉於《人生》中

謎1

阮玲玉原名叫什麼?阮玲玉的藝名是誰起的?

清末的上海，動盪紛亂。帝國主義的勢力，早已把一塊塊富饒誘人的上海大地、劃分為各個租界地區，在這塊土地上，洋人吮吸著財富，清朝官吏刮盡了民膏。而作為一個普普通通的工人生活在這裡，恰似生活在地獄的底層。

阮玲玉就出生在上海的這樣一個普通工人家庭裡。其祖籍是廣東省香山縣。

阮玲玉的父親阮用榮，號帝朝，祖輩務農。由於當時農村凋蔽，無以為生，遂離開香山縣到上海謀事，在當時的上海浦東亞細亞火油棧機器部當工人。

阮玲玉的母親何阿英，也是廣東香山人，二十一歲時候嫁給了同鄉阮用榮。

這樣一對夫妻在當時中國社會中是最為普通的，也是生活在社會底層的最為善良的人。這也就決定了以後阮玲玉性格中善良、軟弱、自卑的一面。

一九一〇年四月二十六日，阮玲玉出生在在上海朱家木橋祥安裡的一間陰暗狹窄的小屋裡。父親阮用榮求人為她取了一個有男孩味的名字：阮鳳根。小名喚做阿根。

這美麗而柔弱的嬰兒，出生不久就跨過兩個時代——從清皇朝到了中華民國。皇帝沒有了，國號改變了，而千千萬萬中國老百姓的生活並沒有起色，仍然生活在水深火熱之中。小鳳根的家裡仍然掙扎在飢餓與病痛的邊緣……

小鳳根三歲那年，一直病弱的姐姐不幸夭折了。阮用榮夫婦面對著長女漸冷的身體，面對生活的貧困、愛女的離去，傷心至極。他們對小鳳根，這個唯一剩下的女兒，更加憐愛有加。

美麗的小鳳根慢慢地長大了。從記事起，她便常常在黃昏時，一邊在門前撿菜剝豆，一邊等候父親回家。

不久，一個巨雷襲來——父親阮用榮因為長期營養不良和勞累過度而一病不起。年輕的阮用榮在火油棧裡幹活，這裡充滿了具有揮發性的汽油、煤油和柴油。在這種充滿了濃烈嗆人的氣味中幹活，年長月久，肺裡不知吸入了多少烷烴化合物，阮用榮不僅肺部受到嚴重傷害，而且身體的其他部位也受到了侵害。

阮用榮不幸去世時，小鳳根剛剛才六歲。年僅四十四歲的阮用榮，遺憾地留下了寡妻何氏和孤苦的小鳳根在這動盪、充滿了痛苦和危險的世上……

為了謀生，母親何阿英只好去給大富人家當傭人。於是小鳳根隨著母親，走進了張家大院。何阿英帶著小鳳根在後院的傭人住房住下。懂事的小鳳根處處留心，惟恐不小心闖出禍來，惹得主人家討厭。

鳳根是何阿英世上唯一的親人和寄託，何況，鳳根自小體弱多病，她爸爸剛去世之際，自己曾將她寄養在一個乾姐妹家中，小鳳根害了一場大病，整整兩個月才漸好轉。那次生病幾乎葬送了小鳳根一條小生命。

阮媽沒有文化，但身居上海這樣繁華的大都市，也約略知道讀書才能有出頭之日的道理。從此，阮媽默默地攢錢，決心將來要把女兒送進學堂。她在主人家賣命地幹活，來博取老爺、太太的歡心。

八歲那年，小鳳根終於可以上學念書了。並改了個學名叫阮玉英。起初，她進的是私塾，第二年，轉入了崇德女子學校。

當時，進入洋學堂讀書還是比較時髦之舉，每學期不僅僅要繳納一筆為數可觀的學雜費用，此外還要繳納書費、文具費、校服費、手工費、文娛費和遠足費，等等；如果住校還要加上住校費和膳食費等等。所以一般貧苦人家的子女是進不起這樣的洋學堂的。因為張家老爺正是崇德女子學校的校董，經過阮媽的懇求，阮玲玉才得以半費優待進入崇德女子學校讀書。當時的西式小學也是可以住校的，一方面，是照顧路途遙遠的學生就讀，另一方面也是歐式教育為了培養學生集體生活的習慣和獨立生活的能力。但阮媽交不起昂貴的住校費和膳食費等等，只好讓小玉英走讀，擠在那間傭人房裡。

在入學之初，阮媽就叮囑阮玉英，不要對任何人講起母親是傭人，免得受人歧視、受人欺侮。母親的教誨，阮玉英牢記在心，在學校裡，她對自己的家庭、身世一如既往的保密，從不與人深談。（即使是後來她成了明星，電影界和社會媒體對她的身世也不甚瞭解。）

雖然上學沒有改變阮玉英的貧窮，但是讀書的感覺卻讓她無端地高貴了起來。她在中學時最喜愛的書，是那本《鄧肯自傳》。她崇拜那個自由而反叛的美國女舞蹈家。她要讓自己以為渺小的人生，從此隨鄧肯一道飛揚起來……

阮玉英從九歲到十六歲，一直在崇德女校讀書。上海崇德女子學校是中國最早的女子學校，也是上海最老的新式學校之一。它創辦於一八五五年，是一所教會學校。

那時女校學生在校都一樣打扮，阮玉英剪著齊頸短髮，垂著齊眉瀏海，上身穿半長喇叭袖白色斜襟小褂，下著青色過膝裙子的校服。

阮玉英十四歲小學畢業時，已出落得「亭亭長成，瓊葩吐豔，朗朗照人，雖荊布不飾而韻致嫣然。」（見聯華公司出版的《阮玲玉小傳》）

那時的學校是小學初中一貫制，小學畢業後，阮玉英就直接升到崇德女校初中部就讀。那年是一九二三年，正值阮玉英十四歲的荳蔻年華。

阮玉英在校期間，由於視野的開闊，有了更多的機會思考人生，她那與生俱來的憂慮氣質似乎更濃了。

當時的大上海，是帝國主義、官僚買辦、富商闊人的天下，同時也是經濟、文化發達的大都市。

阮玉英漸漸在這兒長大了起來，隨著年齡的增長，她也越發的美麗動人。學校裡的功課對她已經不那麼費力了，課餘，她開始去戲院裡看戲、或者借許多文學名著來讀。戲曲和小說的知識類型都非常豐富，阮玲玉從中一次次體驗了不同的人生、各樣生活的甜酸苦辣。她嗜書如命，這個習慣終生未變。

當時在崇德女校讀書的阮玉英，她學習刻苦、用功，成績優秀，又十分喜愛文藝活動，在學校的遊藝會上，經常表演文藝節目。每逢假日，她就和幾名要好的女同學們一起，到影戲館裡去看電影、戲劇，並對電影表演藝術開始心生羨慕，憧憬著將來的銀幕生活。

她還喜歡收集好萊塢童星秀蘭・鄧波兒的影照。這時的阮玉英在心底早已對電影藝術產生了仰慕之意，認為能獻身銀幕那一定是最最幸福，也是一件非常困難、難以實現的事情了。

一個女子最美麗的時候，正是剛剛少年，脫離了各種規章制度的約束，渴望著浪漫愛情的發生，有著足夠的青春可以揮灑，有著足夠的美夢可以去遐想，有著足夠的時光可以去流連、去追逐、去浪漫……

那時的阮玲玉是最美麗的：清秀的臉頰，修長的眉毛，像一朵花骨朵輕輕的、在人們不經意間吐苞而放——等人們留意過來時，她已經是亭亭玉立的一朵鮮花兒，如此美麗、如此富有生氣。她的女性魅力正在逐步的體現出來，她的身材豐滿而又苗條，特別是那雙飽含著令人心疼的憂鬱的眼睛，一直映到了一個人的心裡，並被他抓住不放。

這個人便是對她的一生產生巨大影響的、分分合合折騰了八年之久、最後死纏到底並將她送上不歸路的公子哥張達民。這正是阮玲玉在生命如花時節錯走的一段歧路、錯結的一段孽緣。

那時的阮玲玉還叫阮玉英。阮玲玉這個名字，是張達民在追求她和她談戀愛時，為了討好她而為她起的。阮玉英欣然接受了。從此，她就有了一個更溫婉、更好聽、也更文藝的名字：阮玲玉。

（持這種觀點的代表人物是作家戴彥，著有《一個真實的阮玲玉》等著作。）

但這個說法很少有人採信。無論是阮玲玉的崇拜者還是研究者，他們更願意相信阮玲玉這個名字，是她進入明星公司成為一名電影演員時，當時的導演為了更好的包裝她而為她起的一個藝名。

這也成了阮玲玉多舛人生裡一個不大不小的謎。

謎 2

張達民追求阮玲玉時，是否知道她是女傭之女？

阮媽當時幫傭的張家，本也是廣東香山人，和阮媽是同鄉。張公館坐落在上海市乍浦路。張老爺原在清朝時，曾有三品官銜，辛亥革命之後丟了官職，轉而經商，全家便由廣東遷到了上海。

小鳳根隨著母親給張家當小丫頭，小小的年紀就學著打雜、洗衣、給老爺擦皮鞋、替太太抱小少爺。窮人家的孩子是早熟的，更是苦難的。相依為命的母親把這些看在眼裡，記在心上，暗自心疼她——炎炎夏天，看到她累得滿頭大汗，面色通紅；寒風冬日，瞧見她雙手起了凍瘡，腫得很高……

張老爺有妻妾九人，生下的子女計十七人之多。張太太管不住丈夫納妾，但為了維護自己的地位不致發生動搖，她絕不允許丈夫把這些女人弄回家來，也絕不承認老爺在外面生的孩子是張家的後代。

張家共有四個公子，即長子慧沖，二子晴浦，三子惠民和小兒子達民。這兄弟四人和當時的上海影壇都或多或少有些關係，也都有過一些名氣，其中尤以張慧沖和張達民名氣最大。

張慧沖有過留洋經歷，二十年代初歸國，很快迷上了電影，加盟中國最早的電影攝製機構之一的商務印書館影片部，當上了一名電影演員。他主演過《蓮花落》、《好兄弟》等片，他那英俊的外貌、灑脫的造型，頗受影迷喜歡。此後，張慧沖又在魔術界大顯身手，曾大紅大紫過。

張達民生於一九〇四年，整整年長鳳根六歲。鳳根六歲隨母親進入張府時，張達民只有十二歲，自然不會對六歲的小娃娃產生什麼好奇。

張老爺與張太太對這個小兒子格外寵愛，凡事皆依著他，使他從小就是一個嬌生慣養的紈褲子弟。張達民深受父母親的影響，揮霍無度，賭癮極大，由此埋下了日後賭盡數十萬家產的禍根。

張達民自脫離學校後，說是踏入社會服務，實際無一定職業。與阮玲玉相戀之初，他對她自我介紹說：在五馬路茂盛洋行內供職。

一九二五年，阮玲玉已是崇德女校初中部二年級的學生了。她當時還叫阮玉英。生活剛剛向她展開無限的魅力和無限的可能，她覺得一切都是那麼美好，一心想到畢業後可以開始美好的新生活，可以向母親盡為人女的孝敬。

阮玲玉升入初中的那年，便搬出張家，開始住校了。阮玲玉到張家的次數雖然逐漸減少，但閒暇時，她還是偷偷溜到後院去看望母親。她的偶爾露面，引起了張家四少爺張達民的注意。

所以說，張達民從一開始追求阮玲玉的那時刻起，他就知道阮玲玉是傭人何阿英的女兒。

有關張達民與阮玲玉初戀的故事，還有另一個版本，聽上去更浪漫，更煽情，更有戲劇性。

故事情節是這樣的：有一次張達民溜去崇德女校，觀看女學生的文藝演出，被舞臺上阮玲玉的美麗和才情所傾倒，旋即展開追求。

張達民追求女生的有效手段是請女生去參觀他大哥所在的明星電影公司，近距離的去接觸電影明星，替她們要簽名，領她們悄悄進入攝影棚，「偷看」這些銀幕偶像是怎樣一個鏡頭一個鏡頭拍電影的……

張達民用這種手段，很快贏得了阮玲玉的好感，同時也贏得了阮玲玉身邊的同學、閨蜜的好感，這讓他的追求效率大大提高了。

這兩個版本哪個更真實呢？

持前一種觀點的作家之一的戴彥先生認為，張達民與阮玲玉由主婢關係開始而走向同居的真相，是一個一直隱瞞了多年而不為人知的祕密，即使那些天天鑽營此道、千方百計想刨根問底的記者們竟然無一不被愚弄，都認為張達民是偶見阮玲玉，驚為「天仙」，遂處心積慮的託阮同學介紹認識的，然後才得以日久生情、日漸親近而同居燕好的。

另一方面，阮玲玉與張達民也是一直對外這樣說的。阮玲玉曾對《現象》月刊的記者說過：「與張達民認識，就在十六歲那一年，起初是同學介紹的……」這個說法一度被其他報刊廣為轉載引用。

也就是說，由於阮玲玉卑微的出身，她有許多祕密需要張達民幫她保守。這許多的祕密後來也就成了張達民敲詐阮玲玉的有效把柄。

著名導演蔡楚生在一九五七年一月八日為紀念阮玲玉逝世二十二週年寫過一篇具有權威性的文章，對阮玲玉之為人及其藝術上的成就均有極其中肯的評價，同時披露了張阮二人乃主僕關係。這裡不妨引用原句：「她在十六歲被一個浮浪狂侼的官僚子弟所佔有（此人為她母親所服役的主人家的少爺）。」

一九八五年，在紀念阮玲玉逝世五十週年之際，影界老人沈寂先生對此也進行了證實：兩人戀愛之初，彼此早就認識，早就知道彼此是「主僕關係」。

謎3

面對闊少爺的追求，阮玲玉的態度是怎樣的？

那時，張達民剛剛二十歲出頭，還是個遊手好閒、吃喝玩樂的「二世祖」。富貴人家的子弟專事坐吃祖產、吃父輩家產的便叫做「二世祖」，用現在的話說，即「啃老族」。這樣的人，在當時的世家子弟中並不在少數。「啃老族」表面上風風光光，實際是手無縛雞之力的寄生蟲。張達民走的就是當年「啃老族」的路子。

張達民的學歷是某山寨大專的國文系肄業。他的富有家世及後天的缺乏教養，使得他的大部分時間專心放在追逐吃喝玩樂的享受上。愛慕虛榮、反覆無常、膽小怕事、習慣嫖賭、懶惰、任性、揮霍，就是他的性格組成。

這樣的性格註定了他與自幼窮苦出身的阮玲玉最終會以悲劇收場。

但當年的那個叫「阮玉英」的十五歲少女，哪有什麼看人、識人的經驗——尤其是面對這類精於玩弄女性的「富二代」。

公正的說，這個張達民從外表上看，還是有一些風度翩翩的味道，加上阮玲玉從小就和他住在同一座公館、同一個大院裡，彼此熟悉，她對這個張家小少爺有著一種說不出的欽慕，僅憑這些，就足以讓當時對一切充滿幻想、正處於情竇初開的少女阮玲玉芳心暗許了。

作為一個富家子弟，張達民在交際場所和生意場上也可謂見多識廣了，當他第一次留心已是初中學生的「阮玉英」時，不禁為她身上所特有的超凡脫俗的氣質和帶有一絲哀怨的美麗面容震驚不已——特別是那雙無論在何種神態下都飽含著令人心疼的憂鬱的眼睛，一直映到了張達民的心裡。

他怎麼也沒料到當年的女傭之女「小鳳根」、瘦瘦小小的黃毛丫頭，現今居然出落得如此楚楚動人、又清新脫俗，不由得他怦然心動、熱血沸騰……

於是，他就想盡辦法去接近「玉英」。當他得知「玉英」喜歡到昆山公園散步時，心中不由一喜。

那一天黃昏，阮玲玉和兩個女同學牽手走在花園的小徑上。阮玲玉身著一襲長及腰際的半長喇叭袖白色斜襟小褂，黑色過膝的裙子，晚霞映襯著她純潔美麗的臉龐。

在另一條小徑上，又閃出一個青年男子的身影——高高的身材，一身筆挺的西裝，白淨的方臉上架著一副黑邊圓框眼鏡，倜儻之外又顯出幾分文氣——他就是張達民。

兩人「無意」間相遇了。

那天，阮玲玉和張達民只是很有禮貌且簡單的互相問了個好。

後來，張達民便總是在傍晚時分，趕到昆山公園與阮玲玉「巧遇」。次數多了，兩位女友似乎從張達民的殷勤中看出點苗頭來了，常常託辭不與阮玲玉一起前往。所以，經常只留下阮玲玉與張達民在公園裡散步、聊天。張達民刻意找了些有關學校的話題與「玉英」交談。

當時，只有十五歲的阮玲玉皮膚白皙，頗討人喜歡的瓜子臉上，有著一雙長而彎的丹鳳眼，不笑時流露出自然天成的憂戚感，一笑則兩眼彎彎，嘴角露出一對淺窩，更顯南方女子嫵媚動人之態。

張達民從這位一見傾心的可人女子身上感到了從未經受過的溫柔，他不由得重新審視、認真打量起這位樸素、美麗的女孩子來。阮玲玉發現張達民對她格外的殷勤，在這種殷勤面前，她開始感到不安、緊張和激動。

阮玲玉和張達民其實一直是認識的，只是這些年來不常見面而已。在接下來的一段日子裡，張達民傍晚時分經常來昆山公園散步，於是也就常與阮玲玉相逢。這位絲毫不擺主人架子的四少爺逐步贏得了涉世未深的阮玲玉的好感，而青年人之間總有許多共同的話題，漸漸地，兩個年輕人的心靠近了……

若干次昆山公園的「偶遇」慢慢的變成了一種約定，他們的戀愛便順理成章的開始了。張達民慢慢的用他拿手的「泡妞」方式佔據了阮玲玉心中的一個特殊位置。

從阮玲玉這方面來說，自從父親去世這十年來、特別是進入崇德女校以來，阮玲玉一直生活在單一的女性世界之中，十五歲的她情竇已開，所讀過的許多鴛鴦蝴蝶派小說中的那些纏綿悱惻的愛情故事，也曾使她無數次嚮往過夢中的白馬王子。

然而在現實生活中，還沒有哪個異性青年真正走進過她的情感世界，張達民則是第一個闖入者。張達民雖不如小說中的男主角那般可愛，但對自己也可算得殷勤備至、體貼入微，且他不計較出身門第與自己相愛，她還是挺受感動的。

阮玲玉對於張達民，總歸是互相看著長大的，至少不是很陌生。慢慢的，隨著時間的推移，阮玲玉的主僕意識也就淡薄下去了。阮玲玉畢竟正是荳蔻年華，早年喪父的她身邊出現了一個兄長似的異性，如此的關心、親近自己，心裡也很是欣喜。

殷勤的張達民多次贈送小禮物給阮玲玉，都被從小養成潔身自好、自尊自愛性格的阮玲玉婉言謝絕了。阮玲玉之所以謝絕張達民的一切贈予，是因為她覺得第一次接受一個青年男子的禮物——不管禮物的輕重——都是一件很神聖、很重要的事情，所以才一直持鄭重其事的態度不予接受。

張達民發現自己狂熱地愛上了阮玲玉，連他自己也感到十分詫異。在交際場上混了這麼多年，嫵媚漂亮的富家女孩子他見得不算少了，可從來沒有人讓他如此動心，如此的魂牽夢繞、欲罷不能。像張達民這樣的公子哥兒，凡自己看中的東西不搞到手是絕不甘休的。這是他的性格和一貫風格決定的。所以，我們可以這樣判斷：張達民並沒有更多地考慮未來會怎麼樣，便盲目地投入到了對阮玲玉的瘋狂追求之中。

張達民為了表示對她的關懷，還殷勤的提議把阮玉英這個名字改為阮玲玉。她覺得挺好的，也就欣然接受了。以上這個故事版本採用的是作家戴彥在其專著《一個真實的阮玲玉》中的部分描述。筆者比較傾向於這個版本。不能因為張達民後來的無賴表現，而把他「前期」做的一些「好事」都給抹殺了。

而另一個版本的故事則說，阮玲玉在下決心報考明星電影公司的電影演員前，自己給自己起了個藝名，即將「阮玉英」改成了「阮玲玉」。（如朱劍著：《無冕影后阮玲玉》）

還有一個版本的故事則為更多的人採納：阮玲玉報考明星電影公司演員成功，被確定為影片《掛名夫妻》的女主角，導演卜萬蒼為了演員能叫得響，更有利於包裝、宣傳，他苦思冥想，為她起了個藝名叫阮玲玉。這個版本聽起來好像更合情理一些，也更容易為人們所接受。

不管怎麼說，阮玲玉在她十五歲那年的秋天開始了她的初戀。初戀是甜蜜的，做完了一天的功課，挽起戀人的臂膀，徜徉在秋日花園的小徑上，生活充滿了詩情畫意。

然而，阮玲玉感覺在甜蜜中常常帶有一絲苦澀，那是她對未來的憂患——這個明顯帶有「主僕之戀」悲劇色彩的戀情、能結出豐碩的果實來嗎？……

謎 4

面對闊少爺對女兒的追求，阮媽的態度是怎樣的？

張達民在追求阮玲玉還沒有得手之時，為了進一步親近心上人，張達民竟然從海寧路的新居搬回到了乍浦路的老宅來住。

回到老宅住的張達民，總是殷勤的跑到後院，向阮玲玉的母親問寒問暖。阮玲玉的母親，作為張家老宅裡的僕人，隱隱約約的感覺到張達民是喜歡阮玲玉的。此時，面對如此殷勤、懇切的張家四少爺，一個孤苦善良的寡婦、靠幫傭度日、還要養育女兒讀書的阮媽心裡也存起了幻想：只要他真心對女兒好，將來真要成就了好事，不但女兒終身有託，自己也是有靠的。到了那一天，早早去世的丈夫也能含笑九泉呢……

封建意識、缺少文化使阮媽目光短淺。阮媽感到女兒能嫁張家，這是再好不過的事，從此自己終身有靠，地位改變。從阮媽的角度來看，就一個窮苦女傭人的思維而言，如有一天能過上主人家的那種穿綢著緞、吃用不愁的生活，就是人上人、福中福了。因而阮媽自始至終熱心地促成這件事，還勸說女兒應允這件事。

以上這個故事版本採用的是作家戴彥在其專著《一個真實的阮玲玉》中的部分觀點和描述。

另一個版本的故事則把阮媽的態度描寫成了「充滿矛盾、左右為難」型。如朱劍著《無冕影后阮玲玉》裡就是這樣描寫的：

此時的何阿英心中充滿了矛盾。作為過來人，她將其中的利弊看得很清楚：張達民是富二代，又上過洋學堂，當然是懂得「平等」觀念的「新派人物」。如果他是真心要娶玉英為妻，那麼女兒的終身便有了依靠。這當然是件好事。可是話說回來，這些富家子弟多半是靠不住的，喜新厭舊、朝三暮四的情況，她那是見得多了，又怎麼保證張達民一輩子對女兒好呢？……再說，就算張達民他對玉英現在是一片真心，但張家父母那關能過嗎？一想到張老爺和張太太，阮媽心裡就不寒而慄：此事他們百分百是不會同意的。不僅不會同意，他們不知道還會說出哪些難聽的話、做出哪些難過的事來呢！……

筆者傾向於朱劍先生的這種觀點。因為它比較符合阮媽這樣一個女傭當時的人物心理特徵。

除此之外，還有第三種版本，把阮媽描寫成了一個明察事理、富貴不能淫的具有中國傳統美德、高尚覺悟的勞動婦女。如趙玫所著的《阮玲玉》中就是這樣描寫的：

阮媽得知女兒在和張達民交往，專門去了一趟女校，找到了女兒，責問她的時候，臉上寫滿了憤怒：「玉英，你到底在幹什麼？你到底想幹什麼？」

女兒回答說：「我沒有答應他。我一直在拒絕他。」

阮媽啜泣著說：「玉英啊，你怎麼能這樣，讓當媽的傷心呢?!玉英，你聽媽媽說，你還太小，不要上當受騙！你根本不瞭解，他們那些少爺沒有一個好東西！」

女兒辯解道：「可達民是真心的。」

──「達民？達民是你叫的嗎？」阮媽更憤怒了：「你不要忘了，我們只是張家的傭人！」

「不，我不是的……」玉英丟下阮媽，轉身跑回了學校。

……

謎 5

面對兒子的「荒唐追求」，張母的態度是怎樣的？

在剛剛十五歲的阮玲玉眼中，風度翩翩的張達民從形象上還是蠻符合她理想中的白馬王子形象的。

但從另一方面來說，張達民是母親幫傭人家的少爺，這就意味著這個明顯帶有「主僕之戀」色彩的戀情有著巨大的壓力，潛藏著巨大的風險。但是這似乎也符合了少女戀愛的「標準」——她憧憬一切美好事物，她願意衝破一切的障礙，克服重重險阻，與心上人走在一起，帶給他溫柔的慰籍。

在此之前，阮玲玉從未接觸過真正意義上的男朋友，對張達民缺少衡量和對比的標準。張達民的甜言蜜語，他所表現的紳士風度以及戀愛時的甜蜜、大方，撥動著少女的心弦。他不計較出身門第的與她戀愛，也給了她繼續與他在一起的勇氣。

——她以為那就是愛情。

十五歲的她，哪裡知道，戀愛時的甜蜜怎能代表全部的現實生活呢？

而張達民呢？阮玲玉在他的眼裡，是美麗的，溫柔的，她的美是出於天然的，一派清新之氣，直沁小少爺的肺腑。

至於張達民與阮玲玉性格上的差異，其實是很明顯的，比如說，他們倆幾乎沒有什麼共同的興趣、愛好。

張達民喜動不喜靜，不善於思考問題。他一看見書就頭痛，他的學業都不是用功讀下來的，他的學業都是半途而廢的；相反的是，阮玲玉性格內向、憂鬱，喜愛靜靜的坐下來，閱讀一本富有哲理或富有藝術情趣的書籍。

張達民很早就在父親的影響下學習交際應酬，他熱衷於出入舞廳、歌榭、跑馬廳和跑狗場；阮玲玉自小出身於平民家庭，性格內向的她對這些娛樂可以說是聞所未聞，更談不上熱衷了。

阮玲玉酷愛電影和讀書，而張達民則寧可去打牌，常常一打就是一整天。

阮玲玉是一個年輕單純的少女，是一個有思想、有追求、一直想自立的人；而張達民不過是個「二世祖」，專事坐吃祖產的「富二代」。

不難得出結論，阮玲玉和張達民完全是屬於兩個世界的、兩種類型的人。

如果他們真心相愛，願意互相遷就對方，也許未嘗不是一件美事。但不幸的很，他們的地位，他們的身分，他們對人生的認識和他們的生活習慣，都決定了他們之間的鴻溝實在難以填平。

一時的甜蜜可以成就一段姻緣，但是成就不了一世的幸福。

——第一個參透這個道理、第一個看破他們愛情結局的人，竟然是張達民的母親——張太太。

張達民的母親很快就知道了小兒子對阮玉英癡情，並想娶她為妻的事。她非常氣惱。張達民的母親堅決反對他們的交往。當勸說沒有奏效時，張老太太便把氣撒到阮玲玉母女身上，將身為女傭的阮媽趕出了張家。

謎 6

是誰促成了張達民與阮玲玉的未婚同居？

張太太將阮媽解雇並趕出張公館的過激行為，不但沒有嚇退她那個小兒子的任性，反而激起了他更倔強的反抗和保護弱者的同情心。

但凡一個人在戀愛的時候，無不把自己那點愛情看的比海深，比山高，甚至甘為情死，也在所不辭。

從這個意義上來說，張達民母親的過激行為實在是事與願違，反倒成了「張阮同居」的幕後推手。這是張太太做夢也沒想到的。

有時候，恰恰是當母親的有個視角盲區，她成了最不瞭解兒子的那個人。

此時的張達民熱血沸騰，覺得自己既然愛了，就要愛到底。張達民連忙趕過去安慰阮玲玉母女，他還瞞著家裡，將被逐出張家的阮母、安排在一個舊宅子裡面暫時落腳。這個舊宅子曾是張達民父親養姨太太的地方。現在輪到兒子來「前仆後繼」了。這真是一個絕妙的諷刺。

張達民打算先和阮玲玉同居，造成生米煮成熟飯的事實婚姻，然後再正式迎娶。

面對張達民赤裸裸的「未婚同居」計畫，此時的阮玲玉是怎樣的態度呢？她早被張達民不計較門第出身、不顧父母反對、堅定與自己結合的一片真心所感動，便輕率地同意了與他先同居——即把生米煮成熟飯的計畫。

一九二五年底，剛剛在崇德女校讀到初二的阮玲玉便在鴻慶坊開始了與張達民的同居生活。不久，阮玲玉就離開了崇德女校，放棄了自己曾經對人生的那份執著追求。至於阮玲玉離開學校，是自己主動退學，還是被學校除名？後文將有專題討論。

總之，同居之時，阮玲玉十六周歲還不到。

九年多以後，即一九三五年春，阮玲玉談到此事時，一副追悔莫及之態溢於言表。她是這樣答《現象》雜誌記者問的：

「那時，我的意志還薄弱，同時年歲也究竟還輕，所以認識不多，加上受不起他的欺騙，兩人便實行同居啦。」

事隔九年多以後，我們才等到一句悲情阮玲玉在經歷了張達民的噩夢之後的省悟之語，只是為時晚矣。

從昆山公園相見到戀愛，兩人是閃電似的；從戀愛到同居，兩人也是閃電似的。由於張家不同意張達民和阮玲玉之間的關係，而兩人想用同居造成婚姻的既成事實。真是一個願打，一個願挨。

在這「閃電」似的同居背後，阮玲玉曾有過多少的痛苦和彷徨？一有時間她就會想：我以後的路該怎麼走呢？從自己內心的嚮往來說，自然是先念書後工作，做一個自立的人。

可每每將這一想法向母親傾吐時，阮玲玉總在母親臉上看到一副痛苦、內疚的神情，接著是一聲聲的哀歎。這是母親怪她，這麼大的人，好不曉事理，與張達民結婚，難道不是一條最好的出路嗎？……

由此不難看出，張達民、阮玲玉以及各自的母親，都有意或無意地促成了一對青年男女的「未婚同居」。

謎 7

面對張達民的「求婚」，阮玲玉母女的態度是怎樣的？

同居以後，張達民進一步向阮玲玉求婚，剛開始是真心的，也是堅定不移的。漸漸地，他也就不著急了。一是因為他母親的竭力反對，二是因為他已經和阮玲玉同居在一起，有沒有那張紙、有沒有那個形式，還真的無所謂。好比一輛寶馬汽車已經到手，那就用唄，付錢的事，著什麼急呢？……等到後來，阮玲玉漸漸有了名氣，張達民漸漸有了危機感，再想起加上婚姻這根繩索時，阮玲玉卻不幹了。當然這是後話。

當時，張達民意欲向阮玲玉求婚，雙方母親的態度是截然不同的。張達民的母親是堅決要拆散他們；而阮玲玉的母親則是巴望著女兒有朝一日能名正言順地嫁到張家。

母親何阿英感到女兒能嫁到張家，是再好不過的事，這樣一來，自己今後的終身有了依靠，地位也改變了，再也不用替別人家幫傭了。因而她自始至終熱心地促成、勸說女兒應允這件事。

阮玲玉年輕幼稚，戀火已把她燒得無所適從，由於年輕幼稚，且母命難違，她就這樣輕易地、似懂非懂地、將自己的一生和這位張家少爺結合在了一起。

說是結婚，卻並無正式的婚姻儀式和法律手續；說是戀愛，又無真正一致的理想和愛情。這是買賣婚姻的一種新變種，是半封建、半殖民地時代婚姻的一種常見的變異方式。

就阮玲玉的身世、環境而言，她如不為浪蜂遊蝶所惹，定為富賈商人所攫，這似乎是她悲劇宿命所致，難以倖免。

以上這個故事版本採用的是作家戴彥在其專著《一個真實的阮玲玉》中的部分描述。而另一個版本的故事則不是這樣。如在趙玫所著的《阮玲玉》中，阮媽特別自尊自愛，明察事理，她一直都在反對女兒與張家少爺的婚事，並一直告誡女兒要潔身自好，不要做出傷風敗俗的事情來。然而有一天下午，趁阮媽不在家，在張達民的死纏爛打、用強之下，阮玲玉還是失守了少女的最後一道防線。書中是這樣描寫的：

張達民過去關上窗簾，遮住了屋子裡最後一縷夕陽的餘暉。黑暗中，傳來瘋狂的喘息聲和呻吟聲，然後是阮玲玉的哭泣聲。

張達民捧著阮玲玉哭泣的臉說道：「玲玉，你是我的女人了，聽到了嗎？你是我張達民的女人了。你應該感到幸福的，是吧？你說啊？你快樂嗎？」

窗外忽然下起了雨，遠處滾動著悶雷聲。張達民在阮玲玉赤裸的身體上親吻著。阮玲玉試圖推開他：

「我媽媽就要回來了。你讓我起來，讓我起來啊！讓我穿上衣服啊。」

張達民卻繼續瘋狂糾纏著阮玲玉：「好嗎？告訴我，還要嗎？還要我嗎？……」

阮玲玉急得要哭了：「媽媽真的要回來了，你放開我！……」

就在這個時候，阮媽進門了。

她驚愕地站在那裡，想不到女兒竟披頭散髮、衣衫不整地站在面前。她的身後，是那個裸著身體的張達民。

阮媽無比震怒，衝上來狠狠打了阮玲玉一個耳光。

阮玲玉捂著臉，周身發抖，淚流滿面。

阮媽憤怒而絕望地喊道：「你們，你們給我出去！我不想再看見你們！你不是我女兒！我不要你這個傷風敗俗的女兒！你嫌我們吃的苦還不夠啊?!……這是老天在懲罰我啊！我作什麼孽了啊？……」

阮媽哭倒在椅子上。

張達民見狀也有些害怕，他緊緊地摟著阮玲玉說：「阮媽，你不要……你放心，我會永遠對玲玉好的。」

阮媽指著他說：「你給我出去，快出去！我不要聽你講話，我不信你們這種浪蕩公子！走吧！別再來遭踏我們這些窮人了！求你了，少爺，我給你跪下了……你就放我們母女一條生路吧！……」

謎 8

阮玲玉中斷學業，是自己退學，還是被崇德女校除名？

阮玲玉「初嫁」時芳齡十六，完全是個稚嫩少女，而那種流傳了千百年的「嫁雞隨雞，嫁狗隨狗」的思想，牢牢佔據了她的心靈。

如果這位張家四少爺稍有點上進之心，至少能夠安分守己，阮玲玉肯定將終身相隨、忠貞到頭了。而他卻和所有舊社會中的紈褲子弟沒什麼兩樣，一步步走向了墮落。

當然，在阮玲玉與張達民同居之初，兩人也確曾有過一段比較甜蜜的日子。張達民仍然保持著戀愛時所體現出的紳士風度，顯得溫柔體貼，平日常逛的歌場、賭館很少涉足，父母給他的零花錢他大多貼給阮媽做了生活費，支付三個人的開支也足夠了。

阮玲玉與張達民同居後，她的人生旅途進入了全新的一站，打開了她生命的另一道風景。

平日裡，兩人逛公園、看電影、散步、兜風。阮玲玉喜歡音樂，張達民便租來鋼琴，請來外籍教師讓她練習。頗有藝術才能的阮玲玉學了不久以後彈起來居然有了一些成績。同時阮玲玉還主動接受戲劇表演方面的訓練。

張達民嗜好跑馬、打牌和跳舞。他不僅參加跑馬、賭馬，還自己養馬。幾乎每天早晨，張達民都會帶著阮玲玉同去跑馬場溜馬。

當然，張達民最熱衷的還是領著阮玲玉到舞廳跳舞。

阮玲玉雖出身貧寒，卻生性聰慧，對藝術有著極強的領悟能力。當她開始接觸社會後，這些個人天資得到了充分的發展。不久，有著藝術天賦的阮玲玉的舞步也逐漸優雅嫻熟起來。

後來阮玲玉成名以後，一直保留著喜歡去舞廳跳舞的愛好。在三十年代的電影明星之中，阮玲玉可算是跳舞跳得比較標準、優雅、水準比較高的一位呢。

阮玲玉對張達民不顧家庭的反對，堅持與自己結合，是心存一份感激之情的。輟學以後，她要求自己儘快完成角色轉換，由一個年輕的女學生變成一個賢慧的「妻子」。阮媽則不再出外幫傭，守著兩人，照顧他們的生活起居。

對於阮玲玉的輟學，研究者們有兩種不同的解釋。

第一種解釋是，阮玲玉與張達民同居後，忙於以上描述的活動，沉浸在「上流社會」新鮮有趣的生活內容中，從而在張達民的慫恿下，主動退學了。

另一種解釋是，當時的崇德女校有條校規，不允許女生談戀愛，更不允許女生與男人同居。阮玲玉因為違反了校規，因而被校方除名。

偏愛阮玲玉的影迷或研究者當然更願意相信前一種解釋。他們不願看到阮玲玉身上有這樣或那樣的污點——哪怕很小很小。

很多人都設想過：如果不是因為張達民此時的介入使阮玲玉中斷學業開始了另一種生活，從而最終導致了一場悲劇的發生，阮玲玉可能度過的一生又會怎麼樣的呢？……

誰也無法預見，誰也無從猜測。

假如這個設想成立，又會如何呢？那麼在中國電影史上，大概也未必會早早出現一顆如日中天的明星了吧？

謎 9

張達民、阮玲玉同居後，誰先變心？

問到這個問題，幾乎百分百的人都會異口同聲地譴責張達民：肯定是這個浪蕩公子忘恩負義、變心在先！

對此，筆者卻有不同的看法。

其實，張達民在與阮玲玉同居後，他只是改變了原先裝出來的那種殷勤體貼的態度，恢復了他紈褲子弟、浪蕩公子的本來面目而已。如果非要說他變心，那他只是變回了他原來的樣子。他的那顆心，無論是顏色還是本質，從來就沒有變過。

你想，張達民這個公子哥豈是甘心過平靜、拮据生活之人？「燕爾新婚」的纏綿過去之後，他漸漸就感到了同居生活的單調乏味。尤其是自己家庭的反對，進而對他經濟上的制裁和限制，又準又狠地掐在了他的要害上。公子哥沒有錢花，好比汽車沒有汽油，還不整個地成了一堆廢鐵?!

張達民每個月從母親手上領到幾個零花錢，開始他還拿出一部分來用作「小家庭」

的日常開支。雖然阮玲玉母女倆非常節儉，但仍要花去這筆零花錢的大部分。而張達民的父母卻不再多給這個叛逆兒子一個子兒。

於是，時間一長（也就個把月時間吧，其實也算不上長），張達民的公子哥的本性就開始暴露了。心情不好時，他對阮玲玉母女倆時不時地擺臭臉，且惡語相向。

起初，張達民看到阮玲玉傷心落淚，他還有些不忍，還會虛情假意地安慰一番。不過漸漸地，他就習慣了，熟視無睹了，想發脾氣就發脾氣，不高興掉頭就走，把僅有的幾個錢送進賭場，輸光了則幾天不露面。偶然贏了，一時高興也許會想起阮玲玉，轉而登門來看一看她們母女，當然主要目的是來找「嬌妻」發洩一番生理慾望。

作為女人，一直處於同居狀態的阮玲玉，非常想結束這種狀態早點結婚。現在是她主動向張達民「求婚」了。

但是，當她每次向張達民提及結婚要求時，他便會情緒陰沉、脾氣煩躁。他總是大聲批評阮玲玉的舊禮教觀念太深，批評阮玲玉不具備新思想，強調男女之愛首先是一種精神，一種感覺，又何必看重世俗的形式。說完這些大道理，張達民很快又將話題轉到跑馬上，並興致勃勃的談起他養的馬和他參加的輪盤賭。

面對這種情形，阮玲玉才深刻意識到自己當初同意同居的決定過於草率，只是善良的她還不願把張達民想得太壞，總以為他最近的變化是因他們的婚姻遭到父母的反對而引起的。

不過，張達民的變化還是給阮玲玉澆了一盆冷水。她本來已經打算放棄自己原定的人生目標，準備好好持家做妻子的。但冷酷的事實擺在了面前，原本以為就此能過上甜美生活的願望列車，開始駛出了阮玲玉預期的軌道。

生活的車輪還是要轉下去的，可是又該怎麼駛向那個未知的將來呢？阮玲玉開始越來越迷茫：自己摸不清楚自己的方向，亦不知將來到底有幾種將來？……

阮玲玉對張達民的變化非常失望，她知道他的錢來得快去得也快，要不了多久就會坐吃山空的。她很清楚：如果把自己的未來完全寄託在他的身上，那將是很不靠譜的。本來一直很想自立的她提醒自己：男人靠不住了，只有靠自己。為了奉養母親，也為了自己的前途，她首先在經濟上必須自立。她因此開始慎重地考慮：如何走出小家庭，到社會上去尋找適合自己的職業，在經濟上首先獨立起來。

阮玲玉就是這樣「變心」的。

實際上，她是變回了原來那條被她不慎放棄的、自立自強的軌道。

謎 10

阮玲玉當上電影演員，靠的是張達民大哥的引薦？

自從阮玲玉「變心」以後，她一邊繼續參與自己喜愛的社會公益事業，一邊開始留心報紙上登載的各種招聘廣告。

一九二六年三月，在上海明星影片公司做導演的卜萬蒼正準備籌拍一部新片《掛名夫妻》，為此，他向公司總經理張石川提出一個建議：在上海的兩張大報上登廣告，用公開招考的辦法來海選女主角。張石川欣然同意。

明星影片公司即將開拍新片《掛名夫妻》，公開招聘飾演女主角的演員，歡迎年輕漂亮有表演天賦且有志於電影事業的女士前來明星公司應試。

阮玲玉看到了這則刊登在《新聞報》上的廣告，它燃起了阮玲玉新的希望——

阮玲玉一直愛好表演藝術，當她還是崇德女校的學生時，就曾憧憬著有朝一日能在舞臺上一顯身手。二十年代初期國產電影興盛起來以後，她又對電影產生了濃厚的興趣，對早期的女影星很是佩服，也曾有過「將來當一位像殷明珠、王漢倫一樣的女影星」的朦朧願望。

她是真心願意走上電影演員之路的，只是苦於一直沒有步入銀海的機緣，現在機會終於在她面前展現，可她卻有些猶豫了。她暗自思忖：「明星」這麼一個人才濟濟的大公司，會看中我嗎？……況且這還不是她最擔心的。她最擔心的，是阮媽和張達民的態度，她心裡清楚得很：他們都不會支持她的這個願望的。

當時，雖然已經是二十世紀二十年代末期，在上海這麼繁華的大都市，公眾對演員這一行業仍然不看中，甚至仍然有歧視——認為女子拋頭露面去演戲是一件極為不光彩的事情，有失體面。演員在所謂的「三教九流」中也是被放在末流的。

但為了自己的愛好，為了自己的理想，更為了自己能儘早的經濟獨立，阮玲玉還是瞞著家庭，瞞著他人，一個人悄悄地去明星電影公司去應聘了。

以上「玲玉從影」的故事，是公眾認可的一種版本。

現在來說故事的第二種版本：

阮玲玉看到招聘廣告後一直在猶豫，一直不敢付諸行動。形似「金絲雀」的她，真要跨出家門、邁出挑戰世俗的那一步，還真的沒有足夠的勇氣。她畢竟只是一個孤立無援的十六歲的弱小女子。

過了幾天，張達民的大哥張慧沖突然興沖沖地走進她的屋裡，問她說：「弟妹，想不想拍電影？」

這意外的詢問，使剛過上幾天家居生活的阮玲玉大吃一驚。如今，她算有了一個簡單的家了，可以過想過的舒坦清靜的日子，除了家務雜活、伺候「丈夫」外，可以找些心愛的小說來讀，也可以偶爾看場電影和話劇。

張慧沖看她呆呆地發怔，怕她還不明白自己的意思，於是進一步具體地告訴她：「我就職的那家明星影業公司，是家老牌的電影公司。現今，明星公司正在招考電影演員，要是你願意試試，我可以介紹你去。」

他還怕她要面子，又補了兩句：「考不取也沒關係，反正是試試嘛。」

阮玲玉的心真正被說動了。

此時，張達民與她的感情不再濃烈。張達民原是一個依靠父母錢財混日子的「富二代」，他不像他的三個兄弟那樣有固定職業和收入，加上近幾年張達民又結交了幾個不三不四的朋友，常常到賭場裡混日子。他們同居了數月後，張達民因手中經濟不寬裕而多有埋怨，不時還對她發點脾氣。到後來，他幾乎完全斷絕了對阮玲玉母女生活上的供給。此時，阮玲玉更堅定了要闖入社會、走經濟獨立的道路的想法。當然，最誘動她的還是「拍電影」這三個字的魅力。這是她在長夜的夢中才出現過的情景。

於是，欣喜的阮玲玉便請求大哥張慧沖介紹試一試。

阮玲玉掩飾不住自己對電影的熱情，在學校時，她就喜好文娛活動，登臺演過戲。張慧沖就是從看她的演出中，發現了她的演出才能。在她貧苦的少女時代，演戲曾是她極大的感情寄託和人生的愉快。她期望自己在電影表演藝術上能做出些什麼來，期望以自己的努力去實現少女時代的夢想……

事情就這樣很簡單地決定了。她生活在這個和電影關係密切的家庭裡，張達民也沒提什麼反對意見，雖說，那時社會對演員的評論並不是很好，自己可能會很沒有面子，但是自己的兩位嫂子吳素馨、徐素娥都是電影演員。再說這又是一條能掙錢的出路。阮媽也贊成女兒去碰碰運氣。一生受盡窮苦的母親，期望女兒今後能掙點錢，她更多的是出於一種安全感的考慮。張達民近期幾乎斷了她們生活上的供給，年老體弱的母親實在已經不能再出去幫別人家做工了，她再也經不起多少折騰。

一九二六年的一個春光明媚的日子裡，張慧沖攜同阮玲玉和阮母來到明星公司，讓她參加《掛名夫妻》這部默片女主角的應試。

張慧沖在電影界的時間比較長，對電影界的人也較為熟悉。到達明星公司後，他和門衛打了個招呼，就領著阮玲玉和阮母直接去找電影導演卜萬蒼了。

不巧的是，卜萬蒼當時不在公司，他們只見到了一名姓林的廣東人、副導演。他很買張慧沖的面子，又見阮玲玉面容秀美，神態動人，答允向已頗有名聲的卜導演推薦。

這之前，明星公司招收演員的報名處，已經接受了很多女士的報名，單從外形上看，環肥燕瘦、長的漂亮的不少，遺憾的是，她們不是扭捏做作，就是太過妖豔。沒看出其中有什麼人適合扮演《掛名夫妻》中的女主角史妙文的。

第二日，當阮玲玉一行人再到明星公司時，卜萬蒼已經從林某的介紹裡對玲玉預先有了個印象，攝影師出身的他此刻對她細細端詳，便感到這個小姑娘雖不是什麼姿容超凡的絕色美人，卻別有一股清秀氣和書卷氣。尤為難能可貴的是，她沒有那種上海摩登女郎的洋味和俗氣，從她清純的學生氣中顯出一種憂鬱的小家碧玉的嫵媚丰姿。卜萬蒼導演立即答應讓她參加《掛名夫妻》女主角的試鏡。

卜萬蒼對她熱情地說：「密司阮，我看你定能演戲，讓我來給你一個機會吧。」

這意外的順利，使阮玲玉又喜又愁，喜的是受到了一位令她敬畏的電影導演的青睞，愁的是她真能演好這個主角嗎？

謎 11

阮玲玉蒼促應聘電影演員，首次試鏡不及格？

當阮玲玉懷著複雜不安的心緒從電影公司回到家裡時，她哪裡想到——在明星電影公司裡，攝製組正為她的女主角問題爭得面紅脖粗呢。

有人說，一個初出茅廬的毛丫頭，沒有號召力；又有人說，模樣兒、演戲的本領都不出眾。

多數的意見是否定的，主張重選。

卜萬蒼卻力排眾議，獨執己見。他的確還沒有試過阮玲玉的表演才能，尤其不瞭解她會不會拍電影，只是從接觸中有一種隱隱約約的感覺：這是個可以造就之才。她的容貌雖不特別驚豔，但她那雙美麗的眼睛裡卻蘊涵著一股內在的力量——那是一種自然的、不由自主的流露出來的悲哀、憂鬱，還有那麼一絲悽楚。這正是悲劇女主角史妙文必備的特質啊！……

不過，為了鄭重起見，卜萬蒼決定第二天試一試她的戲，試幾個鏡頭，看效果再作定奪。

第二天，一夜無眠的阮玲玉，打起了精神，認真地梳妝了一番。她在母親的陪伴下，以比當年走進學校更緊張萬分的心情，再次走進了這家赫赫有名的電影公司。在場看她試戲的，有公司的決策人物張石川等人，氣氛比昨天更嚴肅了幾倍。卜導演和藹地向阮玲玉講解了劇中的人物要求，以及怎樣演好這名可憐的女子史妙文。

當時試演的那一幕是《掛名夫妻》中「新婚」的場景，劇情是這樣的：

黃君甫扮演的「方少璉」躺在床上呼呼大睡，阮玲玉扮演的「史妙文」靜坐在一旁，表現出又羞又惱的樣子，幾次想要過去推醒新婚丈夫「方少璉」，但是終於沒有那個勇氣。「史妙文」站起身來轉了一下念頭，重複坐了下來。後來「方少璉」醒了，嚷嚷著要找姆媽、要喝茶，「史妙文」起先置之不理，接著「方少璉」從床上爬起來，見有一個陌生女子在旁邊，嚇得又重新縮回了床上，又哭又叫的：「姆媽，房間裡有老虎。……」此時的「史妙文」才明白：自己竟然嫁了這樣的一個傻瓜丈夫！不由的心裡一酸，失聲痛哭起來！……

阮玲玉十分認真地聽講，但是不能集中注意力，因為陌生雜亂的片場環境讓她緊張得無所適從。周圍陌生的動靜太多太讓她分心了。攝影機旁有一大堆人在說話，而照明用的炭精燈的亮度也使阮玲玉的眼睛極不適應，導演的話又過於專業，讓阮玲玉似懂非懂……

卜導演讓她開始試著走一段戲時，那個胖胖的男演員黃君甫也不好好配合，使得阮玲玉幾乎手足無措，連步子都不會走了。自然，這段戲演到最後，阮玲玉還是沒有哭出來。沒有進入角色的演員，又怎麼能表現好人物內心的複雜感情呢？

一個天性聰慧、酷愛演戲、又曾有過舞臺經驗的小女子，竟在惶恐不安的心情中把一切都弄糟了，糟得連自己也不能相信，自然更使張石川和卜導演大大地失望了。

當試戲停下來的時候，阮玲玉忍不住要哭出來，心裡難過極了。

審看的人們紛紛離去。導演卜萬蒼的情緒也從開朗轉為陰沉，一時默默無言。

他望著眼前這個滿臉沮喪的柔弱女子，輕聲地、有點困難地對她說：「好吧，密司阮，夠辛苦的了，你回去吧。」

阮玲玉從他的話音裡，聽到的是深深的失望，自感到「拍電影」的大門「嘩啦」一下，從此對她關上了。

她咬了咬牙，勉強打起精神，走向陪伴她來的母親，收拾收拾準備離去。

謎12

阮玲玉在應聘演員時，對自己的婚姻狀況說了謊？

在面試《掛名夫妻》時，阮玲玉確曾被導演問起婚姻情況，當時阮玲玉沒有心理準備，一時不知道該如何回答。因為如果說自己結婚了，卻並沒有正式的婚姻；如果說沒有結婚，自己卻又和張達民在同居著……

如果照實說，這在當時是一件非常不體面的事情，會被誤會為是不正經的女人。阮玲玉便遲疑的告訴導演：「說結婚還沒有結婚。」

說完這話，一種難言的痛苦伴隨著屈辱感從心而生，阮玲玉不由得流露出哀怨悽楚的神態來。

當時阮玲玉處於一種從未承受過的生活陰影中。這個出身貧苦、單純又善良的小姑娘，完全不瞭解張家這個名門世家裡的恩恩怨怨，更不瞭解這些生活在社會上層、從不知貧困為何物的人是怎麼看待感情的。和張達民同居的幾個月，可憐的阮玲玉不知道暗地裡流了多少淚水。除了剛開始還抱有一點結婚的希望，算是比較新鮮的生活了一段時間外，同居的其他日子裡，她一點也不開心，更談不上幸福。

是的，她被迫蜷縮在同居的陰影中。這對一個有思想、有追求、接受過西式教育的女子來說，越來越像是一場噩夢。張家對她的不接受，導致她與男人沒名沒份的同居，張達民的忽冷忽熱、態度轉變，等等，就像是從四面八方襲來的寒風，將她一個柔弱的女子團團包圍了，她連自己是什麼都搞不清了……

所以，阮玲玉才會遲疑的告訴導演：「說結婚還沒有結婚。」

這難道是一句謊話麼？

說出這一句話，阮玲玉都覺得難以抵抗外界的種種猜測和壓力，難以抵抗自己內心深處的那份哀愁，她唯一能做的，就是無助的落淚了……

是的，生活的磨難，使阮玲玉比普通少女更早地懂事了、成熟了；生活的磨難，卻又使阮玲玉過早地將自己的命運和一名玩世不恭的少爺連結在一起。

這是在阮玲玉短促一生中第一個佔有了她的男人，而且在未來的近十年中，她還將為他付出寶貴的青春和血汗換來的金錢——而他將會愈來愈像魔影似地追隨著她，籠罩著她，直至將她送給死神。

或許此刻的阮玲玉已經預感到，這是她悲劇命運的開始，也最終決定了她悲劇命運的結局。

謎13

張達民與阮玲玉到底有沒有結過婚？

阮玲玉從十六歲起就和張達民過著同居生活。張家對阮玲玉沒有任何的接納表示，更沒有正式的身分肯定。

阮玲玉只能住在張達民父親當年「金屋藏嬌」的北四川路上的鴻慶坊，而張家在乍浦路的公館老宅對阮玲玉來說不僅是空間上的距離，更是身分上的距離。

每一個女子都期盼著傳統的婚禮——特別是舊時代的傳統女子。而阮玲玉只有在電影裡面才能享受這樣的「榮耀」。

在戲裡她演著別人的《掛名夫妻》；在真實的生活中她演繹著自己的「掛名夫妻」。

人生如戲，戲如人生。戲裡的人生與她自己的人生，形成一種莫名的默契。這樣一種默契，讓她在戲裡投注了現實生活的眾多情感。在舞臺燈光下的她，又是如何把這樣一份情感收斂著，在鏡頭下再隨時迸發出來？

阮玲玉在拍《掛名夫妻》時，自己的生活卻陷入了有夫妻之名卻無「名份之實」的境況。

鴻慶坊裡的阮玲玉孤獨寂寞著，她那個名義上的「丈夫」張達民早已不再貼補家用，也很少來這裡看她，同居之初的新鮮和承諾早已不復存在。

曾經在崇德女校與阮玲玉一起讀書、看電影、聊天的同學、朋友也因為自己與男人同居後而不再聯繫。

而身邊唯一的親人、膽小而善良的母親，阮玲玉所能給予她的，只能是日復一日強作歡言的安慰。

小小年紀就看盡悲歡的阮玲玉就這樣恍恍惚惚走向了她未知的生活，雖然她自己也不知道最終結局會怎樣。

雖然張達民是個「富二代」，是個不幹正事，只知道花錢享樂的公子哥，但此時的張達民卻沒有再拿出一分錢來供養阮玲玉母女。對此阮玲玉倒不很在乎，她真正需要的不是他經濟上的資助，而是愛情上的始終不渝。

因為阮玲玉和張達民一直沒有正式的結婚，在外界看來，他們的同居關係是極不光彩的。阮玲玉母女為此沒有少受別人的白眼，沒有少受別人背後的指指戳戳。

雖然比起以前，阮玲玉母女已不用為生活的溫飽而苦惱，但是阮玲玉在張家的「合法身分」還是讓她們耿耿於懷。而每次阮玲玉向張達民提及結婚的事情，張達民就巧言敷衍，從不肯給一個肯定的答覆。善良的阮玲玉也不好意思再逼他做什麼。

她始終認為：一個男人如果真的愛一個女人，是會主動給她一個正式的名份的。而清高的阮玲玉也不屑因為這事對張達民苦苦相逼。善良的她還是相信張達民是愛她的。

一九二七年三月，張達民的父親突然中風，不治而亡。張家上上下下都忙著辦喪事，張達民的心情也陷入低谷。

因為，按照張家的老規矩，只有合法的子女才能得到遺產，而且只有結了婚、成了家的子女才可以自主支配自己所得的遺產。沒有結婚的子女只能分到應得遺產的一半。

按這個分法，張達民明顯吃虧，因為他和阮玲玉並沒有正式結婚，況且張家也不認可。這就意味著，他連自己名義下的那一半遺產了也無權自主支配。

張達民厚著臉皮，再次向母親述說了自己和阮玲玉同居的情況，要求得到應得的全部遺產。母親聽後勃然大怒，堅決不肯承認阮玲玉，更要將現在阮玲玉母女所住的鴻慶坊的房子收回。

張達民去找阮玲玉，他想在張家親友全部在場的靈堂上與阮玲玉結婚。

當時，按中國的民情風俗，在上輩死後三年之內，子女不宜結婚。而在廣東地區還有一種民俗，就是喜堂可以成親，靈堂也可以成親。它的用意是：已故老人的子女，在其生前因為種種原因未能成婚，可以相攜同來弔孝守靈，跪拜成親；禮成後，脫掉喜服換上孝衣，繼續守靈。新人盡了晚輩的本份，自然也就是一家人了。

一般出於不得已而在靈堂成親的，十有八九是能夠成功的。張達民為了遺產，當然不願意遙遙的再等待三年脫孝後才成婚。

只是阮玲玉覺得，這樣做未免有點死皮賴臉的味道，自己也很不願意在結婚的大事上如此草率，且低三下四的。她不肯同意這樣做。

張達民則苦苦相勸，要求她不要過於計較一時的面子，如果靈堂結婚成功，他的名下就可以分到十多萬的家產。在他看來，錢比面子更為重要。他堅持要求阮玲玉去帶孝守靈。

阮媽這時也支持張達民的決定，在她看來，只要靈堂結婚成功了，自己的女兒阮玲玉就等於是張家明媒正娶的媳婦了。

阮玲玉動搖了，當初既然跟了張達民，就等於做好了一生一世都跟著他的決定。之前，為結婚的事，張達民每推託一次，自己那顆敏感的心就破碎一次。之前，張達民總是教育她，為什麼一個讀過書、接受過西式教育的女子還這麼看重世俗的那些形式呢？而且張達民的全家上上下下都反對他們的結合，尤其是張達民的母親，就算勉強成婚，嫁過去只怕會受到冷眼相待。而這次如果真的能夠在靈堂上結婚，未嘗不是一件好事，從此以後自己與張達民就是名正言順的夫妻了，不必再遮遮掩掩的過同居的生活，一直對自己同居感到愧疚、抬不起頭的母親也可以心安了……

阮玲玉為此做好了充分的心理準備。

到了張家，阮玲玉遭遇的情況比她想像的還要糟糕。一半是心理作用，一半是受環境的影響，阮玲玉感覺張家所有的人對自己都存在著某種鄙視的想法。阮玲玉本身就是一個十分敏感的女子，想到這一點，她便在一些點滴的小事上小心謹慎起來。她處處留意，處處小心，生怕再說錯什麼、做錯什麼，讓張家的人再低看了自己。

也難怪阮玲玉這麼小心謹慎的說話做事。舊禮教觀念在人們腦子裡根深蒂固決定著當時的社會風氣——他們看到別人的過失從不輕易放過，卻又不肯正大光明的加以指正，只會用鄙視的眼光、譏諷的語言來加以攻擊。再沒有比這種無聲的指責、鄙視更令人痛苦、委屈的了。在他們看來，阮玲玉沒有和張達民成婚，卻早已同居一處，簡直是罪不可赦。

可是為了爭奪遺產，張達民也顧不了那麼多，硬是拉著阮玲玉在父親的靈堂舉行婚禮。張達民父親屍骨未寒，他就做出這樣的事情，張家人能樂意嗎？這下他們更恨阮玲玉了。張達民要無賴，順帶著也把阮玲玉拖下了水。本來張家人就看不上阮玲玉，這麼一鬧對阮玲玉的評價更糟糕了，罵阮玲玉的話更難聽了。

阮玲玉雖出身貧苦，但自幼也是備受父母寵愛，何況一個接受過西式教育的女子，在當時也算是女性中的佼佼者。從未經受如此痛苦、委屈和刺激的她，突然遭受了這樣的是非甚至是屈辱，令她的內心悲慟不已。

張家是一個典型的舊式大家庭，張達民的父親除了正室外，還有幾位側室，張達民同父異母的兄弟姐妹加起來也有十幾位。這樣人口眾多的大家庭，應付起來是很不容易的。

幸好張達民的大哥張慧沖是個開明人士，他和張達民一起遊說家人，接受阮玲玉。終於他們在表面上說服了所有人，同意他們在父親靈前舉行結婚儀式。

婚禮前的阮玲玉，在悲傷過後卻出奇的平靜，似乎面對如此的遭遇她只能是承受，善良的她從未想過反抗。就像一隻即將被宰割的小綿羊，雖然心若明鏡，但是卻一籌莫展。

一九二七年三月，在張家所有親友基本都到場的情況下，張達民和阮玲玉在張達民父親靈前舉行了簡易的結婚儀式。

因為是在喪期，所以一切從簡。對於阮玲玉來說，這樣的婚禮雖然是聊勝於無，但卻也是安心之舉。

阮玲玉在綴滿白花的靈堂前，穿了一件長袖繡花的大紅短襖，下著一條黑色綢長裙，在一種悲涼的、與喜事極不協調的氣氛下匆匆走了個形式，就算是完成了她的婚禮。

那一刻，阮玲玉想起了在昆山公園「偶遇」時的張達民，想起了與他剛剛同居時的甜蜜時光，她的心中重新燃起了對張達民的愛和再一次的期望。看著身邊的這個年輕男人，阮玲玉覺得自己此刻是幸福的，她又一次的對他們的未來充滿了希望……

善良的阮玲玉不停的說服自己：之前，張達民的變化只不過是因為家人不同意他們的結合而帶來的巨大壓力所致，而現在，這個壓力消除了，他們從此以後又可以過上輕鬆、甜蜜的日子了。

張家所有人的臉上都掛著淚痕，沒有一絲笑意，也沒有對新嫁媳婦表示應有的歡迎和祝福。張家的長者只是用手示意他們起身，沒有長輩拉著她的手把這位美麗的新娘領到諸位親友面前作正式的介紹。只有張達民的大哥為他們這對新人拍攝了幾張結婚照。接著，張達民、阮玲玉又趕緊換上孝衣，小心翼翼的接待來往賓客。

這場婚禮對於一直期待很久的阮玲玉來說，實在是悲哀大過新嫁娘應有的喜悅。結婚，對於一個女人來說，是一輩子最期待、最幸福的時刻。阮玲玉的婚禮卻讓她體味到人世間的荒涼。是悲，是歡？是喜，是哀？混雜在其間的難言滋味，都讓涉世未深的阮玲玉一一嚐遍。

他們的結婚儀式，對阮玲玉來說是了卻一件心事；對於張達民來說，意味著十幾萬家產的到手。

按阮玲玉的理解，結婚就意味著他們就此過著幸福快樂的生活，結婚不是愛情的終點，而恰恰正是愛情的開始。婚後的生活就是兩個人一起面對現實生活，同甘共苦，永不分離。這才是真正的愛情，真正的幸福。

阮玲玉的想法沒有任何的錯，只是她太天真了。果然，很快，張達民在得到遺產後，底氣足了，更加縱情揮霍於賭場，整天在外面花天酒地。阮玲玉的希望如泡沫一下破滅了。

於是乎，悲涼的婚禮結束了，悲慘的生活正式開始了。阮玲玉重新陷入失望的深淵，不得不開始重新考慮自己的將來。

著名作家戴彥在其專著《一個真實的阮玲玉》中，對阮玲玉這場悲涼的婚禮，向我們作了客觀而細緻的描述。但他的觀點卻顯得如此的孤立。多數的研究者，要麼不承認阮玲玉與張達民舉行過這樣一場特別的婚禮，要麼就對此事避而不談。有的研究者就算講到這件事，也是宣揚阮玲玉在靈堂上被張達民的母親如何如何責罵一番，然後又如何被狼狽地趕出家門。

比如登上央視《法律講堂文史版》講壇的歷史學者宋連生，在講到阮玲玉這段經歷時、就是這樣描述的——

張達民的父親突然中風去世。在這個突然到來的機會面前，阮玲玉感到左右為難：自己是不是應該隨著張達民去弔祭呢？

她已經把張達民當成了丈夫，兩個人已經在一起生活了幾個月，那麼張達民的父親去世，自己作為「兒媳婦」，理應去弔祭。但自己這種「兒媳婦」的身分並沒有得到張太太的認可，冒然去了，又擔心會出現尷尬場面；但如果不去，又擔心失了做晚輩的禮數，以後與張太太就更難相處。

此時的張達民，早沒有了當初「婚姻自主」的激情與衝動，他急於要和家庭緩和關係，為的是以後分遺產的時候能夠不吃虧。為了討好家庭，他軟磨硬泡地將阮玲玉領進了家門……

然而，阮玲玉剛剛走進靈堂欲行跪拜之禮的時候，張太太卻走過來冷冷地發問：「你是張家什麼人？誰要你來磕頭？」

阮玲玉當場就呆呆地僵立在那裡。而張達民看著她當眾受辱，竟連一句話也不敢說。

接著，阮玲玉又聽到了張太太一連串不堪入耳的辱罵，張達民仍然是一聲不吭。阮玲玉氣恨交集，轉身憤然跑出了張府。

這件事情，對於阮玲玉的打擊很大。至此她算是看清楚了，張太太決不可能承認自己的「兒媳婦」身分，而張達民在關鍵時刻也不可能為自己爭來起碼的尊嚴、起碼的地位。

張達民父親身後留下了幾十萬的家產，張達民因此可以分得一筆相當可觀的遺產。但由於他「既未成家，又未立業」，按家規，他的這筆遺產就由母親暫時代為保管。張達民說盡了好話，他以開家公司、辦個實業、需要資金為由，軟磨硬泡，才從母親手裡要來了屬於自己的一萬元錢。

一萬元錢在當年可不算個小數目了，拿來開家公司或者辦個實業，那是沒有問題的。問題是張達民既沒有技術、又不具備經營頭腦，而且他根本也沒打算去搞什麼實業。錢到手後，他又開始整天出沒於歌舞廳和賭場，而且比以前玩得更凶了。

這也使得阮玲玉大為失望。她明白，張達民的錢從來不是自己辛苦掙來的，這種錢來得容易去得也快。用不了多久，就會坐吃山空。如果把自己的未來完全寄託在他的身上，那將是非常的不靠譜。從這個時候起，她就暗下決心，要依靠自己的力量，尋找自己的出路。

多數研究者不願意承認、或者不願意提及阮玲玉與張達民曾經有過的這場彆扭的婚禮，還有個重要的原因，那就是他們對阮玲玉名譽的保護。他們寧願相信阮玲玉年少無知時受張達民的欺騙，與他只有同居關係，而沒有什麼婚姻關係，連形式都沒有。這樣一來，張達民後來告阮玲玉「重婚罪」，就是徹頭徹尾的誣告了。

作家朱劍在他的專著《無冕影后阮玲玉》中，對張、阮婚禮之事則做了另外一番考證：

張達民與阮玲玉自一九二六年一月開始同居，但沒有舉行婚禮。翌年張達民的父親去世，張家分了家，由於張太太的反對，張達民與阮玲玉仍未成為法律意義上的夫妻。

張太太在丈夫去世、兒子分家後，回到了原籍廣東香山。一九二八年香山更名為中山。這一年，張太太在老家去世。根據三十年代初某些報紙上的說法，阮玲玉曾隨張達民赴廣東奔喪，阮玲玉「先以子媳地位服孝，旋於百日之期，兩人即在靈堂中草草成婚之後，隨即偕同來滬，另組小家庭居於虹口。」

……但是，阮玲玉生前數次與記者談及自己的身世，以及與張達民的關係時，從未提到這件事。

由此看來，朱劍先生也是傾向於：阮玲玉與張達民之間是有過一次民間風俗式的婚禮的，只是婚禮的地點，由張老爺的靈堂，改成了張太太的靈堂；婚禮的時間，由一九二七年，改成了一九二八年。但同時他又強調：阮玲玉本人生前數次與記者談及自己的身世、以及與張達民的關係時，從未提到這件事。

所以說，張達民與阮玲玉到底有沒有結過婚？有沒有辦過一個民俗性質的婚禮儀式——哪怕是在靈堂上？這還是一個沒有定論的謎。但筆者覺得，這個謎是不難揭開的。

謎14

張達民為什麼會虐待阮玲玉？有何隱情？

阮玲玉進入電影圈後，在短短的兩年間內，成了一名頗有聲譽的女明星。但阮玲玉的內心並不寧靜。

「婚」後，張達民已不像當初追求她時那麼關心、體貼，他生於富家，長於富家，早已和這些融為一體，他擺脫不了「二世祖」、「富二代」的習性，也無法理解阮玲玉的工作和努力。

對於阮玲玉來說，從一個平凡普通的女子，成為一位電影明星，既要努力工作，又要照顧家庭，還要隨時防備當時一些小報記者對自己隱私的打探。適應這麼多的新角色，她是多麼需要別人的幫助——尤其是張達民這個當「丈夫」的幫助。為了能夠讓他理解她、幫助她，阮玲玉真是想盡了辦法：先是好言相勸，繼而苦苦哀求。

但是，阮玲玉所做的一切努力都無濟於事。當阮玲玉對張達民的放蕩生活好言相勸，他卻是惡語傷人。

張達民認為阮玲玉早就該適應他的一切。他一直認為，無論他娶哪一個女人，她都應該順從她的丈夫，適應他早已習慣的那種花天酒地的生活。

張達民需要的永遠是「夫唱婦隨」，他需要的永遠是封建舊式大家庭的那套傳統：當婆娘的要無條件地順著男人，服從男人，幫他做好一切後勤，幫他解除所有的後顧之憂——哪怕這個男人整天在尋花問柳、吃喝嫖賭。

而這一點，內向、敏感而倔強的阮玲玉怎麼可能做得到呢？

身分、興趣、教育的差異不可避免的使他們的關係越來越緊張。他們本來就來自兩個不同的世界，他們本來就「門不當、戶不對」。他們的矛盾衝突、關係惡化，幾乎是與生俱來的，因而也是無法避免的。

張達民的兩個哥哥在事業上都有進取，張慧沖、張惠民都開過公司，也都以演武俠片出名。阮玲玉就想不通：為什麼偏偏是張達民終日無所事事、遊手好閒、吃喝嫖賭、一身惡習？

儘管如此，事實上，張達民還是可以給予阮玲玉幸福的，只要他對阮玲玉表現出一點點的關注就可以了，或者說，只要他不虐待她就可以了。出身卑微、習慣貧苦的阮玲玉對幸福的要求並不多，他只要不虐待她、不傷害她，她也許就能忍受他的一切缺點。

但是張達民連這點起碼的要求都做不到。這位世家子弟的傲慢無知、從小所受的家庭溺愛，使他養成了一切以自我為中心的性格。阮玲玉只是成了他性格的犧牲品。

他的無情和自我為中心，將阮玲玉不可避免的推向了悲劇的邊緣。

「婚後」的阮玲玉除了在拍片子，常常一個人寂寞的坐著，空洞的眼神散了光，一個人默默地發呆。有誰知道她在想什麼？她在憂慮什麼？……

阮玲玉失落的發現，在同居初期、寸步不離的陪伴她一起逛公園、彈琴、跳舞的張達民已經一去不復返了。對他來說，比阮玲玉更有吸引力的是他的賭博。

作為「世家子弟」的張達民，舞場、賭場的吸引力對他越來越大。在輸光了一萬元「辦實業的資本」後，張達民又一次向母親無理取鬧，索要自己更多的遺產。他的母親因此也給他氣成重病，奄奄一息。

阮玲玉漸漸感到生活的無望、感情的無望，更感到自己要在經濟上取得獨立。

進入明星電影公司後，阮玲玉最初的月薪是四十元，後來由於參加拍攝的影片較多，片酬也有了些提高，完全夠自己小家庭的生活開銷。

但他萬萬沒想到的是，輸紅了眼的張達民開始不斷偷她的錢去還高利貸，實在偷不到錢，就偷拿她的東西送到當鋪，並為此和阮玲玉母女發生了多次爭執和暴力。

還有一種說法，張達民虐待阮玲玉的一個重要原因，是阮玲玉經常拒絕與「丈夫」過夫妻生活——張達民這才惱羞成怒、破罐子破摔的。

這種說法雖然出於某些小報記者之口，但也不是沒有一點根據。俗話說，男人因為做愛心情才好，女人因為心情好才做愛。阮玲玉又是一個情緒化很嚴重的女人，她心情晴雨表的大起大落，也是她作為一個電影演員應有的職業特點。何況張達民的所作所為不僅讓阮玲玉感到失望，而且漸漸感到了厭惡。加上拍片工作的繁忙、勞累，二十歲不到的她經常需要服用安眠藥才能入睡。

另一方面，張達民因為花天酒地生活無規律，經常不回家或要到深更半夜方才醉醺醺地回家。在這樣的情況下，阮玲玉偶爾不想和張達民過夫妻生活，其實是情有可原的，也是人之常情。

我們不能因此就說阮玲玉有什麼「冷暴力」，是阮玲玉的「冷暴力」引起了張達民的報復，把家暴的責任推給弱勢的女性一方。

謎15

阮玲玉是否有一個私生女？

一九二七年，在演藝事業上剛剛起步的阮玲玉遭遇到了職業的「瓶頸期」。她與張達民的感情不幸已大大影響到了她的演藝事業。也就是說，阮玲玉遭遇到了自己生活、事業上的雙重苦惱。

當時還在明星公司拍影片的阮玲玉有一天回到家中，發現自己的母親懷裡抱著一個小女嬰。

原來，阮媽的一個姐妹在貧民區裡撿到了一個棄嬰，她在自己無力撫養，又捨不得將這個嬰兒再次拋棄的情況下，便抱到了阮媽這兒，希望她能夠收留、撫養。一向善良的阮媽便好心的留下了這個棄嬰。

阮玲玉甚是喜愛這個長著一雙大而美麗的眼睛的女嬰，央求母親讓這個可愛的寶寶做她的女兒，將來叫她媽媽。

她於是給孩子取名叫「小玉」。

阮玲玉與母親（右二）、養女小玉（後排站立者）在一起

——這就是當時某些無聊小報傳言的「阮玲玉私生女」花邊新聞的由來。這自然也成了「阮玲玉拒絕與張達民過夫妻生活」傳言的一個佐證。

當時的阮玲玉只有十七、八歲，這樣年輕的女子卻收養了一個棄嬰做自己的女兒。一些不懷好意的人認為，這個嬰兒與阮玲玉肯定有不明不白的關係。另有一些不明真相的人以為，年輕的阮玲玉只是太喜歡小孩子而已。

雖然阮玲玉喜愛小玉是真心的，然而誰又能理解她內心另一番難言的悲哀呢？

當時阮玲玉與張達民還只是同居關係，並沒有正式的夫妻名份，如果這時候有了個孩子，孩子必將沒有合法身分，還會受到別人的歧視。所以阮玲玉不能有自己的孩子也不忍讓自己的孩子出現。

另外，自幼體弱多病的阮玲玉，目前剛剛進入明星公司，演藝事業才剛起步，需要集中精力好好工作，此刻也不可以有自己的孩子。

小玉的出現，正好讓阮玲玉了卻了人生的一件心事。

謎16

阮玲玉是一個虔誠的佛教徒？

自有電影明星以來，社會上就常有自命多情的「明星迷」給她們寫信。阮玲玉也不例外。當她的聲譽與日俱增之時，給她寫信的影迷則越來越多。特別是青年學生們，更是對她崇拜得無以復加。

人，常常是複雜的。阮玲玉在內心也充滿著衝突和矛盾。一方面，她親和、風趣、爽朗，對藝術事業精益求精、勇往直前；另一方面，又常常感到身世的淒涼、婚姻的不幸。她的感情常常是脆弱而悲觀的。

曾與阮玲玉合作過三部影片的導演費穆先生曾著文：

阮玲玉時常對人說：做女人太苦，又常說：一個女人活過三十歲，就沒有什麼意思了。第一句話，差不多的女子都會這樣說。至於第二句，卻有著她特殊的感覺了。

她是一個虔誠的佛教徒，她曾數次到普陀進香。在蘇州拍《人生》的時候，一行人曾同去遊玩虎丘；歸途中，她又在西園進香，在五百羅漢畫前，每一尊供上一支香。

我很記得，她曾這樣對我說：「不要笑我，我曉得你是不相信的。」其實我何嘗笑她。我只不過是看到她這種內心的衝突，正如她對於生活上的矛盾一樣，無時不在掙扎，無時不在鬥爭。

也許，正因為阮玲玉的內心充滿著矛盾，又加上她性格中悲觀、脆弱的因素，才是釀成她後來自殺離世的內因。

流沙一般的歲月，給阮玲玉留下了一條曲折的路。這條路高高低低，彎彎曲曲，阮玲玉走的跌跌撞撞。

一九二八年，明星公司開拍古裝片《蔡狀元建造洛陽橋》。導演張石川不惜耗費大量錢財，率劇組前往佛教勝地普陀山，實地拍攝外景。

在拍片之餘，阮玲玉飽覽了普陀勝景，似乎尋找到了自己精神上暫時的寄託。在以後的歲月裡，她又曾數次赴普陀進香朝佛。

阮玲玉自小到大，從未離開過上海，這次到普陀山是她平生第一次出遠門，一路上自然備感新鮮。當船行至吳淞口時，只見水天一色，茫茫無際，而本是龐然大物的輪船，此時不過像片樹葉，在海濤的戲弄下，忽升忽降，漂浮不定。

久居鬧市的阮玲玉被眼前的景色震撼到了，對她的內心產生了一種莫名的衝擊。

當到達普陀勝境，望著這裡廟宇毗連，香火繚繞，阮玲玉不由得面容莊嚴，心中虔誠。這裡連成一片的純淨的海景，慢慢融化了阮玲玉心中積鬱許久的壓抑。

梵音洞，相傳這裡是觀世音菩薩現身說法的地方，然而，歷代都有許多人在對生活絕望之時，便會來此尋找自己最後的歸宿——將自己的生命連同滿腔煩惱，託付給滔滔海水——讓一剎那的恐懼換得永恆的解脫。所以梵音洞又名「捨生洞」。在這洞口上，赫然寫著四個大字：

禁止捨生！

阮玲玉站在洞的邊緣，想起了她的偶像鄧肯的一句話：「自殺是那麼奪目吸引人！我這一生時常想到自殺，但總是有個什麼東西把我往回拉……」

站在這裡，阮玲玉似乎明白了，什麼是「死的誘惑」。

謎 17

阮玲玉為何屢次與張達民分居、又屢次和好？

阮玲玉與張達民「結婚」後，曾一度搬到海寧路的張公館去住。

張家是一個大家庭，張公館裡又住著張家的幾位兄弟家，不僅上下關係比較複雜，而且這幾位兄弟又都是交際頗廣的人，張公館裡每天人來人往好不熱鬧。這對於素來喜靜的阮玲玉來說，是很不習慣的。她幾次要求張達民搬出去獨居。

經過一番努力之後，他們終於在海寧路十八號找到了一處新居。除舊有家具外，他們又新添了幾件上好木料的床櫃、鏡櫥等。

在阮玲玉入住張公館的這一段時間中，她對張達民有了進一步的觀察和瞭解。

張家的四兄弟中，長兄是武俠明星張慧沖，大嫂是電影明星徐素娥；二兄張惠民也是個武俠明星，二嫂是頗有聲譽的電影明星吳素馨。這兩位兄長都以拍武俠片出名，還開過影片公司，各有一套創業立命的本領。三弟雖年輕，也很努力，在靜安寺路開設了一家照相館。

四兄弟中，唯有自己的丈夫、老四張達民遊手好閒，既無固定的職業，又不努力上進。阮玲玉曾試著以好言勸解，張達民起初因為和阮玲玉新婚、感情纏綿，聽了玲玉軟語款款的規勸，還常流露出幾分羞愧、靦腆的神態。然而時間一久，張達民便恢復了他自私傲慢的公子哥本性，「夫妻」間的感情漸漸淡薄，他便把阮玲玉的話當耳邊風了。

再往後，他不僅不聽阮玲玉的規勸，反而變本加厲地暴露出揮霍無度的浪蕩習性。阮玲玉進入電影界後，漸漸有了些聲譽和收入，張達民更是將她看作了搖錢樹。張達民每次在外欠了賭債，都威逼阮玲玉去為她償還。阮玲玉當時在上海也是小有名氣的電影明星了，卻常常要為自己的丈夫去還賭債，每次都覺得丟盡了臉面。她每替張達民還錢一次，張達民就表現得更加變本加厲，最後簡直到了索取無厭的地步了。

另一方面，阮玲玉以她電影女明星的地位，服飾精美，交際漸廣，這也漸漸引起了張達民的疑心和嫉妒。

張達民原以為，阮玲玉的出名，也只是曇花一現，難以持久。所以，因為有電影明星阮玲玉的相伴，一開始他頗以為榮，而且處處以殷勤周到的護花使者姿態出現。三次五次，張達民或許覺得新鮮有趣；再三再四，長久以往，他擁有「名花美眷」的自豪感便逐漸被女主角搶盡風光的惱怒所取代。

在他的觀念中，阮玲玉做為他的女人，本應是他的附屬品，是他財富的錦上添花，應該是待在家裡、溫柔嫻淑的、對他百依百順的那個女人，而絕不該比他的風光還甚。

為此兩人經常發生口角。

她曾經設法迎合他的一切要求，但是她的努力不僅沒有拉近他們之間的距離，反而被他視為一個懦弱好欺的女人。

阮玲玉自幼清苦無勢，現僅有弱母幼女相依為命，卻又要受到張達民的虐待、欺負。忍無可忍時，她曾被迫主動與張達民分居三次，並曾絕望地服毒自殺過——幸虧搶救及時，才得以繼續痛苦地生活下去。

命運之神正是這樣殘酷地擺弄著阮玲玉。當她的事業一步一步向前發展的時候，她的感情生活卻一步一步向下墮落、墮至看不清的深淵……

在阮玲玉前往北平去拍攝《故都春夢》外景時，張達民便在上海盡情地嫖賭，把所有的錢全部嫖盡輸光，還欠下一屁股的高利貸。阮玲玉回家後，和母親一起對他好言相勸，張達民卻拿出先前做主子的樣子先吵後罵，以至動手打了阮玲玉一個巴掌。張達民還當著阮玲玉的面，拉開架勢要打阮媽。

不僅如此，張達民還公開表示，他娶阮玲玉只是看中她年輕貌美，他對她從來是隨著高興解解悶的，從沒有真正瞧得起她，她在他心目中不過是位姨太太罷了……

當她親耳聽到了這些「真話表白」後，一直對張達民浪子回頭抱有幻想的阮玲玉，終於絕望了！她感到自己生命中的一些東西已經死去。

至此，阮玲玉與張達民的感情算是徹底破裂，再也無法彌補了。

在一段時期內，阮玲玉心中想的是斷絕，張達民卻百般糾纏。這一場糾紛白熱化的最後結果，居然是走向了法庭。

阮玲玉曾這樣痛訴過自己的悲憤：

「張達民他會恐嚇，他會鬧，他要起賭博的本錢來，眼見我把衣飾當了湊錢給他，他也不叫一聲可惜，……我真給纏不過了，於是我便親自去找羅明佑先生（聯華公司負責人），懇他設法給張達民找個職業，羅先生把他推薦在光華大戲院擔任經理，月薪一百二十元。可是他卻偏偏仍常來公司跟我尋事、鬧架。」

終於，阮玲玉忍無可忍，與他再次分居，並提出了離婚的要求。後經親友調解，兩人又勉強住在了一起。

無數影迷曾不斷地發問：既然阮玲玉看穿了張達民無賴加賭徒的本性，為什麼不堅決離開他呢？既然已經多次分居，為什麼又會與他重歸於好呢？此事顯得頗為荒唐。其中必有隱情。

是的，現在我們知道了，張達民的手上牢牢地握著阮玲玉致命的把柄，才會這樣篤篤定定地把阮玲玉把玩於股掌之中。

這個把柄就是：他要向公眾揭露她卑微的女傭之家的出身，他要向公眾曝料她與男人未婚同居的醜陋細節！

——而阮玲玉，身為名星，她是把面子看得比裡子還重的人，是把名譽看得比生命還重的人。

俗話說，不要錢的怕不要臉的，不要臉的怕不要命的。暴露了無賴、賭徒面目的張達民已經什麼都不顧了，已經癱下來跟你玩了，他擺出了一副既不要臉，也不要命的架勢，你能拿他怎麼辦呢？再說他經常被高利貸債主追著逼債，性命都難保，還顧得了其他什麼呢？……

而阮玲玉不行，她可以不要錢，也可以不要命，但她不能不要臉、不能不要面子。她確實把面子看得比裡子還重。她不要錢，所以每次都願意花錢買平安；她不要命，所以屢次自殺。這是她的弱點，也是她的短處。張達民瞭解她，他牢牢地抓住了她的弱點，她的短處，讓她動彈不得，反抗不得，求生不能，求死也不能。

用老百姓的話說就是：他吃住她了。

什麼叫孽緣？這就叫孽緣。這輩子都逃不脫，也解不開。

除了「一手硬」之外，張達民還為阮玲玉準備了「一手軟」。每次他都會在阮玲玉面前痛哭流涕、指天發誓，保證痛改前非、重新做人，同時許下無數諾言、無數甜言蜜語。他懂得及時給阮玲玉臺階下——他知道阮玲玉心腸軟，見不得男人哭，見不得男人流淚，見不得男人苦苦哀求——於是阮玲玉每次都是這樣被綁架著，從高高的臺階上走下來，重新走進了人間地獄……

謎18

阮玲玉第一次自殺為何原因?是假自殺嗎?

一九二九年，張達民在體育館路二號租了住房，又另租了一塊場院，買了十二匹馬，聘請了養馬師和騎師。為了賭博方便，他還添置了一輛汽車。這在當時上海跑馬廳的賭客裡是屈指可數的。

此時的張達民之所以如此闊氣，是因為前一年他母親去世後，他拿到了屬於他的大筆遺產。

張達民的母親可以說是被自己的活寶小兒子活活氣死的。他的母親死也想不到，這麼快，張達民就賭盡了從她那兒所得到的數十萬巨額遺產。

剛拿到遺產的張達民也曾風光過幾天。那時的每天早晨，張達民出來遛馬，總要阮玲玉執轡相伴。晨霧繚繞，綠草如茵，張達民一身騎裝，良馬奮蹄，美人為伴，如此風雅，曾為多少路人豔羨。

可是不出三個月，賭馬場上的張達民就輸了個精光，還欠下一屁股債務。

至此，張達民仍然不思悔改，他不去找一份正當的職業自食其力，反而開始不停地向阮玲玉要錢繼續賭博，獅子大開口，越開越大。

阮玲玉的收入並不是很多，用於養家糊口還可以，但用於張達民無度揮霍就遠遠不夠了。於是，互相之間的爭吵日益激烈。

有一次，阮玲玉終於忍無可忍，一氣之下，與母親一起離開了張達民，搬到了寶樂路同慶里。

臨走時，阮玲玉給張達民留了一張字條，原文如下：

達民：我們一起生活了兩年，我一直勸你找個工作做，你一直不肯，一意孤行，如今落得這個下場。我看你不僅不把得來的遺產當一回事，更不把我和我們的將來當一回事。我是窮家女子，只想好好做人。既然如此，那也好，從此你走你的陽關道，我走我的獨木橋。你實在使我太失望了，我們就此分手吧。你過去對我和我媽的好處，我一直是感激的。

張達民回到家裡，看到阮玲玉的字條後，劃根火柴燒了。他現在無暇顧及阮玲玉，他要忙著處理債務、躲避債主，先保住小命再說。

過了幾天，走投無路的他還是尋到了阮玲玉。

——「我現在賭場失意，你真忍心拋下我不管？」據說當時阮玲玉聽到這話，沒有吭聲，眼淚奪眶而出。阮玲玉就是這樣一個心太軟的女人。

張達民見勢乘機一把摟住她，信誓旦旦地說：「我不再賭了！我已經後悔了！從今以後，我保證聽你的話，好不好？我保證好好的找份工作做，好好的掙錢養家！求你給我一次悔過自新的機會吧！……」

古往今來，所有的負心漢、賭徒男都是這麼說的。這句話哪個人不會背呢：「求你給我一次機會吧！……」還有一句是：「我很後悔。」善良的阮玲玉居然相信了他。第一次分居就這樣結束了。

但是沒過多久，張達民又舊病復發。他雖不再去賭馬場，但又迷上了麻將桌，其中一夜就輸掉了七百多元錢。阮玲玉得知此事後，又和他大吵了一次，第二次和他分居。

張達民故伎重演，再次找到阮玲玉，趕緊又將上述賭咒發誓的話再念上一遍。但這次阮玲玉表示不相信他了。張達民於是亮出了他的殺手鐧：他惡狠狠地威脅阮玲玉說：如果她和他分居，他就到她的公司去鬧，讓她拍不成電影，還要登報揭她的老底，讓阮玲玉出醜。

阮玲玉顧及自己在公司的形象，不想因此影響自己的事業，只好對張達民作出再次的退讓。就這樣，第二次分居又流產了。

這之後，張達民還是絲毫不改惡習，賭得喪心病狂。這次輪到阮玲玉走投無路了，她只好第三次向他提出分居。

張達民第三次找到阮玲玉，先是死乞白賴地哀求，但阮玲玉這次態度非常堅決，軟硬不吃。因為她再也不會信任他了。

張達民惡狠狠地再次亮出殺手鐧，宣佈說：阮玲玉如果敢和他分居，他明天就登報揭她的老底，讓她出醜。

阮玲玉氣得渾身發顫。阮媽死命地將她拉到房中，她倒在床上嚎啕大哭。阮玲玉這時真的無路可走。又無人可訴她心中的哀愁。自與張達民同居以來，她放棄了學業，遭受了張家的冷落，還受到張達民的輕賤；在萌發自立之志後，她進入電影界，想靠自己的努力擺脫當花瓶的地位，但是這兩年事業上卻有種種的不如意，自己所拍攝的那些無聊的電影，連自己都覺得看不起自己——雖然她付出的努力不比別人少，而前途卻不知不覺暗淡下來。

阮玲玉原以為能寄託的感情，因為張達民的原形畢露而宣告破裂。她雖然幾次要和張達民分手，卻屢屢以妥協而告終，一方面是因為她的心軟，另一方面也是她的無奈。

阮玲玉很清楚，如果張達民想要拋棄她是輕而易舉，但反過來，她要想離開他的話，卻比登天還難！一但張達民真的鬧起來，真的登報揭她的老底，人們一定會把她當作引誘「富家子弟」在先、忘恩負義在後的壞女人。

在當時的社會，對於一個女人來說，名聲真的要勝過生命——尤其像阮玲玉這樣的名女人，這樣的公眾人物，失去名聲後的她將無法在電影界裡立足，也無法在這個世界立足。

可是誰又能知道她的悲哀呢？誰會同情她的遭遇呢？又有誰能夠理解她善良又純潔的心呢？……當時的電影界，大家雖互為同事、朋友，卻幾乎各自為政、自我奮鬥，不願管別人的閒事，不願分擔別人的痛苦，更別說去理解安慰了。

阮玲玉心中此刻一片慘然，她終於體會到，與其硬著心腸大鬧一場、身敗名裂，成為別人茶餘飯後的談資，不如清清白白的離開，一勞永逸，不再理會那些醜惡、惱人的事……

哀莫大於心死。阮玲玉躺在母親的床上，回想著張達民屢次的聲嘶力竭的威脅之語，陷入瘋狂、失去理智的他真的會這樣做的！阮玲玉心中充滿了悲哀，充滿了絕望。她不由自主地想到了死。她從床上爬起來，回到自己的房中，找出一瓶安眠藥，就著茶水全部吞了下去……

幸虧她母親及時發現了阮玲玉的異常，心急火燎地把她送至醫院搶救，她才脫離了危險，撿回了一條小命。

這是阮玲玉的第一次自殺。她服了整整一瓶安眠藥。如果一些無聊小報硬要說阮玲玉是假自殺、是做戲，筆者也無話可說。筆者倒是真的希望阮玲玉是在做戲，是在嚇唬嚇唬張達民。這樣的話，她最後一次也可以這樣嚇唬嚇唬唐季珊，何必要吞服三瓶那麼大量的安眠藥呢？——即使你真的累了、倦了、厭了，真的想好好睡上一覺，永遠不再醒來……

然而，阮玲玉的這次以死抗爭仍未掙脫與張達民的關係。張達民在病床前痛哭流涕、賭咒發誓，贏得了眾人的原諒。在朋友們的勸說下，阮玲玉出院以後，無奈地又回到了他身邊。

張達民為了表示心跡，要求阮玲玉搬回他們曾經住過、而今歸於他名下的鴻慶坊舊居中，換個環境，圖個吉利。似乎這是一片好意。已無力掙扎的阮玲玉以沉默接受了。

本想以死來解脫的阮玲玉，又回到了原來的尷尬位置，只是她在生命意義上的迷茫仍未得到絲毫的改善。

謎19

阮玲玉的同鄉好友、歌女駱慧珠為何自殺？

一九二九年，阮玲玉應邀擔任由孫喻執導的電影《故都春夢》中一個重要的角色。在《故都春夢》中，有一個戲份不多、但不可缺少的角色，這就是妓女紅玉。在影片中，紅玉是燕燕（阮玲玉飾演）的好姐妹，這個角色演得是否成功，關係到全片的可信程度。

導演孫瑜希望找到一個既漂亮、又具有風塵味的女子來演，但一連試了幾個都不滿意。眼看再定不下來就要耽誤全片的進度了，導演很是著急，但又不願降格以求。阮玲玉看著孫瑜著急的樣子，猛然想起自己的一位同鄉好友、歌女駱慧珠來。駱慧珠年齡與阮玲玉相仿，既有表演經驗，歌唱得也好。阮玲玉想，也許駱慧珠能合乎孫瑜的要求。

於是，阮玲玉在拍完一天的戲後，專門來到駱慧珠唱歌的夜總會的後臺，找到了駱慧珠，邀請她來《故都春夢》飾演影片中紅玉這個角色。

第二天，阮玲玉把駱慧珠帶到攝影棚，把她介紹給孫瑜。孫瑜看了看駱慧珠，覺得她的外形和氣質，的確是飾演紅玉的理想人選。駱慧珠根據導演的要求，化了妝，表演了幾個片斷。

孫瑜在一旁看了，覺得舞臺味濃了一些，倒也正好和紅玉這個角色應有的「做作」姿態相吻合。孫瑜就此拍板，紅玉一角由駱慧珠來飾演。

於是，阮玲玉出面，和駱慧珠的夜總會老闆談了此事。老闆聽完倒是點頭同意了，但隨即提了兩個條件：第一，不能因拍片耽誤了夜總會每晚的演出；第二，別指望就此跳槽——要跳槽也可以，但得拿錢來贖身。

駱慧珠忍氣接受了老闆的條件，以客串的形式加盟《故都春夢》劇組。好在她在片中的戲不多，也不必天天到攝影棚來。有她的戲時，提前一天通知她，她總是準時到場。駱慧珠很快就贏得了劇組人員的一致好評，孫瑜曾說：駱慧珠為人很坦率，深重信義。

不久，大家便發現，每次駱慧珠拍完戲，有位挺帥的青年人總是等在電影公司門口接她回家。相詢之下得知，這位小夥子姓郭，是位電車司機，兩人正在熱戀之中。

看著他倆親親熱熱的樣子，阮玲玉心中生出了幾多羨慕。其實，在拍了那麼多敘述別人愛情故事的電影之後，阮玲玉的心中仍然渴望著真摯的愛情。

三月中旬的一天，駱慧珠又來到電影公司，說，因為她就要出遠門，故而向孫瑜導演請求將她還剩下的十幾個鏡頭提前拍了。

於是，在接下來的十多天中，駱慧珠天天來公司拍戲，只是大家再也沒有見到那位郭先生來接她。

到三月二十八日，她拍完了在片中的最後一個鏡頭。隨後，駱慧珠向劇組的所有人員一一告別，淚珠在她的眼睛裡直打轉，大家也都為眼前的分別而頗有些傷感。

兩天後，阮玲玉決定去看看她的老鄉朋友駱慧珠。她來到夜總會，向後臺的一位歌女相詢，卻得到了一個意外驚人的消息：

就在昨天晚上，駱慧珠自殺了！

原來，駱慧珠和郭先生相戀已有好幾年了，可他籌不出錢來為駱小姐贖身。前些日子，他倆來求老闆同意他倆結婚，並答應婚後駱小姐繼續當歌女，但老闆堅決不同意。郭先生看看結婚無望，於是在半個月前服毒自殺了。駱小姐昨晚當然是追郭先生而去了。

原來駱小姐早在半個月前郭先生自殺身死後、就決定要殉情而死，所以才要求把她的戲提前拍完的。

駱慧珠的死使阮玲玉深受刺激。整整一個晚上，淚水都在她臉上不停地流淌。第二天她帶著哭紅的雙眼來到公司，向同事說出駱慧珠自殺一事，大家為之唏噓不已。

駱慧珠之死在劇組成員的心上蒙上了一層揮不去的陰影。阮玲玉更是身陷其中，不能自拔。

謎 20

張達民為何毆打阮母？

無情的命運繼續捉弄著阮玲玉。正當阮玲玉事業上取得空前成功的同時，她的個人生活、特別是感情生活卻陷入了前所未有的困境。

阮玲玉一輩子也忘不了張達民那次粗暴對待母親的惡劣情景：

阮玲玉自北平拍《故都春夢》外景回到上海後，正是張達民在肆無忌憚的吃喝玩樂，將家裡阮玲玉辛辛苦苦積攢的一萬多元錢揮霍一空的時候。不僅這樣，阮玲玉被張達民騙去了身上僅有的三百元錢，還了賭債。可是沒過幾天，他耐不住賭癮又下了賭場，借下了高利貸，然而又輸得兩手空空。於是他再次開口向阮玲玉要錢。

張達民仍是那個藉口：與朋友合夥做生意需要錢。阮玲玉當然不會相信他，問道：

「每次你要錢，都說去做生意，那你賺來的錢呢？」

「上次虧了嘛！」

「難道每次都虧了嗎？」

阮玲玉見張達民無話可答，悲憤之中忍不住揭穿了他的老底：

「你哪裡是拿錢去做生意，分明是拿出去賭，你還在外面欠下賭債，我前些日子給你的三百元錢不是被你拿去還了賭債了嗎？」

張達民一聽此言，便知道是阮媽把自己的劣跡告訴了阮玲玉，不由得惱羞成怒，照著阮媽的臉上就是兩個耳光！阮媽哭著跑回自己的房間。阮玲玉看到張達民竟然敢當著她的面打她的母親，氣得目瞪口呆，只有渾身發抖的份兒。

阮玲玉此時心中淒苦萬分，以前和張達民一次次爭吵，但心中還抱有一絲希望，指望他有朝一日能改邪歸正。但從現在起，她知道自己和張達民再沒有什麼感情而言了。在她眼裡，眼前這個無賴的男人已經變成了一個醜陋的衣冠禽獸。

「好，別說廢話了，今後我不再打她了。你說到底肯不肯給錢吧。」張達民急於還高利貸、保小命，他不想聽阮玲玉說話，只想搶過話頭、早點拿到錢。

阮玲玉真想一口拒絕，但不知道這樣會使張達民再做出什麼可怕的舉動來。她見張達民答應不再打母親，只好也把口氣軟了下來：

「我僅有的三百元錢已經給了你，公司這個月的薪水還沒發，我哪來錢給你？」

這話難不倒一個輸紅了眼的賭徒，張達民有的是辦法：「你去北平拍戲時不是買了件皮大衣嗎？現在天氣暖和了，反正也穿不著了，拿去當了不就是錢嗎？再說，你若喜歡這件皮大衣，等你發了薪水再去贖回來就是了。」

張達民沒等阮玲玉反應過來，就從大櫃裡拿起皮大衣，轉身走了。

阮玲玉雖然知道他倆的感情再也無法彌補了，但對張達民的態度卻始終強硬不起來。一方面是因為她生性比較軟弱，另一方面則是因為她極不願意使自己的私事成為報紙，尤其是一些黃色小報熱衷的話題。

隨著她在「聯華公司」最初幾部影片的公映，她的名聲一天比一天大，也就越發引起這些報紙的關注。她已經看了太多的明星是怎樣被這些「輿論」損毀的，對自己名譽看得極重的她當然不願意步她們的後塵。

因此，儘管她已明白她與張達民的緣分已經走到了盡頭，但是善良的阮玲玉仍然抱著一絲幻想，希望張達民能夠浪子回頭。於是阮玲玉仍然只能一次又一次地遷就他。就這樣，他倆磕磕碰碰地又過了一年。

謎21

胡蝶的離婚案讓阮玲玉對打官司望而生畏？

一九三一年春天，阮玲玉已在「聯華公司」紮下了比較深厚的根基，在影壇上的名聲也與在「明星公司」坐頭把交椅的胡蝶並駕齊驅了。張達民看到此情況，心中不免有些發毛。

此時，阮玲玉已從張達民名下的鴻慶坊的房子搬了出來，住到了海格路大勝胡同。心虛的張達民更加緊了對阮玲玉的糾纏，有時竟到電影公司攝影棚裡去鬧，阮玲玉已疲於應付。

有一天，張達民拿著一份報紙給阮玲玉看，上面很醒目的刊登著這樣一條新聞：

電影明星胡蝶訴未婚夫林雪懷無故解約案今日開庭，千餘旁聽者擠破法院門廳。

阮玲玉不禁愣住了，胡蝶與林雪懷關係破裂她也是最近才聽說的。之前他倆失和的事情，阮玲玉也是知道的。但這事鬧到法庭上她真是不知曉。

阮玲玉低頭細讀這篇報導，方知胡蝶在法庭上經歷的種種難堪，法官和林雪懷的律師提出了許多涉及個人隱私的提問，胡蝶不得不一一作答，旁聽者猶如看戲一般看得十分開心。更要命的是這種婚姻訴訟由於雙方當事人各執一詞，法官很難判斷。公眾亦是非難辨。

第一天的庭審，什麼結論也沒能作出，法官只得宣佈暫時休庭。報紙預測，這場官司將曠日持久地拖延下去，好戲還在後頭。看著看著，阮玲玉不由得為好友胡蝶捏了一把汗。

在一旁察言觀色的張達民，見阮玲玉臉上露出擔憂之色，暗自得意。他威脅阮玲玉說，街頭的許多小報關於「胡蝶情史風波」的描寫非常多，而自己和阮玲玉自十六歲那年同居的故事要是賣給那些小報記者，肯定比「胡蝶情史風波」更為精彩。

阮玲玉聞言大驚失色！現在身為電影明星的她，知道那些小報記者的無所不能，她也知道一但自己的私生活被那些小報記者爆出，對自己將形成毀滅性的打擊！而她——柔弱、內向、孤立無援的阮玲玉，絕對是承受不起這樣的打擊的。

阮玲玉為此事愁得心神不寧，且開始失眠。思來想去，她只得設法去為張達民謀一份體面的事情做，讓他有份固定的收入，這樣一來，也許他能收斂些，也不會老纏著自己要錢了。

為此，從來不求人的阮玲玉親自找到了公司老闆羅明佑，請他為張達民安排個職務。羅明佑對張達民並不太瞭解，但看在阮玲玉的面子上，不便拒絕，於是，他把張達民安排到光華戲院當經理，月薪一百二十元。

阮玲玉聽後連聲致謝。她想，對張達民這種一無所長的人來說，再也找不到比這更好的職務了，而且月薪可謂不低，公司的一般演員每個月才幾十元的薪水。

當天下班回家，阮玲玉把這個好消息告訴了張達民，張聽了之後，也顯得很高興。於是，張達民就這樣輕易當上了戲院經理，這也是他平生第一次有了正經工作。

張達民當上經理後，阮玲玉總算是有了一段稍微平靜的時日。她暗自慶幸，自己總算躲過一劫，沒有像胡蝶那樣家醜外揚，備受法庭和小報的折磨。

但殘酷的現實並沒有讓阮玲玉的慶幸持續多久。幾個月後，張達民因為挪用公款賭博事發，被革去了戲院經理職務。還差點吃了官司。

善良的阮玲玉在自己默默療傷的同時，還始終關注著那場被報紙稱為「雪蝶離婚案」的訴訟，她對胡蝶能否咬緊牙關挺過來也十分擔憂。她們倆畢竟是很要好的朋友。

阮玲玉曾專程登門去看望過胡蝶。胡蝶與她談起這樁惱人的訴訟來頗有悔意——不是懊悔與林雪懷解約，而是懊悔不該採用打官司這種比較極端的方式。

胡蝶談起在法庭上的尷尬和對小報記者的怨恨，真是滿腹苦水，倒也倒不完。然而，開弓沒有回頭箭，既已選擇了這一方式，也只有奉陪到底了。胡蝶的韌勁兒令阮玲玉很是佩服，她真不能想像若換了自己該如何應付。

不久，當傳來「雪蝶離婚案」一審的判決結果時，阮玲玉也為胡蝶鬆了一口氣。

一九三一年十二月二日，歷時一年之久，為各報炒得滾燙的「雪蝶離婚案」總算塵埃落定。胡蝶的這場曠日持久的官司給阮玲玉留下了深刻而慘痛的印象，這也構成了她日後視打官司為畏途的一個原因。

謎22

阮玲玉最後是怎樣甩開無賴張達民的？

一九三二年，上海「一・二八」事變爆發。張達民跟隨阮玲玉一同赴香港避難。他們帶著女兒小玉，與聯華電影公司的羅明佑、黎民偉、林楚楚等人同行。阮母因家中無人照看、不放心，而堅持留在了上海。

在港期間，在黎民偉、林楚楚夫婦的熱情陪同下，阮玲玉再次見到了「聯華」董事長、英籍貴族何東爵士。在何東爵士的建議下，阮玲玉做了他的乾女兒。

阮玲玉這時就想，現在是不是一個改造或者擺脫張達民的好機會？用她的話說：如果他「依舊在上海這個的惡劣環境裡，是無論如何改不過他的脾氣來的」。

於是，阮玲玉便託人介紹張達民在香港的輪船上做事。

阮玲玉的心情這時已經很難用「後悔」兩個字來表達了。她已經明白：這是一場噩夢，只是不知道要做到什麼時候？

名氣，這時候已經成了阮玲玉的負擔。她每次走在街上，總覺得有無數雙眼睛在看著她——看她這個中國的紅影星是怎樣在這種煎熬中生活的。她覺悟到自己走的是一條不歸路，她想跑，卻無路可逃。

經過此番來到異地避難的「換位思考」，阮玲玉逐漸想明白了：自己想和張達民重新和好的希望徹底沒有了，他的浪蕩公子的性格已經根深蒂固的深入到了他的骨髓，他的所作所為已經將她所有重歸於好的幻想踐踏得粉身碎骨！……

阮玲玉終於領悟到，如果她想要過真正有意義的生活，必須擺脫張達民，找回自我，找回那個當年有才華、有追求的阮玲玉。

在以前的很長一段時間裡，她無法擺脫張達民帶給她的噩夢，盲目的服從他的種種無理要求，壓抑了自己真實的情感和思想。現在，她要平靜、理智的面對生活給予她的一切，她要披荊斬棘、繼續完成自己少女時候的夢想。

在香港避難的這些日子裡，阮玲玉終於想明白了：她與世家子弟出身的張達民必然是格格不入、同床異夢。分開只是個時間問題。阮玲玉決定：不再努力適應或改變張達民，而是要設法擺脫他，在生活中尋找到自己的位置。

這種轉變，也昭示了阮玲玉從一個懦弱、依附的女孩子到一名成熟的、希望主宰自己命運的成熟女性的轉變。

同年四月，阮玲玉接到聯華電影公司的電報，要求她返回上海，拍攝《續故都春夢》。

這次，她沒有帶張達民走。

她為張達民找了份不錯的工作。而張達民似乎也樂意換個環境，繼續沉浸在香港這個味道不同的花花世界裡。

就這樣，阮玲玉似乎不費什麼力氣，就實現了甩開張達民的目的，實現了與張達民最長時間的一次「分居」。

在這段「分居」時間內，阮玲玉像在精神上卸下了一個巨大的包袱，同時也暫時擺脫了張達民對自己的索取無厭、把自己當搖錢樹一樣的無理糾纏。

著名作家戴彥在其專著《一個真實的阮玲玉》中，對此做了比較詳細的考證：

張達民對港澳生活太流連忘返了，當阮玲玉提出要回上海時，張達民幾乎想都沒想，就一口回絕了：

「要回你自己回，我可不想走。」

阮玲玉思考了一會兒後說：

「你既然喜歡這兒，在此多住些日子也無妨，只是你若長時間不回去的話，你在光華戲院的職位可保不住了。」

「何東爵士不是認你做了乾女兒嗎，你何不找他為我在香港找個事做？他在香港名氣大得很，為我介紹個工作還不是小事一樁。」

於是，阮玲玉在向公司董事長、也是「乾爹」何東辭行時，婉轉地提出為張達民介紹一份工作的請求，何東滿口答應下來。

不久，張達民由何東出面安排，在太古輪船公司的里安輪上當了買辦。可是，沒過多久，張達民就舊病復發。他因為重進賭場，越輸越多，而開始非法挪用船票進項，不到半年時間，挪用金額達一千元之多。事情敗露之後的張達民又將工作給搞砸了，差點還吃了官司——如果不是阮玲玉竭力找人周旋的話。

走投無路的張達民只好悻悻的回到了上海。阮玲玉對他徹底絕望了，她不願意再見到張達民，但是又沒有勇氣與他徹底決裂。她知道在上海這樣如此繁華而複雜的環境裡，張達民是無法改變的，如果到一個偏遠的小城市，他或許還有改變的希望。同時，心力交瘁的阮玲玉也希望張達民走的遠遠的，再也別來糾纏自己。

這時，阮玲玉想起了她認識的十九路軍一個財政處長。她於是給遠在福建的范處長寫信，請求他給張達民在福建安排一個工作。

在阮玲玉的努力下，張達民再次得到了一個工作機會——到福建的福清縣當一個稅務所的所長。張達民雖然不願意離開繁華的十里洋場，但是無奈阮玲玉的軟硬兼施、執意要求他前往，希望他能在那裡洗心革面，重新做人。否則，她就要登報與他脫離同居關係。

萬般無奈之下，張達民只好去了福建就職。

謎23

阮玲玉童年生過天花，臉上留有麻點？

在與張達民「兩地分居」的這段期間，阮玲玉心情特別輕快，也特別豁達。閒暇無事，她便和二、三好友到戲院去聽聽戲。

這時，她已是為大家所注目的電影明星了。在公眾場所，她對自己的舉止行動都分外注意：衣飾、面容既要給人以美感，又不使人覺得輕浮、浪漫。她深知，一個引人注目的女明星，在公共場所稍有閃失，就會遭來很多不好的輿論，不是在人群中傳為笑話，就會弄到報章雜誌上公開宣揚。

阮玲玉童年生過天花，臉上留下了淺淺的麻點，但細白、柔嫩，不僅無損其美，反添俏媚。聽戲時，她與友人邊看邊談，聲音極細，就是近在咫尺的人，也分辨不出她說的是什麼。可她對周圍觀眾的吸引力，卻是很大的——大家常常情不自禁地捨棄了看舞臺上演員的唱做，而將眼神頻頻向她投轉過去。

原來，阮玲玉不僅在銀幕上表演藝術美妙動人，在生活中談笑風生的神情，也是有無比的魅力。有人甚至感到，她在生活中的真人，比起銀幕形象還要美三分。

除了看戲，阮玲玉也很喜歡音樂和跳舞。她是舞會的積極參加者。這既是愛好，也是對演員的身體靈敏、節奏感的極好訓練。

這期間，阮玲玉好像是擺脫籠子的鳥兒，自由，快活。她聰明美麗，溫婉開朗，熱愛生活裡一切美好的東西，熱愛多種藝術，更熱愛電影事業。她完全把攝影場當作自己的家，對「聯華」影業公司的新環境、新氣氛更是充滿了興趣。有時在攝影場中，她卸了裝，穿著平日喜穿的滾邊旗袍，再回到拍攝現場與大家聊一些工作上的事情。

與張達民「兩地分居」的這段時間，正是阮玲玉在事業上突飛猛進的階段。

謎24

阮玲玉為何突然發表「獨身聲明」？有何隱情？

張達民去了福建就職不到二個月，又開始三天兩日地寫信來纏擾阮玲玉，中心思想還是那兩個字——要錢。

為免卻將來糾紛，阮玲玉找到律師伍澄宇，於一九三三年二月在報上登了一個聲明：

伍澄宇律師受任阮玲玉女士聘為常年法律顧問

並代表鄭重聲明啟事

現本律師受當事人阮玲玉聘為常年法律顧問，以後凡關於阮玲玉女士名譽財產及其他一切法益如有加以侵害者，本律師盡依律師依法保護之責。同時並據阮女士面稱渠向抱獨身主義，並未與何人為正式配偶，現亦未有與何人為婚姻契約。誠恐朋輩錯認男女之際，致生誤會，委為登報鄭重聲明……

阮玲玉事先讀了這一則聲明後，覺得對它的後果難以估量。經過反覆思量，她還是帶著矛盾的心情同意刊出了。

後來的研究者認為，這份「獨身聲明」並不是阮玲玉主動想發表的，而是出於另一個叫唐季珊的男人的主謀。其中的隱情就是：阮玲玉已經接受了唐季珊的求愛，並準備與他同居。

謎25

唐季珊為什麼被稱為「影后殺手」？

提到唐季珊這個人，還得從聯華電影公司談起。

當時上海搞電影攝製的公司林立，相互之間的競爭甚為激烈，就算是比較有根基的公司，如果不發展、鞏固自己的事業，也存在倒閉和被擠垮的危險。當時擔任「聯華」第一廠主任的黎民偉，為了擴大、穩定自己公司的實力，想拉富商——茶華公司的經理唐季珊入股。為此，他常在公司或租賃場地召開聯誼會和舞會，並要求「聯華」公司的女演員參加，和他伴舞、聯絡感情。這樣，就無意間為唐季珊追求女明星創造了有利條件。

唐季珊不僅是一個茶行巨富，更是一個情場老手。想當年，他能追逐到紅極一時的有「悲劇皇后」之稱的大明星張織雲，就可證明他對付女人是很有一套手腕的。

張織雲是中國電影正處於萌芽時期的電影女演員。一九二五年她主演「大中華影片公司」拍攝的影片《戰功》獲得成功後，一舉奠定了她電影女明星的地位。這時候，

（後來名震中外的女明星）胡蝶還只是一個默默無聞的臨時演員，「阮玲玉」的芳名還從未在影壇上出現過。不久，她又主演了明星公司的《空谷蘭》、《玉潔冰清》和《梅花落》等，都獲得了較大的成功。她外型雍容端麗、楚楚動人，很為那一時代的觀眾所喜愛。因而，她是明星公司當之無愧的台柱。在這期間，她曾與楊耐梅、王漢倫、宣景琳、黎明暉、韓雲珍這些有名的電影女明星競選電影皇后，「影后」一席，毫無懸念即為張織雲所得。

張織雲是中國電影史上的第一任電影皇后。當時，正處於藝術的黃金時代的張織雲，終於經不起物質引誘，拋棄了男友——窮導演卜萬蒼，而與富商唐季珊同居，並與他一起到世界影都好萊塢觀光。但張織雲在美國的公開身分，並不是當初唐季珊承諾的從事國際藝術交流的中國電影明星，而是以茶商太太的身分出現在各種社交場所。回國之後，唐季珊不僅繼續保持著與老家原妻室的來往，保持著與舊相好（一青樓女子，人稱花神老四）的來往，而且還繼續發展情人又添新歡。當張織雲與他爭執時，唐季珊正好借機將張織雲拋棄。張織雲與唐季珊離異後，陡然醒悟，極為沉痛地說過：犧牲了許多朋友和觀眾的愛不算，更痛心的是我藝術的「黃金時代」已隨青春消逝了。

外界因此送給唐季珊一個雅號：「影后殺手」。

隨後，這個可惡的「殺手」又將罪惡的槍口瞄準了冉冉升起的「無冕影后」——阮玲玉。

謎26

阮玲玉是怎樣認識唐季珊的？

阮玲玉和唐季珊正式認識還是在一九三二年底「聯華公司」的一次聚會上。林楚楚為他倆作了正式介紹：

「這位是上海茶界的大亨唐季珊先生。唐先生以前就是我們民新公司的故交，當然也是今天聯華公司的老友啦。這位小姐大概不用我介紹了，唐先生一定早就認出來了。」

此次阮玲玉與唐季珊的會面，她對他只是禮貌上的問好，唐並沒有給阮玲玉留下多深的印象。作為一個電影明星，她少不了經常出席一些應酬，常會被介紹給一些社會名流、說幾句交際場上的客套話。所以，阮玲玉過後很快也就忘了這個人。

但是此次的見面卻使唐季珊久久不能忘懷。他是個典型的上海灘的「白相人」，喜新厭舊乃是他不可更改的本性。前幾年，他把張織雲弄到手後，帶到美國轉悠了一趟，就一腳踢開了。今天發現阮玲玉這一尤物，使他興奮不已。

唐季珊自從創造機會與阮玲玉數次接觸同舞後，對她的追逐越來越熱烈了。

阮玲玉開始對唐季珊，只是為了「聯華」的事業，「奉命」對他作一般的周旋、交際。何況，張達民還不時地三天兩頭的來要錢、吵鬧，已使她在感情上傷透了心。加之影片一部一部的連續拍攝，那有餘暇去想這些情場上的事呢？可唐季珊手段老到，不僅與阮玲玉同舞時百般溫存、隨和、風度翩翩，還仔細體察、瞭解她思想感情上的需求。阮玲玉也是一位感情豐富的女性，她也需要愛情，需要安慰、鼓勵。她一直在尋找真愛，尋找那一個可以呵護她一生一世的人。

已成為公司大股東的唐季珊開始頻繁地、「名正言順」地出現在「聯華」的片場，每次都要給阮玲玉帶上一束鮮花。他的追求並不露骨，而是友好大方，含情脈脈，「溫水煮青蛙」。日久天長，阮玲玉漸漸對他產生了些好感，悄然撤去了對一個男人應有的心理防線。

其實，如果僅是送送花、跳跳舞，那他倆之間也並沒什麼，所以唐季珊暗自祈禱老天能給自己一個表現的機會——既能很自然地向阮玲玉大獻殷勤、讓她明白自己的心跡，又不致令她反感。「獵手」唐季珊耐心地期待著。

老天不負有心人，唐季珊得到一個消息：《城市之夜》攝影組即將赴杭州拍外景戲。

幾天後，當阮玲玉和《城市之夜》的外景隊成員到達杭州時，竟意外地發現唐季珊已等候在車站出口處。唐季珊熱情地說：「大家旅途辛苦了，我在此等候諸位多時了，我已為各位訂好了房間，接送各位的車就停在車站前，大家請跟我來。」

唐季珊看著眾人臉露驚異之色，解釋道：

「我在幾天前聽說劇組要來杭州拍外景，正好敝公司在杭州的茶莊有筆業務要我親自來洽談。我既來到杭州，且敝公司在杭設有茶莊，當算得半個地主，諸位和我都是老朋友了，作為公司大股東，我當盡地主之誼。」一番話說得大家都很高興。

在此後的幾天裡，唐季珊幾乎與外景隊形影不離。外景隊有了他後，自然方便了許多。拍片之餘，唐季珊又為外景隊安排了豐富多彩的娛樂活動。當外景隊完成任務返滬後，大家都覺得唐季珊這人挺夠朋友，而阮玲玉也平添了對唐季珊的諸多好感。

憑著在杭州拍外景時結下的友誼，唐季珊不必再常常乾耗在攝影棚尋求接近阮玲玉的機會，他開始登門「拜訪」了。

到一九三三年新春來臨之時，唐季珊已成了阮玲玉家的座上客。

至此，阮玲玉也知道他的「良苦用心」了。

謎27

阮玲玉接受唐季珊的追求，是「第三者插足」嗎？

面對唐季珊的苦苦追求，阮玲玉在情感上陷入了「剪不斷，理還亂」的迷惘之中。

阮玲玉和張達民走到如今，他倆的感情已蕩然無存。和張達民的愛是沒有了，可她心中那份對於真愛的渴求其實始終沒有消逝。但是，這七年來，她卻沒有碰到過一個既愛她，而又值得她去愛的男人。

唐季珊可以說是第一個固執地要闖入她生活的成熟男性。唐季珊對阮玲玉的追求是經過了精心設計的，他不著痕跡地一步步地逼近阮玲玉，他對待阮玲玉細緻周到體貼入微，令心軟的阮玲玉不得不產生感動。

阮玲玉對唐季珊的第一反應，自然是拿他和張達民進行比較。得出的結論似乎十分簡單：不管從哪方面來看，唐季珊都遠遠勝過張達民。

衡量一個男人的優劣，其主要標準無非是事業和感情。

在事業上，張達民一事無成，還陷在了嗜賭的惡習中難以自拔；唐季珊卻是一個成功的企業家，說他是一個春風得意的商界驕子並不過分。

在感情上，張達民現在是一個除了錢什麼感情都不講的無賴之人；唐季珊在感情上當然也難以令人滿意，他既有原配夫人，又曾與「影后」張織雲同居，用情不專。但這些畢竟都是過去的事，現在他一門心思撲在阮玲玉身上。比之張達民，唐季珊自然要勝出一籌。

至於在其他方面，唐季珊比起張達民來也不遜色。從年齡上看，唐季珊年近不惑，他比張達民大十歲，也就是說比阮玲玉大了十六歲，但精力旺盛，表現出一種成熟的魅力。比之張達民，唐季珊舉手投足，無不顯露出一個事業成功者的得意與自信。張達民雖然年近而立，但沉溺賭海，生計無著，早已風度盡失而幾近無賴。他更可怕的是，沒有錢卻還在頑固表現自己曾經的「富二代」的那一套。

更為重要的是，說起對阮玲玉事業上的關心與支持，張達民更是無法與唐季珊相比。張達民每次「光顧」阮玲玉拍戲的片場，目的只是要錢。（阮玲玉怕他當眾出醜，總是用錢來打發他趕快離開。）唐季珊只要有空，定會手持鮮花出現在片場，對她熱情地眷顧，默默地陪同，一副情幽意長的紳士風度。

但阮玲玉還是有一些隱隱不安的因素，其中之一就是張織雲的前車之鑑。

張織雲的氣質和阮玲玉非常相像，在她們的氣質裡面都有一種悲劇的成分，都有一種講不出來的、壓抑著的悲哀的感覺。前不久，張織雲還寫了一封信給阮玲玉，她對阮玲玉說：我跟了他兩年，被他玩弄了兩年。他玩弄女性，喜新厭舊。我斷送了自己，我的黃金時代就這樣被糟塌了！他找到了你，背後跟人說：玩一個比張織雲更紅更漂亮的女明星。玲玉，你我不熟悉，可我們是同行，希望你別再走我的老路，你戲演得好，比我有成就，更要珍惜自己，千萬要珍惜啊！唐季珊不可靠！不要相信他的甜言蜜語！你看到我，你就可以看到你的明天。但那個時候阮玲玉聽不進去這種話，她以為張織雲是在嫉妒她，是想把她和唐季珊拆開來。

——但唐季珊能否始終如一地這樣對自己好呢？她並無把握，不免心存猶豫。

還有其二，唐季珊老家的那個原配老婆，更讓阮玲玉糾結。聽說這個老婆的娘家很有錢，唐季珊事業能夠做那麼大，都與其老婆娘家的實力有關，所以他是不可能和自己的原配老婆離婚的。於是阮玲玉就反覆地責問自己：自己這樣子跟他好了到底算什麼？到底算怎麼回事？算不算「第三者」插足呢？……

然而，果斷割捨這段對她說來頗為難得的感情吧，阮玲玉又下不了這個狠心。她因舉棋不定而陷入深深的矛盾和迷惘之中。

精明的唐季珊早看出阮玲玉的這番心思，只要有時機，他便會向阮玲玉大談自己如何飽受包辦婚姻之苦，再小心翼翼地主動提起他與張織雲的往事。

他把自己與張織雲的結合，說成是為了擺脫包辦婚姻、追求自由和愛情的一種衝動；至於他和張織雲的分手，那自然是因為張織雲愛慕虛榮、不懂愛情的緣故。

唐季珊的這些精心設計的解釋使原本心存疑慮的阮玲玉漸漸放鬆了對他的戒心，而他讚頌阮玲玉的甜言蜜語，對於久困於與張達民惡夢般同居生活中的阮玲玉來說，則不失為一針針鎮痛的嗎啡。

來自於唐季珊的愛慕猶如豔麗的罌栗花，既充滿了難以抵禦的誘惑，又隱含著致人死地的危險。隨著唐季珊愛情攻勢的一浪高過一浪，阮玲玉越來越傾向於冒險接受這束豔麗的罌栗花了。

謎28

唐季珊為了俘獲阮玲玉，設置了哪些圈套？

在唐季珊追求阮玲玉以前，曾有一華僑富商，向她表示愛慕，追逐熱烈，並為她修造洋房、高價購賃奢侈品，用以金屋藏嬌。後因為有人識破他家中已有三妻四妾，阮玲玉便及時與他割斷了關係。

事後，阮玲玉也十分慶幸自己未踏進這一深淵。阮對勸解她的這位友人赤誠袒露自己的心懷說：「我心太軟，我這個人經不起別人對我好。要是有人對我好，我也真會像瘋了似地愛他！」阮玲玉在藝術上除了對自己有很高的自期外，她是一個心太軟、而又很重感情的人。她明知道自己的弱點，但還是架不住唐季珊這樣一如既往的對她好。

唐季珊為了能讓阮玲玉接受他，恰恰是抓住了阮玲玉上述的這個弱點。他是個經驗豐富的泡妞高手了。他把心思不但用在阮玲玉身上，還用在阮媽和小玉身上，不惜耐心地打一場迂迴戰、包圍戰。

阮玲玉深愛相依為命的母親和小玉，這樣他就先取得了她們的歡心。唐季珊每次到阮家都要帶些小衣裙、洋囡囡、兒童玩具之類的禮物，博得小玉的好感。小孩子思想單純，每當見到他，小玉就拉著他親如家人。唐季珊對阮媽，更是恭敬得五體投地，極盡阿諛奉迎之能事，「阿婆、阿婆」地叫個不停，將上好的衣料、點心買了送她不算，還常陪她打牌，設法將錢輸給她，以博得她對自己的好感。

經過大半輩子動盪、貧困的阮母，見著很有經濟實力的唐季珊主動來巴結她，也時常被他哄得笑顏逐開。

確實，他的力氣並沒有白花。阮玲玉把這一切看在了眼裡，在心中不可能沒有感動。但她到底是遭受過一次感情失意和打擊的人，哪會輕易地邁開這決定人生道路的一步呢？……在繁忙的拍片生活裡，她把業餘時間都用在準備角色上，不敢有稍許懈怠。

唐季珊決心堅定，卻不急不躁，拿出一副癡心不改的姿態繼續追求著。他反覆向阮玲玉表示，自己決不會像張達民那樣對待她，也決不會像對待張織雲那樣來對待她。

他一面斥責張達民的不仁不義，一面向阮玲玉表明自己的真心。當阮玲玉提及張達民的糾纏時，唐季珊立即對她說，這個情況他完全可以應付，張達民只不過是想要錢，這樣的事情還不容易解決嗎？……

唐季珊為了得到阮玲玉，精心設置了這一切圈套。果然，她就一步一步、不知不覺地重蹈了張織雲的覆轍。

最初，唐季珊提出要用車每天接送她上下班，被她拒絕了。可一方拒絕，一方卻堅持，不管颳風下雨，唐季珊都在標有「聯華影業製片印刷有限公司」的大門外，坐在汽車中靜等阮玲玉的到來。阮玲玉明知道他是來接他的，卻在拍完戲後自己溜走，弄得唐季珊總是空車而回。然而唐季珊到底不是尋常的人，他有的是耐心，有的是時間，他看穿了這個美麗女人的弱點，他堅信他的「癡心追求」總有一天會牽動阮玲玉心裡最脆弱的那根神經……

阮玲玉陷入了痛苦的猶豫中。

謎 29

唐季珊是怎樣「將生米炒成熟飯」的？

如果不是一件事情的發生，阮玲玉和唐季珊的這種微妙的關係也許還會持續一段時間。然而，這件促使阮玲玉下決心和唐季珊走到一起的事情出乎意料地「及時」發生了。

這就是被稱作「新聞輿論」的小報幹的好事。

由於最近一段時間以來，阮玲玉和唐季珊經常雙雙出現在一些社交和娛樂場所，引起了那些專門探究名人隱私的小報記者們的興趣。他們跟蹤了幾次，遂發現了唐季珊還經常出入於阮玲玉家的祕密。探知了這一隱密的記者猶如發現了一顆可以投向公眾的重磅炸彈，興奮不已。

試想，平日無事時，他們尚能煞有介事地編造出一些名人隱私來招徠讀者，現在有了這一重要線索，如何肯輕易放過？於是大大地添油加醋一番，在小報上渲染開來，大談電影明星阮玲玉與茶界鉅賈唐季珊的所謂戀情，暗示他倆早已同居。

阮玲玉看到這樣有損她名譽的報導，心中十分委屈，也十分氣憤。而對唐季珊來說，卻是正中下懷——他無時無刻不在想著有朝一日能與阮玲玉同居，只是礙於面子，難以啟齒，亦怕遭到拒絕、弄巧成拙。

而現在這些小報記者可幫了他的大忙！他在阮玲玉面前，先是大罵小報記者無恥，安慰了她一番。接著，姓唐的話鋒一轉，說與其頂著這份虛有的「罪名」，還不如果真如此，看那幫無恥記者還有什麼好說的。如果我們真的同居了，那些無恥記者反而就沒有話說了。

唐季珊一邊說著，一邊注意觀察阮玲玉的表情。他見阮玲玉並無明確的拒絕之意，進而大表自己對阮玲玉的一片真情，聲明無論阮玲玉作什麼樣的決定，唐季珊都會無條件地服從。

在唐季珊的「愛情攻勢」和小報輿論的夾擊之下，阮玲玉既是出於對愛情的渴望，也是出於一時的衝動，草率地作出了與唐季珊同居的決定。

而此時阮玲玉正式結識唐季珊僅僅才三個多月。

謎30

阮玲玉被「金屋藏嬌」，有故意瞞著張達民嗎？

一九三三年初，阮玲玉帶著母親和女兒小玉搬出了原來住的海格路大勝胡同一二七弄二十二號，搬進了唐季珊新置的一棟小洋樓。

唐季珊為了迎接新人，大大的顯擺了一番。他新買的「金屋」，位於沁園村九號。這是一個新建不久的獨立的三層小洋樓：大門後面是個很精緻的庭院，一樓是客廳；二樓是唐季珊和阮玲玉的臥室，帶有盤花欄杆、鋪著瓷面的陽臺；三樓是阮媽帶著小玉居住的臥室。

阮玲玉與唐季珊結合時，在事業上她已完全奠定了自己在影壇上的地位，月入豐盛（千元左右），不會貪圖唐季珊的錢財；再者，唐季珊已近不惑之年，並非風流少年，亦不是貪圖什麼生理享受。這說明阮玲玉對唐季珊，確實產生了一定的感情。

兩人的同居，阮玲玉開始是瞞著張達民的。但她心裡清楚，這只是暫時的平靜，只因為遠在福建的張達民並不知曉上海所發生的事。再說，阮玲玉是一時衝動之下與唐同居的，當時也容不得她對如何處理與張達民的關係有過多的考慮。

阮玲玉內心的惴惴不安是雙重的，是雙倍的，一種不祥的預感越來越強烈，越來越迫近……

謎31

唐季珊為何虐待阮玲玉？因她不溫順？

阮玲玉自與唐季珊同居後，內心並沒有獲得片刻的平靜和安慰。她有一種強烈的不祥的預感：殘酷的現實，會將她這一點點可憐的嘗試毫不留情地撕得粉碎。她哪裡知道，她與唐季珊的結合之日，正是她愛情上第二次失足之時。

生活中的唐季珊逐漸暴露了他有錢人的流氓本性。總的來說，佔據天時地利的唐季珊一步步的緊逼，羊入狼窩的阮玲玉只能一步步的退讓——可是她又能退讓到哪裡去呢？

阮玲玉此時的名聲在電影界已經達到了一個高峰。唐季珊對於這個成功而又美麗的女人卻很不放心，他開始限制阮玲玉的自由，甚至連阮玲玉去公司拍戲都要進行嚴格的詢問。總之，阮玲玉的一切外出活動都要事先經過他的同意。

阮玲玉本性是一個無拘無束、熱愛自由的人，加上最近幾年來事業的順利發展，她原本憂鬱的性情慢慢變得活潑起來。而唐季珊卻對她進行了嚴厲的防範，恨不得讓她整天都待在家裡。這樣的管制生活令阮玲玉無法接受。

事態的發展越來越嚴重了。阮玲玉有一天晚上在友人家裡玩牌，以至於回家很晚，唐季珊突然大發雷霆，拒絕開門，也不准阮媽開門，他將阮玲玉關在門外整整一夜。

在阮玲玉拍攝《香雪海》的時候，有一天因為工作時間的延遲，阮玲玉半夜才回到家裡。這一次，大門依舊是緊閉不開，姓唐的任憑阮玲玉在門口嘶聲痛哭。那天晚上，幸好鄰居梁賽珍姐妹夜間從舞場回來，見此情景，將阮玲玉勸到她們家去休息，阮玲玉才得以渡過那個難熬的夜晚。

阮玲玉於《香雪海》中

後來梁賽珍還回憶說，像這樣半夜路過阮玲玉家門口，看見阮玲玉一個人縮在門外哭泣的事情還有兩三次。

一直希望有個寧靜舒適家庭氣氛的阮玲玉，這時漸漸從一個虛幻的夢裡醒了過來——原來自己也不過是一張美麗而可憐的外表罷了，往日他的寬容和愛護，都不過是在做戲給她看而已。現在曲終人散，人散茶涼——阮玲玉開始害怕起來：如果唐季珊真的是第二個張達民，自己無疑是步了張織雲的後塵，做了第二個張織雲——也許比她的命運還要淒慘。

剛剛從張達民的噩夢裡驚醒的阮玲玉，又一次陷入了對未知黑暗的更大恐慌……

謎32

阮玲玉曾對唐季珊實施跟蹤捉姦？

唐季珊以自己的富有為資本，一貫對女性巧取豪奪、浪漫成性。他剛把阮玲玉騙到手，就急不可耐地露出了他那條標誌性的狐狸尾巴。

同居後不久，阮玲玉就感覺到了唐季珊的可疑變化，在他的笑容可掬之外，常常透現著一種冷漠、貌合神離的成分。阮玲玉在生活中是一個絕頂聰明的人，加上她的表演職業，更促進了她善於細心觀察的特性。

有一次，唐季珊刮好鬍子，穿上新購的灰色西裝，支支吾吾地出去了，阮玲玉設法暗中尾隨其後——終於印證了她的推測——親眼見到唐季珊與一名當紅舞女並肩攜手地雙雙進入某賓館中去。阮玲玉看到此情此景，心快跳到喉嚨口，手激動得急驟顫抖，兩眼發黑，幾乎快暈了過去。更讓阮玲玉傷心的是，在那個舞女轉身之際，她看見了舞女的胸前戴著的那條紅寶石項鍊。

原來，在數天前，阮玲玉見唐季珊行動有異，借他酒後熟睡之機，帶著試探的心情，檢查了一下他的上衣口袋，摸著了一個硬綳綳的東西，拿出來一看，是一個精美的首飾盒子，內裝一條紅寶石項鍊。阮玲玉原以為這是他送給自己的禮物，便欣喜的放回去，等待著唐季珊給自己一個驚喜。沒有想到，現在這條紅寶石項鍊竟然戴在了一個和唐季珊摟抱著的舞女身上。

唐季珊的變化，唐季珊的見異思遷，相較於張達民的墮落，這一打擊力度對阮玲玉是有過之而無不及！……

謎33

阮玲玉喜歡喝酒，並有酗酒行為？

慢慢的，唐季珊對阮玲玉不忠的消息傳到了同事和朋友們的耳中。然而當時的電影界非常複雜，大家都保持清者自清、濁者自濁的狀態，同事之間如不是知根知底的互相信賴，也很少會推心置腹的交流。大家對阮玲玉雖然懷著好感，但是對她的個人問題卻不便多問。自尊心極強的阮玲玉，也不願意多談自己生活中的苦衷，內心縱有難以描述的痛苦，在人面前仍然保持著正常的儀態。只有在獨處時，阮玲玉才忍不住為自己的苦命流下眼淚。

當時居住在聯華公司職工宿舍的田漢，後來在一篇回憶錄裡面這樣寫到：

我不甚知道阮玲玉的身世，只聽說她很受丈夫虐待。大家都很同情她。……在一次宴會上我見過她和她那據說是茶商的丈夫。當時同席的還有胡蝶、胡萍、梁氏姐妹諸位。宴會是在一個相當富麗的住宅舉行的，好像還有一個幽靜的庭園。飯後在庭園裡休息時，這些摩登女性們在綠茵碧樹間還留過倩影。那位茶商含著雪茄遠遠站在臺階上，有人對我提及他的為人，我當時很憤慨，只覺得阮玲玉何以要嫁給這樣一個西門慶似的人！……

最後這個令人「憤慨」的問題，使阮玲玉的不少朋友對她不甚理解，甚至誤會，並由此和她保持了一定距離。

這時候阮玲玉在鬱悶時開始飲酒。原先她在宴會上是從不喝酒的。現在她開始發現酒原來是個好東西，阮玲玉想用酒來麻醉自己——暈迷，甚至失去知覺。那樣她就不覺得痛了。

處於極度悔恨、矛盾之中的阮玲玉，在一次酒後對友人說了一句話：「我真不該與唐季珊好的。」

阮玲玉死後採用的遺像，正是那個時候在南京路的滬江照相館裡照的。從照片上可以隱約看出，當時阮玲玉的表情不如以前輕快活潑，表情大多偏於凝思。誰也不知道，此時阮玲玉心中有多少無法與人訴說的悲哀和痛苦。

名導演費穆先生寫過一篇紀念文章：〈阮玲玉女士之死〉。文中這樣說道：

阮玲玉的身世，誰都知道是甚為淒涼。她的兩次愛情，都讓對方給糟蹋了。她見過多少人生悲劇，她嚐過多少生活的苦味，以她這樣一個感情豐富的女子，她必然會對人生失望的。阮玲玉又始終不能變成一個冷酷的人物或者十分乖巧的女子，她把人生看得甚是嚴肅。她每次飲酒飲至半醉，常常會問朋友說：「我算不算一個好人？」……

謎34

張達民是怎麼發現「阮、唐同居」的？

就在阮玲玉與唐季珊同居後不久的一九三三年四月九日，張達民突然出現在上海。當時張達民是因赴南京出差、路過上海，自然要回家看看。當他回到原來的家時，卻發現已是人去樓空，不由得大吃一驚。向鄰居打聽，方知阮玲玉已搬了家。

根據鄰居提供的位址，他很快找到了阮玲玉新的居所，氣急敗壞地敲開了這棟三層洋樓的院門。當他看到端坐於客廳內、儼然一副男主人模樣的唐季珊，他知道，阮玲玉再也不是自己的了。

張達民此時此刻心裡很清楚：阮玲玉既然敢於走出今天這一步，那她一定是豁出去了。如再用小報記者、曝光隱私這些老伎倆來嚇她，她雖然還是會怕，但未見得就會屈服。那樣的話，他張達民除了能出心頭一股惡氣，其他恐怕一無所獲，再從阮玲玉身上榨取錢財的打算恐怕要落空。

一想到要人財兩空，張達民不由得心裡發虛。想來想去，還是覺得，怎樣設法利用這個機會，從阮玲玉那裡再訛一大筆錢出來更為實際。於是，他暫且在中國飯店住下，開始謀劃如何從阮玲玉那裡榨錢的方法。

謎35

阮玲玉與張達民有簽訂合同、「解除同居關係」？

張達民的出現也逼得阮玲玉不得不考慮如何了斷與他的關係問題了。她對張達民的秉性可謂瞭若指掌，張達民豈是個善罷甘休之人？一想到張達民的胡攪蠻纏、破罐子破摔的態度，阮玲玉不禁有些不寒而慄。

阮玲玉約了伍澄宇律師來辦理與張達民解除同居關係之法律手續。四月十四日開始的談判進行得頗為艱難。張達民先是堅決拒絕解除同居關係。阮玲玉心裡知道這並不是他的真實意圖，因而提出如張達民同意解除關係，可以適當地給予他一定的經濟補貼。

一聽有錢拿，張達民就上鉤了。雙方就補貼的數額和期限經過了一番討價還價後，終於達成了一致意見。於是，兩人在由伍澄宇律師擬定的合同上簽字。合同全文如下：

阮玲玉張達民脫離同居關係約據

立脫離關係約據人阮玲玉、張達民（以下簡稱甲乙）今雙方曾一度發生戀愛同居關係，現為彼此免日後爭執，訂立脫離關係條件如次：

（一）雙方自簽約後，彼此各圖自立，不相干涉，所有男婚女嫁亦各任自由，並聲明以前並無婚姻關係。

（二）甲因生計較乙為優，並於脫離後，乙方生計果有困難情形，甲為念舊日之戀愛之情，仍需酌量津貼，但每月至多一百元為限，以二年為期，期滿乙不得再有任何要求。

（三）前條甲之生計若不能繼續維持時，乙不得以此為要求。

（四）乙之生計如若不要甲之津貼，以友誼將實在情形商告，不得有不實之事瞎欺甲方。

（五）雙方為名譽保障起見，約定對本約不為登報。

（六）乙方對甲方之津貼依照第二條，若遇困難實甚，經甲方同意，按月之給付有時超過一百元以上，則陸續給付以二千四百元為額。

（七）雙方以前手續，自立約之日後為清楚，以後不得有任何項事件之主張。
（八）本約一式二紙，各執一紙為憑。

阮玲玉　張達民　伍澄宇
民國二十二年四月十四日

張達民立完此文書，訛到了一筆生活費，感到無臉待在上海，遂又返回福建。然後不久，他又因賭博丟掉了飯碗。失業後，他幾乎每月就靠阮玲玉補貼給他的這一百元的津貼過活。可以說已徹底淪為人渣。

謎36

阮玲玉與唐季珊有沒有舉辦過婚禮？

一九三三年四月阮玲玉和張達民訂立了脫離同居關係的約據之後，八月十五日，唐季珊和阮玲玉舉行了婚禮。

開始，兩人的確有過一段甜蜜而溫馨的時光。過去唐季珊將張織雲金屋藏嬌，騙張織雲成了「專職太太」。如今對付阮玲玉，唐季珊也想故伎重演，把阮玲玉變成籠中的金絲雀。幸好阮玲玉事先就有準備，曾與姓唐的約法三章：拍電影乃是阮玲玉永遠不會放棄的事業。因此，他至少在表面上並不能阻止阮玲玉繼續拍片。

然而，隨著時間的推移，阮玲玉感到唐季珊對自己的熱情正在逐漸地減退，特別是他們舉辦過婚禮之後，唐季珊可能覺得大局已定，遂整日忙於他的生意和應酬，對阮玲玉不再像過去那樣曲意奉承、體貼入微了。有時碰到什麼不順心的事，他還免不了要拿阮玲玉出氣。

看來，「婚姻是愛情的墳墓」這個「定律」，對明星也不例外。

謎37

已脫離關係的張達民，為何又找阮玲玉的麻煩？

一九三四年底，正當阮玲玉的感情受到唐季珊的百般欺凌之時，已經與阮玲玉解除關係的張達民又跑來找昔日女友的麻煩了。

耶誕節前夕，張達民派他的表姐來向阮玲玉借用一筆錢。因為在阮玲玉與張達民當初訂立的「脫離同居關係」協議中，有條款約定：阮玲玉需補貼經濟困難的張達民生活費，「但每月至多一百元為限，以二年為期，期滿乙不得再有任何要求。」眼看再有五個月，補貼就要到期了，張達民唯一的「經濟來源」就要斷水了。張達民要求阮玲玉將餘下的五百元一次付清。當時阮玲玉答應了他的要求，將剩餘的五百元錢付給了張達民的表姐。並讓她代寫了收條。也就是說，「張阮協定」中的條款已經全部履行完畢，她與張達民之間，已經不存在任何瓜葛了。

張達民的表姐將錢裝進口袋裡後，臉上露出嘲諷的神情：

「阮女士別把話說絕了，本來你在付出這筆錢後，的確與張先生已無瓜葛。可阮女士別忘了，你當初搬出海格路大勝胡同與唐先生同居時，把屬於張先生家中的衣物、家產也一併搬了過去。而阮女士帶走的屬於張先生的財產，我們已經計算過了，所值大約不會低於二千元。」

「二千元，張達民的財產可值錢哪，」一旁的唐季珊滿臉的不屑。「好吧，我就出一回血，這錢我付了。你讓張達民寫一份文書，表明他與阮女士再無任何關係。我們一手交貨，一手交錢。」

第二天，張達民的那位表姐又來了，但這次她開出的價錢是五千元，否則不寫文書。

阮玲玉稍稍猶豫了一下：五千就五千吧，自己省一點，擺脫這個惡魔比什麼都好。但是唐季珊認為這是訛詐，執意不許阮玲玉出這筆費用。

張達民的表姐放出狠話，說，那就只好法庭上見了。

阮玲玉想花錢消災也辦不到了。她遭到了兩個惡男人的前後夾攻，陷入了前所未有的困境。用老百姓的話說，目前這兩個惡男人，一個是色鬼，一個是討債鬼。

謎38

阮玲玉有沒有「私刻圖章」、並竊取張達民的財物？

不久，唐季珊收到張達民委託孫弼伍律師寫來的一封公函，指阮玲玉私刻張氏名義之圖章，其竊取財物，侵佔衣飾，共值三千餘元。

張達民這個無賴，在提前要去了所有的錢後，徹底撕破了臉，要對前女友動刀動槍、趕盡殺絕了。

阮玲玉不願打官司，事情一旦鬧到法院，不管你有理沒理，僅以阮玲玉的知名度，全社會必然輿論四起，鬧的滿城風雨。且憑她對張達民這個無賴的瞭解，輸了官司的他，也會耍出更下流的手段，惡意曝光阮玲玉的隱私生活，來出心中的那口惡氣。

然而唐季珊一點也不考慮她心中的憂愁，他認為對張達民這種無賴必須堅決地應戰，否則會被他一次次無休止的敲詐下去，永無寧日。

唐季珊在收到那份律師公函後認為，信中所指各點俱非事實，完全是捏造和誣告。他當即聘請了著名律師熊飛，搶先將一紙訴狀遞到了第一特區地方法院，控告張達民

「虛構事實，妨害名譽」。

法院受理了此項訴訟。

阮玲玉旋即被捲入了一場直接導致其身心毀滅的連環訟事之中。

案件尚未開庭，報紙上的各種報導便鋪天蓋地而來。無奈之下，阮玲玉只好委託律師在報上發表了一個聲明：

據當事人阮玲玉女士聲稱，閱報登載唐季珊與張達民訟案內所述各節，完全於事實不符。玲玉雖屬女流，為社會弱者，橫逆之來，原可置諸不論，惟含名譽有關，實難緘忍，不得不縷述身世，借明真相，以求海內人士主持正言而昭是非。

查張達民君於數年前雖與玲玉同居，並未締結婚約。張君本無正當職業，又復浪蕩成性，生活所需漸難維繫，在此家庭經濟壓迫下，玲玉無可奈何遂投身影界，月得微資，維持生活，張君則安坐而食如故也。玲玉猶癡望其有成，輾轉為張君代謀裡安輪船、閩福清縣稅務所等職務，奈張君未忘故習，不克忠於所職，返申後仍逼玲玉，以滿足其無邊之欲為能事，人生至此，哀痛極矣！

緣於二十二年四月間雙方敦請伍律師證明解除雙方關係，玲玉猶不忍見張君飄零，於毫無義務之下，每月以一百元資助之，以兩年為限。此兩年中張君如能泯祛昨非，力求振作，何嘗不可立身揚名？不意今歲為兩年居滿之期，而張君並不自新進步，亦未能忘情於玲玉供食之初心，遂不惜捏造偽詞，變更事實、誣陷侮辱，達於極點，並以恐嚇手段，以法律為工具，以遂其圖，謀玲玉與萬劫不復之纏而後快。

不知天下事是非根據，事實真偽，難逃公評。張君果能覺悟，何不向光明正大途中進展，而必欲與早經脫離同居關係、現在以售藝為活之弱者女子糾纏不休，以使天下女子寒心，而為碩人道德所不齒。玲玉感於自身法益被侵害，頃已檢齊證據，依法進行，因請貴大律師代登報端，以昭其實。

謎39

唐季珊有首先挑起官司、並買通黑道毆打張達民？

一九三五年一月十日對阮玲玉來說是一個黑色的日子。

這一天，上海第一特區地方法院開庭審理唐季珊訴張達民「虛構事實，妨害名譽」一案。幸好沒有要求阮玲玉親自出席。

判決在一月十七日進行，由於唐季珊證據不足，法庭判「虛構事實，妨害名譽」的罪名不能成立，被告張達民無罪。

這樣的結果其實早在唐季珊的預料之中。他搶先控告張達民，主要目的是向他表明自己強硬的態度，在廣庭大眾之下不懼與張達民撕破臉、面對面大幹一場，這樣一來，就再不用擔心對方動不動就以「抖落隱私給報界」來威脅糾纏了。

對於唐季珊的策略，阮玲玉想想覺得也有道理，但心裡總是悶悶的，一種不祥的預感越來越強烈：一場更大的「風暴」即將襲來。

筆者對於唐季珊搶先挑起官司的策略，卻不敢恭維。雖然張達民動不動就以「抖落隱私給報界」來威脅糾纏，並揚言要訴諸法律、用一紙律師公函來敲山震虎——但這一切，只不過是張達民醜陋的、虛張聲勢的表演罷了。張達民又不是傻子，他也知道，這種威脅的話可以說，但這種事卻不能輕易去做。何況他羅列的那些威脅的理由根本擺不上檯面，打官司絕無贏的可能。他的目的不過是想利用阮玲玉愛面子的弱點，訛她幾個錢罷了。一旦真的撕破臉、將那些威脅付諸實施，阮玲玉必然會和他拼個魚死網破，卻再也不會花錢來「買平安」了。

鑑於以上分析，唐季珊完全可以沉住氣，以靜制動，以不變應萬變，笑看張達民這個跳樑小丑如何表演，贏得阮玲玉的信任與尊敬，給她以足夠的安全感，才是穩妥之上上策。

至於還有另一種說法，唐季珊仗著自己有錢有勢，曾暗中買通黑道打手毆打張達民、致其輕傷。筆者經多方查證，並無實質證據。張達民確實被流氓毆打過，而且不止一次，原因皆與他欠賭債、欠高利貸有關。為了混淆視聽，張達民在與唐季珊打官司期間，也極有可能將自己的被打遭遇推到姓唐的身上，進一步抹黑對手的形象。但有一點可以肯定的是，張達民在訴訟唐季珊的整個過程中，從未向法庭提起過自己遭受唐季珊買凶毆打的事實。

謎40

阮玲玉是否犯有「重婚罪」、「妨害家庭罪」？

張達民原本一直想用訴訟來要脅阮玲玉，想不到自己卻先當了被告，心頭這口惡氣難消，但他一時未想出什麼有效的報復辦法來。

最好的以牙還牙的辦法莫過於到法院去告阮玲玉和唐季珊，但苦於手頭並沒有什麼過硬材料。再說為了上次的官司，自己的錢已花完了，若再請律師來打新一場官司，他實在付不起鈔票了。

然而，過了不久，在一些小報記者的教唆和資助下，張達民於一九三五年二月間，聘好了律師，竟然在特區第二法院的刑事初級庭和刑事地方庭同時提出訴訟，控告阮玲玉和唐季珊。這次除了「私刻圖章」、「竊取財物」，更有「重婚」、「妨害家庭」等罪名。

張達民在一些小報記者的慫恿下，以「刑事罪」起訴阮玲玉是有著特別險惡用心的。一般說來，民事訴訟，被告均可委託律師、而不必親自到庭。但刑事訴訟就不同了，被告不僅必須到庭，而且還必須站入法官案台右角一個豎立的齊胸高的方形木桶內受審。每次庭訊結束，還會來個「庭論交保」的程序，即被告必須找一家店鋪，書面擔保被告下次傳訊時會準時到案。

張達民和某些小報記者們的目的是非常明確的：能打贏這場官司最好不過，打不贏也可確保能徹底羞辱阮玲玉一番。

一九三五年二月二十五日，阮玲玉生平第一次接到特區第二法院的傳票。這讓她心中有說不出的痛苦。

阮玲玉清楚地知道，張達民眼看訛詐不成，就利用她害怕訴訟、尤其是害怕那種關係到個人隱私的訴訟的心理來要脅她，目的就是要讓她在大庭廣眾之下出醜。

因此，阮玲玉打定主意，決不出庭。

但是，來自法院的這種刑事案的傳票是帶有強制性的，出不出庭，不能由阮玲玉自己說了算。為此，阮玲玉的律師經過商量，欲以阮玲玉生病為由，不讓她到庭。但律師們這個辦法是否可行，還得由法官說了算。

二月二十七日早晨，上海特區第二法院門前出現了一個前所未有的盛況：法院的大門尚未打開，門前已擁滿了前來旁聽的人。

上午九時許，法院開庭。阮玲玉「因病」沒有到庭，並沒有引起法官多大的注意——原來，他們已將此案移送地方法院併案審理了。

此次開庭僅二十分鐘就宣告結束了。

謎41

某些小報記者有買通張達民去控告阮玲玉？

雖然，法庭上的問答加起來不過十多句，但在第二天的報紙上，記者們都依然寫出了長篇大論的報導。內容是大談阮玲玉與兩個男人之間如何如何的糾纏不清。

在此後數日內，此類真假相雜、繪聲繪色的以「私生活」、「秘聞」等為題，充塞著「誘姦」、「通姦」、「重婚」等字眼的所謂報導連篇累牘地出現在各報——尤其是一些黃色小報上，它們極為放肆地對阮玲玉進行誣衊、攻擊和漫罵——那些被電影《新女性》一片戳到痛處的小記者們果然大顯身手了。

面對著「一犬吠聲，百犬吠影」的洶洶之勢，一個多情善感的弱女子又如何應付呢？經過報紙的推波助瀾，「電影女明星阮玲玉與兩個男人的故事」成了全社會街談巷議的中心話題。在當時的社會風氣下，這種事毫無疑問地被視為是生活中的最大醜聞。

而對名人尤其是名女人的醜聞天生最感興趣的小市民們，不僅借助報紙輿論將阮玲玉的「豔聞」演繹出多種多樣的版本，更是對即將開庭的張達民訴阮玲玉和唐季珊的

阮玲玉於《新女性》中

案子異乎尋常地關注。原本定於三月二號的開庭審理，也因前來法院看熱鬧的人實在太多、秩序太亂而推遲進行了。現在讓人產生疑問的是：張達民控告阮玲玉和唐季珊「私刻圖章」、「竊取財物」及「重婚」、「妨害家庭」一案，是不是在一些小報記者的慫恿下進行的呢？有沒有得到他們的暗中資助呢？

近年登上央視《百家講壇》的歷史學者宋連生對此持否定態度：

艾霞之死給予阮玲玉的傷痛很深。艾霞死後，聯華公司將這一悲劇性事件改編成電影，片名叫《新女性》。阮玲玉飾演女主角韋明。

在影片《新女性》中有這樣一個情節：說的是韋明在服安眠藥後處於彌留之際，卻有小報記者幸災樂禍地寫出了「獨家消息」。韋明一息尚存，滿街的報販已在大叫：快看女作家自殺新聞！……

編劇用這個情節，原意是要抨擊當時的低俗報紙，以生命當消遣，用輿論來殺人。但由於鋒芒過露，而且情節離奇、有違常理，影片首映後，這個情節遭到報界的同聲指責，……

有人說阮玲玉在影片中飾演女主角，被某些小記者們記恨在心，他們要利用張達民起訴阮玲玉的這個案子大做文章，集中地報導和揭露阮玲玉的隱私，抹黑阮玲玉的形象。甚至還有人說，張達民起訴阮玲玉的訴訟費，就是由這些記者提供的。那些人的目的，就是要將阮玲玉逼上絕路！

事情真的是這樣嗎？非也。

報館的記者喜歡寫這些消息，編輯喜歡發這類的文章，完全是為了迎合讀者的興趣，而不是因為他們與阮玲玉有什麼個人恩怨。凡是讀者喜歡的，編輯和記者就樂此不疲。當年的報紙大都如此。

報界對電影《新女性》的批評，矛頭是衝著電影公司的，沒有人會追究演員的責任。……因為新聞界的人又不是傻子，誰都知道，影片的內容與演員沒什麼關係。至於說到某些記者為張達民提供訴訟費，要利用社會輿論的軟刀子去置阮玲玉於死地，更是沒有根據的編造。

而作家朱劍在其專著《無冕影后阮玲玉》中，則為我們描繪了另一個不同的場景：

> 影片《新女性》公映後不久，一幫記者再次集會於某飯店，商量新一輪進攻的策略。在那次集會上，阮玲玉被他們定為下一步攻擊的主要目標。
>
> 兩天後的一個傍晚，張達民剛剛跨進一家賭館的大門，即被兩個自稱為記者的男人攔住，說要採訪他。他們把張達民拉到旁邊的一家酒店，要了一個包間，

點了一桌豐盛的酒菜，張達民見兩位記者如此盛情，有點受寵若驚，兩杯酒下肚後，即表示有什麼問題儘管問，保證知無不言、言無不盡。……

另一位記者微笑著說道：「我們今天來找張先生，一來當然是為了採訪，看看張先生有沒有遺漏什麼重要情況；二來也是為了表示我們對張先生的同情和支持，張先生原本是受害者，怎麼反倒成了被告，被唐季珊惡人先告一狀？大家都實在想不通。雖然說法庭主持公道，判張先生無罪，但總是有損張先生的名聲。難道張先生就這樣忍氣吞聲了不成？」……

記者的一席話戳到了張達民的痛處。他本想用打官司來要脅阮玲玉，讓她乖乖地掏錢，不到萬不得已，自己並不會真的去訴諸法庭。想不到自己尚未動手，倒先當了一回被告，心頭這口惡氣自然難消。他當然想報復。最好的辦法是以牙還牙，真的到法院去告阮玲玉、唐季珊一把，卻苦於手頭沒有什麼過硬的證據，再說也沒有那麼多的錢付律師費用。上次為了應付唐季珊的起訴，他不得已請了律師，已花費了很大一筆。自己目前這種窮困潦倒的窘境還是不說為好。

兩位記者看出其中端倪，相視一笑，然後說道：「我們知道張先生是個寬宏大量的人，不屑與唐季珊這樣的小人計較。但大家實在看不下去，我們也想幫張先生來出這口惡氣。」

張達民便問：「不知二位有何高見？」

「高見不敢當。不過，我們既然要幫張先生說話，也是做了一點準備的。我們仔細研究了一下你們的訴訟材料，我們認為，張先生完全可以告倒阮玲玉和唐季珊。」

「是的，」另一位記者接著說：「你可以告阮玲玉和唐季珊妨害家庭和通姦罪，還可以告他們侵佔財產和偽造文書罪。」

張達民說：「唉，這主意我也想過，可是我並沒有過硬的證據，怕是告不贏的，反而損失金錢。」

兩位記者早有準備，說：「只要張先生敢於打這場官司，不管是輸是贏，所有的費用我們都包了！如果張先生打贏了這場官司，可以獲得一筆賠償，這筆收入我們分文不取；萬一打輸了，張先生也沒有什麼損失，所有的損失都由我們承擔。張先生總算讓他們坐上了被告席，總算是出了這口惡氣，不是嗎？」

張達民的心被說動了，不過他還是對兩位記者的動機產生了懷疑，所以一時沉默不語……

兩位記者早看透了他的心思，索性攤開牌來說：「實不相瞞，我們確實有另外一個目的。前一陣子，電影《新女性》的風波你是知道的，他們敢醜化我們新聞記者，我們豈會善罷干休？我們要利用你們的官司、掌握第一手資料，醜化阮玲玉，也就間接醜化、打擊了《新女性》，好好地出一出心頭這口惡氣！」

「只要你提起刑事訴訟——注意，必須是刑事訴訟，當事人才必須親自出庭——那就會讓他們好好地領教一下我們的厲害！」

張達民終於同意了，說：「好，我明天就去辦。不過，如果要請律師的話，那費用可是挺高的……」

未等張達民說完，其中一個記者就掏出了一只早已準備好的信封：「這是一點小意思，張先生先用著。隨著案件的進展，我們會及時提供下一筆。」

有了記者的撐腰和資助，張達民立刻來了精神。第二天，他就聘好了律師，竟然在法院的刑事初級庭和刑事地方庭同時提起了刑事訴訟。在刑事初級庭，他控告阮玲玉和唐季珊侵佔財產和偽造文書罪；在刑事地方庭，他控告阮玲玉和唐季珊妨害家庭和通姦罪。

張達民在黃色記者的慫恿下，以刑事罪起訴阮玲玉是有其險惡用心的。

一般說來，此類涉及到家庭糾紛、財產分割的案子，均是提起民事訴訟。民事訴訟規定原、被告不必親自到庭，而是委託律師辦理即可。刑事訴訟就不一樣了，它規定原、被告必須親自到庭，而且被告必須站入台角一個齊胸高的方形木桶內受審；每次庭審結束，還會來個「庭諭交保」——即被告須找一家店鋪，書面擔保被告下次會準時到庭受審。

張達民和黃色記者們的目的非常明確：此官司能打贏最好不過，即使打不贏，也要狠狠地羞辱阮玲玉一番！

……

此外，在紀實風格的香港電影《阮玲玉》中，有一組鏡頭拍導演關錦鵬採訪當事人的，就談到當時是否有小報記者想通過醜化阮玲玉來攻擊《新女性》電影？

當事人回答說，當時記者工會研究的決策裡有一條，就是說，這部電影扮演女主角的阮玲玉私生活是很不好的，這樣的演員怎麼能演「新女性」呢？……另一方面，張達民也趁機糾合記者工會的人去告阮玲玉，張達民當槍，記者工會提供彈藥。這兩個方面是同時進行的。阮玲玉的隱私在報上曝光後，她的住宅周邊整天圍滿了市民和記者，唐季珊也為此惱羞成怒，對阮玲玉大發其火……

在紀實風格的香港電影《阮玲玉》中，還有這樣一個情節：

開庭之前，張達民趁機直接向阮玲玉要錢。阮玲玉親自送錢到張達民家裡，希望能花錢消災。她對張達民說：「這件事關係到我的生死，而你少賭一場是不會死的。」

張達民嘲笑道：「我現在對你變得這麼重要了？」

阮玲玉又問他：「達民，你為什麼要這麼做？我在背後從來沒有做過對不起你的事。達民，我有什麼對不起你的？你說要預支所有的生活費，我都偷偷的全部給了你了——你大概又拿去賭輸了吧？……」

張達民低著頭，一聲不吭。

阮玲玉又問：「是否有人指使你這麼做？是否想致我於死地？」

張達民還是一聲不吭。

阮玲玉說：「如果你的目的是要錢的話，我直接給你錢不就好了?!」……

綜觀各家之言，筆者還是覺得某些小報記者買通張達民來控告阮玲玉的可能性較大。或者說是張達民勾結某些小報記者一起來報復阮玲玉。

這其中，金錢是一個很大的原因。當時的張達民已經窮困潦倒，欠債累累，根本沒有錢再次聘律師去打第二場官司，因為他的所作所為不得人心，連親戚朋友都看不起他，更不會資助他。因為是胡攪蠻纏、為了出氣，官司一點勝算也沒有，所以張達民也不會冒險借高利貸什麼的來獲得打官司的「啟動資金」。

其次，從某些無聊的小報記者的角度來看，他們出錢買通張達民有兩個強烈的「作案動機」：一是通過搞臭阮玲玉來報復《新女性》電影；二是可獲得張達民打官司的第一手資料，好讓他們「第一時間獨家報導」，大賺其錢。

PART 3

無冕影后

「阮玲玉的卓絕演技霸佔了中國影壇十幾年以來的第一位。」在阮玲玉去世二十多年後，權威大導演孫瑜又寫文章懷念阮玲玉，對她的表演藝術給予了更高、更準確的評價：「阮玲玉的天才演技，是中國電影默片時代的驕傲。」

阮玲玉於《神女》中

謎1

阮玲玉剛入門便演女主角，是屈從了「潛規則」？

上世紀三十年代，當阮玲玉在上海灘大紅大紫之時，有不少無聊的小報卻在不遺餘力地靠製造明星的緋聞來奪人眼球、擴大銷量。當時的所謂「女明星十大緋聞」之一，就是報料阮玲玉初進電影公司是張達民大哥為她開的後門，她剛進公司就演女主角是因為她使用了美人計，用現在的話來說，她利用了娛樂圈的「潛規則」。

事實又是怎樣的呢？

多名學者、作家們的研究，都一致否認了上述無聊的說法。如著名作家戴彥在其專著《一個真實的阮玲玉》中，就這個問題，向我們作了特別客觀而細緻的描述。

阮玲玉第一次試鏡的失敗，讓公司老總張石川和著名導演卜萬蒼感到很失望。當天晚上，卜導演和編劇鄭正秋再次碰頭、談及此事，兩人還是認為阮玲玉從扮相到動作都是一塊演悲劇的好料子，尤其是她的一雙眼睛很有內容，很會出戲。今天之所以演砸了，主要還是因為怯場、不適應，以及她沒有表演經驗造成的。所以他們力排眾議，提出再讓阮玲玉來試一試。

聽到這個消息，原本已陷入深深失望不能自拔的阮玲玉禁不住流出了絕處逢生的淚水。

又是一個難眠之夜。阮玲玉把自己要演的那個被封建婚姻包辦的少女的身世，反覆想了又想，琢磨了又琢磨，努力的讓自己進入戲中——片中的少女雖然不是自己，但又有自己的影子——自己現在不也是變相的「掛名夫妻」嗎？自己的「婚姻」沒有名份不說，它真是自由、幸福的嗎？……阮玲玉隱隱感到，自己和這個要扮演的不幸女子史妙文之間，有很多的相似之處……

第二天，當阮玲玉由母親陪同、再次走進明星電影公司大門和試演場時，她的心不再那樣劇烈地狂跳了，神態也從容自如得多了。

當她從那條直通大門、兩旁盛開桃花的走道上、姍姍走向片場時，在場所有的人都精神一振——卜萬蒼並不去理睬阮媽的懇求和哀告，只是以鼓勵的眼神對著阮玲玉說：

「拍電影沒有什麼可怕，就像你在生活中照相一樣好了！」

當助理導演要她做歡樂表情時，阮玲玉便輕盈地把頭一側，薄唇輕啟，嫣然一笑——眼如初月彎彎，更加嫵媚，唇角邊還浮出一個逗人的淺渦。

當劇情進行到「史妙文」為自己命運哭泣時，阮玲玉的臉上立刻現出悲傷表情，流麗的眸光頓時蒙上一層水盈盈的淚花，從淚眼中透露出延綿不斷的哀怨的神情……

阮玲玉此刻已忘了是在試戲，也不去多想「當明星」的事情，一心沉到了劇情和人物之中。她的步履、神情，都在剎那間變成了少女「妙文」——她本與青年王定章相戀，然而家庭卻包辦了她的婚姻，讓她嫁給一名癡呆的富家子弟方少璉……

這樣的故事、人物，並不新鮮，也無太多的特色，但由於阮玲玉是用心、用真情實感去演的，演起來楚楚動人，表情貼切——尤其到了最後一節、阮玲玉淚如雨下、悲哀長流時，在場的人都怔住了，都被她帶入了劇情之中……

卜萬蒼愈看愈喜悅，臉色由嚴肅轉向讚賞。當試演告一段落時，卜導演幾乎是不假思索地宣佈說她考取了。這一果斷而迅速的決定還是讓所有在場的人都感到一份意外和驚異。

望著阮玲玉姍姍遠去的倩影，卜導演興奮地對大家說：

「你們看，她的眼神、她的身體裡，好像有永遠抒發不盡的悲傷，惹人憐、惹人愛。她一定是個最有希望的悲劇演員。」

試演的成功讓阮玲玉從心底升起了一股暖流。當她從劇本的情景中完全清醒過來時，終於意識到電影的大門已為她打開了。

阮玲玉終於成了《掛名夫妻》這部默片的女主角。

謎 2

導演卜萬蒼與阮玲玉到底是什麼樣的關係？

當年，卜萬蒼曾在報刊上發表文章，誠懇地坦白過他與阮玲玉之間的關係：

我認識阮玲玉，還是在她未演電影之前，所以我和她的關係是比較深切的。記得那時候的她，天天做著明星的夢，但是總沒有去實現的勇氣，又沒有入門的機會。後來被我發現了，尤其在短時間的談話中，我很肯定地向她說：「密司阮，我看你定能演戲，讓我來給你一個機會罷。」

後來我就請她擔任《掛名夫妻》片中的女主角。片成之後，……一時獲得不少佳譽。再仗著她的天才和不斷的努力，現在已成了中國女星中的最明亮的一個了。

她的性格很好，待人接物俱甚和藹。尤其對我，從她演電影起一直到現在都是忘不了我們的友誼，這是值得讚頌她的。

阮玲玉對卜萬蒼在藝術上、人格上都特別敬重，始終事以師禮，對卜導之指點，無不唯命是從。即使後來當她成為舉國矚目的大明星時，依然不改其本色。

一九二九年左右，阮玲玉與卜萬蒼先後加入聯華影業公司。

在聯華公司，導演雖多，但卜萬蒼拍片卻是最下功夫的一位。他加入聯華後，執導的《人道》、《三個摩登女性》、《母性之光》等都較為成功，電影也都很賣座。聯華公司的總經理羅明佑為此也很器重他。可與他的工作成績相比，卜萬蒼導演的薪金實在太少了，每月只有三百元。

與此同時，阮玲玉的名氣越來越大，很快成了聯華公司的頭塊招牌。聯華公司多次主動要增加她的薪水，阮玲玉每次都認真地回答說：「卜先生每月拿三百元的薪水，我也拿三百元，如果要加我的薪水，就請先加他的……」

在阮玲玉短短的藝術生涯中，她從未忘懷卜萬蒼導演的知遇之恩；卜導也以一個藝術界的兄長的身分關懷著阮玲玉的成長。所以我們說，阮玲玉與卜萬蒼之間，就是這樣一種特殊的親密的師生關係。

謎3

處女作《掛名夫妻》讓阮玲玉一炮走紅？

聰慧美麗的女子史妙文，自幼與她的表哥王定章青梅竹馬，兩小無猜。成年後自然相愛。史妙文一心以為自己能和表哥王定章成親，誰知，父母早已為她定下娃娃親，將她許配給當時還未出世的男人。父母之命難以違背，這對從未見過面的男女長大後自然要結婚。在新婚之夜，史妙文才發現這個已成為自己丈夫的男人原來又傻又癡。史妙文抱恨終身，表哥王定章一氣之下遠走他鄉。後來在史妙文患上病後，得其丈夫的照顧才康復。誰知，丈夫在照顧她後也傳染上病，不治身亡。史妙文終身未再嫁，而她的表哥也不知飄零何方。

以上就是影片《掛名夫妻》的故事梗概。

阮玲玉是位聰慧過人的女子，在試過幾個鏡頭之後，慢慢開始適應了拍片的氛圍，心裡不像先前那麼緊張了，神態也自若起來。

當時的阮玲玉畢竟沒有受過專業訓練，所以還談不上演技怎樣，但好在戲中真摯感情的流露，頗有動人的藝術魅力，也經常感染在場的工作人員。

特別是在演「傻丈夫」因病去世後，「史妙文」在靈堂之上痛哭的那一場戲，阮玲玉演得非常成功。

其實不是阮玲玉對「傻丈夫」的亡故有多少發自內心的悲痛，而是阮玲玉原本就是悲劇型的女子，她想到了自己的坎坷身世，想到了自父親早早去世後，這些年來的種種不易：母親的辛苦勞累，在張家受到的種種屈辱，想到自己目前的處境，想到已與張達民同居很久卻難得張家一個正式的名份，想到近來張達民的種種惡劣變化……阮玲玉不由的悲從心來，淚水奪目而出，泣不成聲。

阮玲玉在拍攝《掛名夫妻》的過程中，對卜萬蒼導演的任何細小指導都始終是謙虛謹慎的盡力去做。在與男演員黃君甫配戲時，她也十分尊重他的意見。他們合作得十分愉快，也十分成功。

四個月後，影片《掛名夫妻》就正式上演了。影片的口碑和票房都取得了一定的成績。阮玲玉作為一位初登銀幕就出演主角的女演員，因為她扮演的「史妙文」這個悲劇角色比較逼真而給觀眾留下了較好的印象。阮玲玉真摯動人的演技，也使她在電影界嶄露頭角。

著名作家戴彥在其專著《一個真實的阮玲玉》中，對阮玲玉主演的處女作《掛名夫妻》的成功度，做了客觀而中肯的評價。與其他研究文章中頻頻使用的「一炮走紅」、「天才女星橫空出世」這些煽情、誇張的詞句相比，「影片的口碑和票房都取得了一定的成績」、女主角表演「比較逼真而給觀眾留下了較好的印象」、「阮玲玉真摯動人的演技，也使她在電影界嶄露頭角」，這樣的評價，顯然更為冷靜和公正。

常言道：「千里馬好找，伯樂難尋。」卜萬蒼導演獨具慧眼，發現了阮玲玉這塊未經雕琢的璞玉，並預言她不久的將來會成為悲劇型電影明星。

卜導演像個巫師，他的話，在未來九年阮玲玉的銀幕生涯、二十九部電影中很快得到了印證。

阮玲玉從處女作《掛名夫妻》開始，嘗試在影片中飾演各類不同角色，陸續塑造了社會各個階層的婦女形象，其中有農村少女、丫頭、女工、女學生、小手工藝者、女作家，以至交際花、歌女、舞女、妓女、尼姑和乞丐，有正派角色也有反派角色；有的從少女一直演到老年……

這些人物大都有一個悲慘的結局——有的自殺，有的入獄，或者被逼成瘋，或者病死街頭。這些充滿悲劇色彩的銀幕形象，也就是舊中國千百萬苦難婦女的縮影。她們的不幸遭遇震撼人們的心靈，激起觀眾無限同情和共鳴。

後來，當阮玲玉連續出演了數部電影後，她在觀眾中的影響力遠遠超過了當初卜導演的預料。她的形象、素質，以及在表演藝術上都堪稱為一個獨特的、不可再生的天賦之材。

有位資深電影藝術家說得好：「一個演員被人公認為明星，這決不是偶然。比方說，演員是一塊未經雕琢的渾璞，導演是一名玉人，沒有玉人的鑑賞的眼光和雕琢能力，渾璞終究還是渾璞。」

謎 4

阮玲玉有「瘋子」之稱，是真的嗎？

初上銀幕的阮玲玉，即擔任《掛名夫妻》的女主角，並得到觀眾的一致讚許。阮玲玉的成功絕不是偶然的、僥倖的。

從阮玲玉短短的一生中，可以看到她並不是一個空有美麗動人外表的女子。出身貧寒的阮玲玉天生麗質，聰明過人，她從小在父親的帶領下去看戲，回到家裡便欣喜的學著戲裡的人物演戲；後來在崇德女校的阮玲玉不斷參加學校的戲劇演出，在與張達民同居後，更有機會受到這方面的一些基礎訓練，好學習鋼琴、粵劇等，在儉德會擔任隊長——這些無不為她之後走上銀幕打下有利的基礎。

同時，從這些經歷中也可以看出，阮玲玉不僅有難得的美麗，也有難得的聰慧。她的性格好強，性情活潑，心地善良又極重感情，比較情緒化的阮玲玉做事也易衝動。她這些豐富情感的素質，正是她在表演藝術素質上具備的不可多得的天賦。

阮玲玉運用她豐富的情感、仔細深入的體會劇情，她的悲劇似的經歷使她能更準確的進入角色，演起來分寸感往往恰到好處。尤其是在悲劇表演中，她那真實的、涔涔而下的兩行淚水，使她演繹的悲劇角色一次又一次的打動觀眾。

演戲，往往只具備表演的素質和天賦是不夠的。阮玲玉在電影上的成功，不僅在於她具有表演方面的天賦，更在於她為表演藝術付出了巨大的努力。

當時，在明星公司的阮玲玉，為了演好戲，她每接到一個角色，都會將自己獨自、長時間地關在房中，進行研究和準備，對著鏡子揣摩角色的神情、動作，一會嘻笑，一會哭泣……為了避免來訪的影迷和記者過多的干擾，她還常常拿著劇本，去借友人的空屋試戲。當有人問她：你在攝影棚裡演戲，怎麼能一會兒笑得那麼由衷、頃刻之間又哭得那麼傷心呢地？阮玲玉回答說：「演戲就要像瘋了一樣。好演員是瘋子！」

接著，她帶著一種自豪的喜悅神情說：「我就是瘋子！」

謎5

阮玲玉遭到明星公司的冷落，是什麼原因？

當時明星影片公司的負責人張石川等人，注重的是有號召力的紅星，因而四處網羅人才，不遺餘力。一九二八年，公司的女明星除楊耐梅、丁子明、趙靜霞和阮玲玉外，又新聘了胡蝶、胡珊等人。

阮玲玉繼《掛名夫妻》之後，在明星公司又主演了《楊小真》和《血淚碑》兩部電影，它們都是由鄭正秋親自執導的。

《血淚碑》以民國初年為背景，描述了一個老式家庭裡兩姐妹不同的命運：大姐恪守閨閣禮教，規行矩步，操持自守，結果被一男扮女裝的人引誘失身，她不願意偷生，自殺而亡；妹妹由阮玲玉扮演，是一位具有反抗精神的女子，與一男青年自由戀愛，他們的戀情為封建家庭所不容，屢遭迫害，終於未能如願，鬱鬱而死。

在影片《楊小真》中，阮玲玉給當時有「妖豔女星」之稱的楊耐梅配戲。此片表現了一位頗有思想的交際花，不願意再過紙醉金迷的墮落生活，後與一正直的男青年邂逅、逐漸相愛，卻因封建家庭的百般阻擾，遂被拆散。在家庭的欺騙和威逼下，她嫁給了一個軍閥。但是，最後她憑著對男青年的一往情深，歷盡千辛萬苦，擺脫控制，有情人終成眷屬。

一九二八年，阮玲玉又為明星公司演了兩部片子。其中之一的《白雲塔》，即為阮玲玉與胡蝶聯合主演的。

明星公司攝製《白雲塔》的動機，是起於胡蝶加入之後。《白雲塔》一片，係根據陳冷血原著改編。導演為張石川、鄭正秋。劇情大意是描寫秋、石、蒲三姓礦山資本家之間的恩怨情仇的曲折故事：

「石斌」（朱飛飾）與「鳳子」（胡蝶飾）相戀，遭「蒲綠姬」（阮玲玉飾）之破壞，後「鳳子」喬裝為「紅葉公子」，「綠姬」遂捨「石斌」而追求「紅葉」，真相大白後，「綠姬」自顧無顏，墜白雲塔而死。

胡蝶貌美膚麗，舉止安詳，形象較適合扮演雍容華貴的大家閨秀。她在片中飾演了「鳳子」，在影片後半部又扮男裝，飾演「紅葉公子」，很適合東方人的審美心理；阮玲玉在片中扮演的「蒲綠姬」，額前瀏海齊眉，著長衫，婀娜多姿，顧盼生輝。

在影片中，阮玲玉與胡蝶處於同樣的地位。她們兩人與扮演男主角的朱飛配戲，可以說是珠聯璧合，相映生輝。明星公司出於胡蝶在一般觀眾中的名氣和號召力較大，而將電影廣告中胡蝶的名字列於阮玲玉之上。

在這其間，阮玲玉還參加拍了另一部影片《蔡狀元建造洛陽橋》（又稱《洛陽橋》），這是在古裝片大肆氾濫時，阮玲玉唯一涉足主演的一部古裝片。影片描述的是一位樂善好施的狀元與才貌雙全的閨閣千金喜結良緣的故事。

影片中，和阮玲玉合作的男主角，是當時有「風流小生」之稱的朱飛。在他身上，當時電影界名角的種種惡習都能找到。他對拍攝工作極不認真負責。為了與導演張石川對抗，朱飛還剃了光頭以示自己不滿。

朱飛得罪了導演，也是明星公司的主要負責人的張石川，被開除出廠。這件事也連累了阮玲玉。從此張石川對阮玲玉也是另眼相看、冷落一邊。從一九二八年夏季開始，張石川不再讓阮玲玉在公司的任何一部影片中擔任角色。阮玲玉在「明星」的處境變得甚為艱難。

謎 6

阮玲玉為何離開「明星」、跳槽到一個小公司？

當時，由大中華影片公司和百合影片公司合併而成的大中華百合電影公司登出了招考演員的啟事。已在電影界小有名氣的阮玲玉便寫信報考，這在大中華百合公司差點鬧出一段笑話。

那個主管招考工作的拆信人，在千百封寄往該公司的報考信中，發現了一封阮玲玉寫的、並附有本人照片的信件。拆信的主管竟主觀認為，阮玲玉已是明星公司一位較有名氣的演員了，這封應聘信肯定不是阮玲玉自己寫來的，而是別人搞的惡作劇。他沒有和別人商量，就乾脆對這封信不予理睬。直到招考期過去了，令這個公司主管感到十分意外的是：阮玲玉竟親自找到大中華百合公司來了。

阮玲玉打趣地對該公司主管說：「我要來投考，你們連回音也不給我一個，是看不起我、不要我這麼個人嗎？」公司主管誠懇而坦率地告訴她，他們不相信她會捨得離開「明星」這樣赫赫有名的老牌公司，跑到他們這家新公司來。阮玲玉問明了該公司的基本情況後，明確地表示了自己的態度，說自己這次是自願投考，是一片誠心。阮玲玉的爽朗態度，打消了該公司的疑慮，他們當即給了阮玲玉一份聘書，聘請她為該公司的基本演員。這是阮玲玉藝術事業上很關鍵的一個轉折，很能反映她對藝術的摯愛、和性格的果斷的一面。

一九二八年底，阮玲玉如願「跳槽」到了大中華百合公司。但沒想到的是，期望能在事業上有一個飛躍的她，卻踏入了一個更為糟糕的「爛泥坑」。

小公司就是小公司。小公司總是一切以求生存為主要目的。成立於一九二五年六月的大中華百合公司，所拍攝的影片都是一些「歐化」片和神怪武俠片。已經加入這個公司的阮玲玉，身不由己，她在這個時期也參拍了幾部無聊的時裝片和武俠片。

《銀幕之花》是阮玲玉轉到這家公司所拍的第一部電影，由朱瘦菊編劇，鄭基鐸導演。阮玲玉在劇中扮演女主角。這部影片還是一部十足的「大中華」的歐式產品：外景是西式花園，除了阮玲玉所扮演的少女穿旗袍外，其餘演員穿著打扮、生活做派等都是十分洋化的。

阮玲玉在「大中華」所演的第二部片子由李萍倩導演《劫後孤鴻》。阮玲玉扮演一個因戰亂而流離失所的青年女子，被迫淪落風塵的悲慘身世。

這之後，阮玲玉主演的另一部影片《情慾寶鑑》又是一部歐式味道比較濃郁的片子。在片中，編導為了吸引觀眾，借拍攝畫家為模特兒畫像的片段，不惜讓扮演模特兒的演員暴露身體。幸好他們沒有對主角阮玲玉提出這種要求。

一九三〇年，「大中華」公司要求阮玲玉參加朱瘦菊編導的影片《九龍山》的拍攝工作。

《九龍山》是一部神怪武俠影片。這部影片分為上、下兩集，上集是《大破九龍山》，下集為《火燒九龍山》。該片的故事情節非常荒唐，更可笑的是，片中人物皆穿時裝：劇中的反面人物身著長袍馬褂，而女主角卻著西式裙服；男俠客的戲服非常有意思，上身是夾克衫，下身是有鑲飾的白色西褲，褲腳塞在長筒皮靴裡面。

這一時期的阮玲玉在表演藝術上已經顯露頭角，在觀眾裡具有一定的影響力。雖然阮玲玉的性情柔弱，但要求她演這類題材比較狹窄、思想、藝術上創新不多的通俗影片，實在難以發揮她的藝術才華。只是身在「此山中」的阮玲玉，又不得不為。

當初，阮玲玉從明星公司轉到「大中華」公司時，是有兩方面原因的。一是阮玲玉想解決經濟上的顧慮，在經濟上先使自己自立；三十年代的演員除了工資外，片酬的收入還是比較可觀的。二是阮玲玉非常渴望通過多拍片、能在藝術創造水準上迅速提高自己。

在大中華百合影片公司，由於拍片的機會較多，經濟狀況確實有所改善，但是在這裡拍攝的片子越來越通俗、越來越糟糕，這對於嚴肅對待人生、對待表演藝術的阮玲玉來說，內心自然是非常苦悶。

謎 7

阮玲玉真正的「成名作」影片是什麼？

一九二九年，在北平創辦了華北影業公司的羅明佑，特邀阮玲玉擔任由孫瑜執導的電影《故都春夢》中一個重要的角色。

正是這部影片，不僅引領阮玲玉走出事業的低谷，而且一舉奠定了她在電影界的地位。

這位羅明佑先生就是後來在中國電影史上赫赫有名的聯華公司的CEO。羅明佑創業之初是在父親的支持下，聯合親朋好友在北京開辦了幾家電影院，後來看到電影良好的發展前景，就在一九二七年廣為遊說，動員一些財閥鉅賈構成了電影界實力雄厚的財團，成立了華北電影公司。然後，羅明佑再與當時有人有設備、但缺資金的民新公司搞起了合作拍片。他們各自保留本公司的名義，打出「復興國片、改造國片」的旗號。

而「民新」、「華北」兩家公司合作之初的頭炮戲就是力邀阮玲玉參加演出的《故都春夢》。該片由朱石麟、羅明佑編劇，孫瑜執導。戲中有一個妓女角色，雖是反派，卻很重要。誰來演呢？當時受過西式高等教育的兩位有識之士羅明佑和孫瑜不約而同的看中了表演真實、細膩而富有魅力的阮玲玉。於是羅明佑出面於大中華百和影片公司商談，特邀阮玲玉友情出演。當時正處於事業和生活雙重壓抑下的阮玲玉開心的接受了。

《故都春夢》的故事取材於當時一個真實的社會事件。說的是軍閥統治下的北方地區，一個叫朱家傑的私塾先生，不安於現狀，一心嚮往官場生活。為此，他帶著妻兒背井離鄉來到北平，借助於妓女燕燕的幫助，得到一個官職。之後，沉溺於酒色中的他娶燕燕為妾。得意後的朱家傑過度奢侈，不斷貪污公款以補經濟上的虧空。大女兒受到燕燕的引誘，墮落成了交際花；他的妻子懷著滿腔怨恨帶著小女兒復回了故里。不久，朱家傑官場失意、鋃鐺入獄，燕燕席捲家財與人私奔了，大女兒也遭人遺棄了。獲釋回家後的朱家傑悔恨不已，請求髮妻原諒，從此丟棄邪念，共享天倫之樂。

阮玲玉扮演女二號、妓女燕燕。女一號（朱家傑的妻子）由林楚楚扮演。阮玲玉發現導演孫瑜拍電影的藝術理念非常獨特，這也是阮玲玉從影以來，第一次碰到了在嚴肅的藝術創造面前必然要碰到的問題：演員在表演中是走老路去做戲，還是注重創造人物？……阮玲玉碰到這樣的導演感覺十分新鮮。

孫瑜導演引領著阮玲玉，促使她的演技在潛移默化中向現實主義的人物創造方向靠近。阮玲玉有著很強的藝術悟性和敏銳的藝術感受力，她一旦真正領悟角色，就能找到準確的感覺，塑造獨特的人物性格及人物豐富的內心世界，演起來不僅真摯感人，而且頗有深度。

阮玲玉與當時的國際巨星瑪琳黛德麗的演劇風格甚為相似。瑪琳黛德麗在《藍天使》中，一舉一動，每一姿態，極其真切銷魂，冶豔無比。這個特點集中展現在她的一雙不凡的眼睛上——這雙眼睛在鏡頭前，具有一種朦朧之美，好像有點「焦點不清」——透過這雙朦朦朧朧的眼神，給人以強烈的魅惑力。

阮玲玉在《故都春夢》中飾演的妓女燕燕，是一個妖媚嬌豔的女性，她用自己的魅力迷惑了家有賢妻的朱家傑，並以自己狡黠的交際手腕，為朱家傑覓得一份要職。阮玲玉扮演的燕燕，除用自己輕盈敏捷、婀娜多姿的形體作為體現人物特色的手段外，也靠她那一雙發虛的、「焦點不清」的眼睛的魅惑力來扣人心弦、牢牢地抓住觀眾的心。一九三〇年夏，《故都春夢》終於製作完畢正式向觀眾推出。為了使《故都春夢》一炮走紅，「華北公司」的羅明佑和「民新公司」的黎民偉根據當時的情況，似將兩個公司合併為「聯華公司」，並適時地打出了「復興國片」的旗幟。

在實際生活裡，阮玲玉是質樸純真的，而在銀幕上，她卻將一名周旋於達官貴人中的妓女燕燕，表演得妖媚潑辣、活靈活現。她與王瑞林（飾朱家傑）、林楚楚（飾朱妻）三個人的優秀演技，使得《故都春夢》作為聯華公司「復興國片」的第一炮，就完全打響。

復興國片的口號果然深入人心，加之《故都春夢》的主題思想、故事情節、人物塑造、藝術處理都顯然高於當時粗製濫造的武俠片，的確使人耳目一新。《故都春夢》吸引了大量的觀眾，很快就打破了各埠的賣座記錄。

作為女主角的阮玲玉在片中的表演為行家和觀眾們交口稱讚，她完成了今人所謂的由本色演員到性格演員的轉折，因而，《故都春夢》遂成為阮玲玉成材道路上的里程碑式的作品。

謎 8

阮玲玉被稱為「中國的茶花女」，為什麼？

一九三〇年八月，以華北公司、民新公司為基礎，又兼併了當時已經陷入困境的大中華百合影片公司，三位一體的結果，是一家新的、實力雄厚的電影公司在上海崛起，這就是「聯華影業製片印刷有限公司」。阮玲玉也就順理成章地正式成為聯華公司的主力，一條充滿希望的道路已在阮玲玉面前展現。

因為《故都春夢》在各地的放映大受歡迎的成功，使得新成立的聯華公司更為自信地隆重推出它的第二部作品：《野草閒花》。這部影片同樣是以「復興國片」為主題進行宣傳的，而且還被冠以「中國第一部配音有聲片」的稱號。

《野草閒花》是一部孫瑜自己編劇並導演的影片。他很是賣力——因為他可以在片中更加清楚地詮釋自己的創作思想和藝術主張。

一九三〇年的盛夏，《野草閒花》在上海正式開機。

在這部片子裡，阮玲玉主演了一個完全不同於「燕燕」的、聰明活潑、純潔天真的少女——賣花女麗蓮。這是一個完全不同於她以往所演慣的「風流女子」的角色，這對阮玲玉來說，既是一個挑戰，也是一個機遇。

麗蓮在街頭賣花之時，差點被汽車輪子壓死，幸虧得到了富家子弟黃雲的急救。他倆相識後，黃雲又發現她有很好的歌喉，便教她習唱自己編的歌劇《萬里尋兄》。後麗蓮登臺公演，受人注目。

他倆由相識至相愛，並訂立了婚約。當黃雲的父親看到報紙上兒子刊登的婚約後，氣憤之極。但黃雲任父親威脅利誘，堅決不為所動。於是老謀深算的姑母又出馬勸說。姑母找到麗蓮，勸她不要毀了黃雲的前程，並說，黃雲若娶了麗蓮，那他本該屬於的那個上流社會就再也不會接納他，黃雲就不會有什麼前途而言了。

深愛著黃雲的麗蓮不願意看到心上人為了自己而毀了前程，便作出了分手的痛苦選擇。不明真相的黃雲被激怒了，他失去了理智，當眾辱罵麗蓮是下賤的野草閒花。心中痛苦萬分的麗蓮，為了愛人的前程，她寧可自已被誤解、受委屈，也不願將真情吐露。

當晚，精神幾近崩潰的麗蓮硬撐著上臺，當她唱起〈尋兄詞〉時，聲帶撕裂，昏倒在臺上。黃雲終於探知實情，與家庭徹底地決裂，來到麗蓮身邊。

毫無疑問，這是一部中國的「茶花女」。

孫瑜將他的全部激情都投入到影片的拍攝中，而他在國外所學到的新的拍攝技法更使他如虎添翼。他在分鏡頭、鏡頭處理和攝影技巧上著實下了功夫，採用了象徵、對比、疊印、序幕等在當時十分新穎的手法。而在演員選擇上，更證明了他獨具慧眼。

如果說孫瑜在執導《故都春夢》、第一次和阮玲玉合作時，感到阮玲玉的表演還有些幼稚、還未完全瞭解她的才能的話，那麼，在《野草閒花》開拍不久，他對阮玲玉的表演天賦已發出了由衷地讚歎。

孫瑜說：「阮玲玉以她真摯準確的角色創造和精湛動人的表演，雄辯地證明了她不愧是默片時代戲路最寬、最有成就的一代影星。」

謎 9

阮玲玉主演的《野草閒花》到底是默片還是有聲片？

從以上介紹中不難看出，這部影片也是孫瑜的得意之作。另一個令孫瑜自豪的理由是：《野草閒花》雖然是一部默片，但卻是中國第一部有專門作詞配曲的電影插曲的影片。

該片的插曲〈尋兄詞〉由孫瑜作詞，配以俄羅斯民歌的曲調，共有四段。阮玲玉和金焰都有很好的歌喉，演唱一事自然不用別人代勞，他倆主唱了這首旋律悲蒼感人的插曲。然後這首插曲再由大中華唱片公司灌製成蠟盤唱片，在電影放映時同步播放。

一九三〇年深秋，當蕭瑟的秋風吹落了滿樹黃葉之時，《野草閒花》在羅明佑手下龐大的電影發行網中與全國觀眾見面。孫瑜在上海首映該片的影院放映室裡，曾一連三天目不轉睛地注視著銀幕，每當銀幕上出現阮玲玉和金焰唱歌的畫面，他就立刻把電唱機的唱針放到事先標好印記的唱片上，從而使觀眾們第一次在觀看國產影片時聽到了與劇情完全吻合的、且由劇中演員親口所唱的歌聲。

當然，如果把《野草閒花》說成是「有聲片」未免言過其實，這只不過是一種宣傳手法罷了。

《野草閒花》公映之時，正值明星公司推出《火燒紅蓮寺》第十五集、天一公司推出《火燒百花台》、友聯公司推出《荒江女俠》第四集——仍是影壇四處「起火」、煙霧籠罩、大打出手之時。

《野草閒花》恰似一陣拂面的清風，影片從選材立意、導演手法到演員的自然表演都令觀眾耳目一新，特別是受到了知識階層和青年學生的歡迎。許多因武俠片充斥影壇而發誓不再看國產片的觀眾重新回到影院，並為《野草閒花》大聲叫好。一時間，該片的插曲〈尋兄詞〉唱遍了大江南北。

阮玲玉在《故都春夢》和《野草閒花》中更是出盡了風頭。

《故都春夢》中的燕燕，和《野草閒花》中的麗蓮，一個是毒如蛇蠍的蕩婦，一個是聰慧活潑、純潔天真的姑娘，阮玲玉以她精湛的角色創造和真摯的人物性格表演，將這兩個角色都演得細膩準確、各領風騷。

阮玲玉本人的經歷和憂鬱的氣質，使她更易於接近《野草閒花》的賣花姑娘。特別是她在演到賣花姑娘得到世家子弟的愛慕時，那種滿懷的感激與期望，但同時又感到莫名的惶恐與不安，幾乎與她當年和張達民相戀時的心情一模一樣。她成功的演繹出了這個出身卑微的賣花姑娘的天生麗質和一片純情。

謎10

卜萬蒼為了阮玲玉而加入「聯華」？

就在《野草閒花》公映不久，又有一件事情使阮玲玉興奮不已，那就是被她視為恩師的卜萬蒼加入了「聯華」。

一九三〇年歲末的一天，阮玲玉到公司上班，忽然有一個她熟悉的身影映入眼簾——那不是卜萬蒼導演嗎？原來，離開明星公司後的卜萬蒼導演，先後在兩家小公司拍片，很不滿意，當他看到阮玲玉為「聯華」主演的那兩部片子之後，卜導演決定正式加盟「聯華」。

幾天後，卜萬蒼找到阮玲玉，遞上一個劇本說：

「阮小姐，請你看看這個本子。這是由朱石麟先生編寫的《戀愛與義務》，朱先生說，他是專門為你寫的。」

當晚，阮玲玉細讀起劇本：

兩個風華正茂的大學生李祖義和楊乃凡相愛了，但豪門與平民之間的鴻溝成了他倆結合的難以逾越的障礙。楊乃凡的父親知曉女兒的戀情後，堅決不許她再與李祖義來往，並把她許給世家子弟黃大任。

楊乃凡懾於父親的壓力，只得和黃大任結婚，並生下一對兒女。數年後，楊乃凡又見到李祖義，他孑然一身，深深眷戀著楊乃凡。於是，他們之間重新爆發出更為熾熱的情感，楊乃凡拋下兒女，跟著李祖義出走了。

出走後的楊乃凡和李祖義很快為生活所迫，不得不重返城市尋找工作。李祖義在貧病交加中死去，撇下楊乃凡和他們幼小的女兒平兒。楊乃凡不惜委屈自己，當上了女傭。

寒來暑往，平兒長大了，並和一個出身富家的青年相愛。然而，父輩的悲劇在平兒身上重演了，當富家青年的父母得知楊乃凡「不體面」的身世後，認為有辱門風，拒不認可。

楊乃凡陷入了痛苦和絕望之中，她思前想後，自己唯有一死，才能將這份強加的恥辱從女兒身上帶走。她給原來的丈夫黃大任寫下遺書，把女兒平兒託付給他，自己投河自盡了……

讀完劇本，已是夜深人靜，不知不覺中，淚水已浸透了握在手中的手絹。阮玲玉躺在床上久久不能入睡，劇本中的故事觸動了她記憶的神經，打開了她記憶的閘門，讓她不由得回憶起幼年隨母在張家幫傭的往事。

此時對卜萬蒼來說，他極想把這部影片拍成一部不同凡響之作，這畢竟是他加盟「聯華」後執導的第一部影片。不管是對卜萬蒼個人，還是對聯華公司而言，這都是一部必須成功的影片。

一九三〇年，上海的冬天是寒冷的，阮玲玉卻是在一片熱氣騰騰的攝影棚內度過的。由於公司的重視，同仁的努力，《戀愛與義務》一片的拍攝工作很是順利。

金焰飾演的窮大學生李祖義，較之他在《野草閒花》中飾演黃雲更為駕輕就熟，他個人曾經歷過的艱難歲月，遠甚於劇中的李祖義，他只是沒有「楊乃凡」這樣的一個仙子般的愛人罷了。

在《戀愛與義務》這部影片中，阮玲玉飾演「楊乃凡」和她的女兒「平兒」，再一次顯露出她非凡的表演才華。在一部電影中同時扮演兩個角色，對阮玲玉來說是一個全新的挑戰，也是一個難得的磨練機會。

她對影片展開的劇情，猶如身臨其境。楊乃凡開始時那種逆來順受的性格和認命的思想，阮玲玉本人就曾經有過。她雖然沒有楊乃凡當富家千金的生活經歷，卻非常能理解她的心理活動和行為。揚乃凡與黃某結合後的那種內心的孤寂和痛苦，正是阮玲玉和張達民生活這幾年的最大心理感受。至於後來楊乃凡為養育女兒，自己含辛茹苦的去給別人家幫傭，而女兒又遭有錢人家的歧視——此情此景，無不與阮玲玉和母親的遭遇如出一轍……

阮玲玉忘了這是在戲中，彷彿在重溫舊夢，昔日裡的種種不幸、屈辱喚起了阮玲玉此刻多少的委屈、辛酸。她把對母親的深情、把平日裡難以向人講述的隱痛，統統傾注在她所扮演的角色中。

阮玲玉根據劇本所規定的「楊乃凡」特殊的人生道路，設計出每個特定時期楊乃凡特殊的表情動作，循序漸進地將楊乃凡從少女時代的富家小姐到人過中年的女傭人的近二十年間坎坷不平的人生歷程展現於銀幕——令人同情，更令人信服。

至於平兒的戲，對於阮玲玉來說也沒有多少難度，這幾乎就是阮玲玉本人的親身經歷：有一個當傭人的母親，有一個生於富貴人家的愛人，由於門不當戶不對而遭受的種種屈辱……這難堪的一幕幕的再現，令阮玲玉一次次地陷入了深深地悲哀之中，演來自然是格外地真實貼切、感人肺腑。

謎11

「聯華」董事長何東收阮玲玉做乾女兒，是真的嗎？

《戀愛與義務》剛剛拍竣，阮玲玉又馬不停蹄地投入了新片《一剪梅》和《桃花泣血記》的拍攝，這兩部影片的執導者均是卜萬蒼。

在《一剪梅》中，卜萬蒼除啟用阮玲玉和金焰主演外，林楚楚、陳燕燕、劉繼群、高占非等也參加了拍攝。為了增加該片的號召力，公司不惜花費鉅資，在廣州和香港拍攝了部分外景。阮玲玉隨外景隊南下，平生第一次回到她的故鄉廣東。在香港，「聯華」董事長、英籍貴族何東爵士盛情款待外景隊，作為女主角的阮玲玉自然格外引人注目。何東爵士非常喜歡和欣賞阮玲玉。南國之行令阮玲玉非常開心。

阮玲玉一九三〇年轉入何東爵士麾下的聯華影業公司，從此真正走向了她思想上、藝術上的新路程，向默片表演藝術的頂峰不斷攀登。「聯華」的迅速崛起不僅提供一個廣闊的表演平臺，而且使她聲譽鵲起，使阮玲玉真正得以躋身一流影星的行列。

阮玲玉的藝術才華，是和「聯華」這家新崛起的、有名的電影公司相聯繫的。可以說，她始於「明星」，卻成熟於「聯華」。「聯華」的一些著名導演孫瑜、卜萬蒼、朱石麟、費穆、蔡楚生、吳永剛，在阮玲玉的藝術道路上都起過不可磨滅的作用。而阮玲玉，又以她那傑出的、多面的、不斷探求的藝術才能，為「聯華」，為這些藝術家的電影作品，為中國早期電影事業作出了永垂青史的貢獻。

當時「聯華」著名的演員除了阮玲玉，還有金焰、王人美、舒繡文、陳燕燕、張翼、林楚楚、黎灼灼等。「聯華」自《故都春夢》、《野草閒花》、《戀愛與義務》連續打響之後，影響日漸擴大，阮玲玉的演技也給人耳目一新、日新月異的感受——從此，她便成為三十年代最受歡迎的女星之一了。《故都春夢》中的燕燕，《野草閒花》中的麗蓮，一個是毒如蛇蠍的蕩婦，一個是聰慧活潑、純潔天真的姑娘，阮玲玉以她精湛的角色創造和真摯傾情的表演，將這兩個角色都演得細膩準確、各放異彩。

默片時期的電影女演員，像阮玲玉這樣戲路寬廣、演什麼像什麼的，真可謂是鳳毛麟角。《故都春夢》和《野草閒花》這兩部影片在公開放映時，都打破了當時國產影片的賣座記錄。同時，在這「兩炮」中，阮玲玉也真正放出了可塑性演技的耀眼火焰。

一九三二年，上海「一・二八」事變爆發。張達民跟隨阮玲玉一同赴香港避難。他們帶著女兒小玉，與聯華電影公司的羅明佑、黎民偉、林楚楚等人同行。

在港期間，在黎民偉、林楚楚夫婦的熱情陪同下，阮玲玉再次見到了「聯華」董事長、英籍貴族何東爵士。在何東爵士的建議下，阮玲玉做了他的乾女兒。

謎12

《三個摩登女性》的女主角是阮玲玉「開後門」硬要來的？

在一九三二年春夏之交的一個晚上，田漢與金焰等一起參加了一個電影演員的聚會，田漢不僅見到了阮玲玉，也見到了胡蝶、胡萍以及歌舞演員梁氏姐妹。

看著阮玲玉、胡蝶這些麗人，田漢不由得聯想到社會上對於摩登女性的定位和抨擊：「不是在思想上、革命行動上走在時代尖端，而只是在形體打扮上爭奇鬥豔，自甘於沒落階級的裝飾品」。

當然，這不是指阮玲玉、胡蝶等人，而是指那些有閒階級「花瓶」式的女性。這些頭腦空虛的麗人們，還有「摩登女性」這個稱呼，引發了田漢的思考，因而產生了要編寫一部電影來揭示青年婦女們應該具備和爭取真正的「摩登性」、「現代性」。

當時田漢正住在「影帝」金焰那裡，每當金焰出門拍電影，田漢心中悶得慌，閒下來他就看觀眾給金焰的大量來信。

對此，金焰曾回憶道：

> 有一個女孩寫信追我，每封信都長達萬把字，文字好，感情也很充沛：另外，還有一個電話女工寫來的信，也是在感情上有所表示；其中還有一個是電影廠的黎灼灼，那時她還沒有演過電影，後來讓她參加《三個摩登女性》的演出，扮演交際花虞玉，是頭一次拍電影。

金焰還回憶道：

> 田先生看了這些影迷們的來信非常喜歡，當時，上海正巧發生了一次接線員罷工的事件。這樣，他就結合這三個人的情況，又有一定的虛構，編寫了一個描寫三個女性的電影劇本：一個代表浪漫，一個代表愛情，一個代表革命。劇本完成後，由「聯華」第一流導演卜萬蒼擔任導演。這三個「摩登女性」分別由阮玲玉、黎灼灼和陳燕燕飾演。

金焰先生並沒有回憶錯，阮玲玉確實主演了《三個摩登女性》，但他沒有提到，阮玲玉在拍攝前，差點沒爭到這個主角。

淑貞姑娘因為「九・一八」事變，護送母親來到上海，並考入電話局為接線生。

淑貞有一位同鄉、未婚夫張榆此時恰巧也在上海，並且當上了電影明星，以英俊風流的姿態獲得盛名。張榆和交際花虞玉過往甚密，完全忘卻了一片真情的淑貞。

淑貞看了張榆在銀幕上的演出，還在電話接線中時常聽到張榆和虞玉的綿綿情話，深感不安和痛苦。她不僅為自己失去一名鍾情的未婚夫而難過，而且深深地為張榆的前途擔憂。

在國難家破之時，張榆陷於醉生夢死之中，淑貞不顧被張榆拒絕的女性自尊心，在電話中坦誠相對，而張榆一意孤行，不接受淑貞的忠告。

阮玲玉於《三個摩登女性》中

後來，上海「一·二八」事變再起，張榆在愛國意識的促動下，斷絕和交際花虞玉的情愛關係，熱忱投入到發動民眾的抗日宣傳工作之中。

在此期間，張榆從工作中、從日常交往中，深深為淑貞的真知灼見和純潔不凡所吸引，認為她才是當代真正的摩登女性，不覺一往情深，產生前所未有的愛慕之心。

淑貞則因被張榆傷透了心，不願接受他這種感情。最後，在一次電話局罷工活動中，淑貞當眾演說被壞人擊傷，送入醫院，張榆日夜守護在病床旁，終於重新獲得了淑貞的愛情。

以上是《三個摩登女性》的劇情。

田漢寫這個劇本是有感而發。他把走在時代前列的新女性視為真正的「摩登女性」。他認為，他在電影裡批判了追求官能享受的虞玉和傷感殉情的若英這樣的「摩登」，歌頌了自食其力、為大眾利益而犧牲的淑貞這樣的「摩登」。

現實生活則為田漢的劇作提供了豐富的素材：虞玉這樣的女性在上海的有閒階級中多得很；而金焰家裡不少女影迷的熱情來信，便成了追求「愛情至上」的若英的素材；當時上海公共租界電話公司正鬧罷工風潮，有關女接線生的事件報導，就是淑貞形象的來源。

《三個摩登女性》的劇本交到了「聯華」名導演卜萬蒼的手上。

在演員的選擇方面，男主角是最容易確定的，張楡自然非金焰莫屬，可以說，這個角色就是田漢以金焰為模特兒而寫就的。

女主角的人選卻令卜萬蒼頗費躊躇。以往他導演影片時，女主角的首選都是阮玲玉，也是他最先瞭解和發現阮玲玉的演戲才華的。然而這一次他卻猶豫了。

影片中的第一女主角無疑是女工周淑貞，這是一個全新的銀幕形象，而阮玲玉以前在《白雲塔》、《情慾寶鑑》、《故都春夢》中成功地扮演了一些刁鑽狡猾、風騷放蕩的女性，給人的印象太深了。

周淑貞這一樸實正直、無私無畏的青年女工的角色，阮玲玉能演得好嗎？如果選擇她來飾演，恐怕容易演成一個「騷」女工的形象。即使阮玲玉在《野草閒花》中有出色表演，那也是一個弱小的賣花姑娘、悲劇人物，與《三個摩登女性》中的女工周淑貞是完全不同的形象。

卜萬蒼舉棋不定。若起用阮玲玉來演周淑貞的話，很可能會演砸了，而此時的「聯華」已不允許再有失敗。這麼好的一個劇本，若因自己沒能選好演員而導致失敗，也太可惜了。因此，卜萬蒼決定該片就不請阮玲玉來主演了。

阮玲玉讀完《三個摩登女性》劇本後，被劇作者全新的藝術視野和思想境界所折服。對阮玲玉而言，劇中的三個女性角色飾演虞玉難度最小，作為一個不得不經常出現在交際場所的電影明星，阮玲玉經常能見到像虞玉這樣的女子，而且她在以往的影片中，也扮演過類似的角色。

但阮玲玉卻對淑貞的形象發生了濃厚的興趣。每一天發生在身邊的事，刺激著阮玲玉，她的思想也在變化，她想通過自己的銀幕表演為社會做點事，而淑貞的形象正好是個契機。何況，她也一直想改改戲路，拓寬自己的表演層面。

不過，卜萬蒼卻沒有像以往那樣，一拿到新的劇本首先來找阮玲玉。卜萬蒼導演是最先瞭解和發現阮玲玉的演劇才華的，這時卻和其他人一樣猶疑不決。因為，這部影片女一號的角色是一個女工，溫柔纖弱的阮玲玉，最擅長的是演悲劇型的女性，而周淑貞是意志剛毅、思想先進的新女性，阮玲玉可以嗎?合適嗎?……

但是阮玲玉有自己的想法。經過這麼些年的表演生涯，阮玲玉知道要成為一名真正的好演員，就必須拓寬戲路、多演不同的角色。阮玲玉對周淑貞一角非常傾心，她從這個人物身上看到自己的某些影子：她曾經也像周淑貞一樣遭受過歧視和欺侮，如今也像她一樣走上了自立的道路；她欣賞周淑貞的與人為善和識大體，又不糾纏於兒女情長中。正是感覺周淑貞為人的可貴、性格的獨特，阮玲玉產生了要扮演她的強烈願望，並自信自己能夠演好。

於是，她便主動地找到卜萬蒼，向他懇切地提出了要求：

「卜先生，周淑貞一角定了嗎？我想演這個角色。這個角色對我太重要了，我希望能有一個全新的銀幕形象。如果影片失敗，我願負擔賠償因我所受的全部損失。」

卜萬蒼知道阮玲玉從不跟別人爭角色，這次她肯定有想法，怎麼辦呢？卜萬蒼有些為難。但是阮玲玉執著的請求，感動了卜萬蒼。卜導演答應盡力為阮玲玉爭取，他相信阮玲玉是能演好這個角色的。

阮玲玉終於用自己的真誠和決心爭取到了周淑貞這個角色，她不敢掉以輕心，她用心揣摸劇中人物的思想感情、性格特徵，對周淑貞這個人物形象揉進了自己的理解和感悟。

她也有過人生痛苦的經歷，有過奮鬥的歷程，影片中有一部分描寫電影界的事，她又是那樣的熟悉和親切。她以充滿激情而又純樸自然的表演使周淑貞這個形象樹立了起來，並在銀幕上大放光彩。

一九三三年元旦前夕，由聯華公司拍攝的這部左翼電影——《三個摩登女性》在上海的北京大戲院、上海大戲院同時上映。到了一九三三年初，《三個摩登女性》即成為整個影壇為之轟動的作品，也給危機四伏的聯華公司增添了新的活力。

阮玲玉終於跳出自己原來的表演路數，以一個特具個性的勞動女性的形象、體現出了她令人驚異的表演天才，從而也更增強了她在表演上的自信，為她今後進一步拓寬戲路打開了新局面。

《三個摩登女性》在中國電影史上有著不可替代的獨特地位，它以左翼電影運動的先聲而被載入史冊。

也許是因為周淑貞形象的感染吧，阮玲玉拍完《三個摩登女性》後，心情也好了許多，她開始憧憬著新的生活、新的天地。

《三個摩登女性》如炸彈般落於中國影壇，「新電影」概念開始呈現於觀眾面前。尤其是作為該片女主角阮玲玉的表演更是富有光采，她在片中很完美地塑造了一個富有愛國思想的、自立奮發的女性形象。這和阮玲玉以往扮演的墮落女性或苦命的女性，有著很大的不同。

比如她表演淑貞在電話機前接線的神態——頭髮雖然燙過，卻梳得樸素大方；布旗袍也顯得整潔嚴正，一雙眼神安詳、誠摯、含有深意；欣喜時臉容上流露出一絲會心的微笑，而有別於以往影片中的「嬌笑」、「媚笑」。

阮玲玉在她的每一部影片裡，並不去重複過去的角色，相反，她沉浸在新的角色創造的快感之中，尋求著一種新的形象美。

在阮玲玉的藝術生涯中，這是她唯一一次自己主動找導演要來、爭來的女主角。她從未挑剔過配戲演員的長短得失。在與對手合作過程中，更多地要求自己主動積極、合乎人物關係。如碰到男演員有些畏縮，她卻常常是大膽、真實地進入角色之中，該動情時就含情脈脈，該擁抱時就撲上去……哪怕是拍一張劇照，她都是認真主動的。

《三個摩登女性》與隔年費穆執導的《城市之夜》，於一九三五年為美國紐約影業公司以重資賃去。在美國公映時，大為轟動。每片開映期往往延長至半個月，猶有人滿之患。當時，紐約各家報紙，盛讚中國默片含意深遠，並饒有時代色彩。同時對阮玲玉的演劇天才，備加讚美；又對她青春夭折，甚表惋惜。

謎13

「電影皇后」選舉，胡蝶奪冠，其中有詐？

在三十年代的上海灘，隨著電影的影響越來越大，電影明星的地位也越來越高，狂熱的追星族已經出現，各種高級社交場合，明星和政商要人平起平坐。對明星崇拜煽風點火的則是大量出現的市民報紙和電影報刊，有關電影的活動越來越多，其中最轟動的應算一九三三年「電影皇后」選舉活動。

說到三十年代的上海灘，一如今天的日本，美少女已經成了有閒大眾崇拜的對象，翻開有關上海的「老相冊」，常可以看到女校學生身著清涼的照片，甚至當時的火柴盒上也有各家名媛的畫像。

在這樣的衣香鬢影中，年輕的報人陳蝶衣為了打開自己新辦的《明星日報》的銷路、而想出了「票選電影皇后」這一招。儘管這個點子不是首創（至少一九二六年上海已經有過一次「電影皇后」的評選），卻實在是一次成功的炒作。

《明星日報》由當時上海《新聞報》名編陳蝶衣在一九三三年一月創辦，售價大洋一分，是中國最早的頗有影響的娛樂報紙。「電影皇后」選舉是該報聯合《大晶報》和《鐵報》共同發起的活動。

陳蝶衣原名陳哲勳，著名報人、填詞人。除《明星日報》外，他還是著名雜誌《萬象》的創辦人之一。移居香港後，他先後創作了《秋瑾》、《紅樓夢》等劇本。陳蝶衣還是流行歌曲之王，《南屏晚鐘》、《鳳凰于飛》、《我的眼裡只有你沒有他》、《情人的眼淚》、《春風吻上我的臉》等經典華語流行歌曲的歌詞都出自他的手筆，曾獲香港創作人協會終身成就獎。其子為著名指揮家陳燮陽。當然這些都是後話了。

當年，民國時期的小報競爭激烈，陳蝶衣十五歲就在《新聞報》做實習生，二十歲在編輯部作校對，逐漸在辦報上摸索出了一點經驗。隨著中國電影的發展，陳蝶衣就想能不能辦一份與電影、娛樂有關的報紙。可《明星日報》問世後，並沒有達到預期的銷售量，雖賣大洋一分也還是賣不動。

有一次，陳蝶衣下班回家，路途候車，聽得幾個人議論胡蝶與阮玲玉誰更美，爭執不下，竟吵了起來。

這件事給了陳蝶衣一個啟發：既然是「明星日報」，為何不搞個選美活動，這樣不是能與大眾共鳴互動嗎？有了這個想法，陳蝶衣馬上行動，把這個選美活動定為「電影皇后的選舉大賽」。

從現有的資料中，我們無法獲知類似於「明星票選」、或者「選美」這樣的活動、最早是出現在哪個國家？但可以肯定的是，中國歷代的民間野史中似乎都少不了天子遴選民女進宮這樣的章節，並衍生出了「看板」、「摸玉」這樣的專業詞彙。假如封建皇帝還在的話，他會不會利用媒體的方便和普及，來為自己選妃呢？

「選美」活動一直持續了兩個月。為了刺激更多讀者參與進來，陳蝶衣還想到一個妙招，就是把投票讀者的名字與明星的票選同時刊在每天的報紙上，這樣一來，讀者在看報時，會更關心選舉的進程。也許是讀者覺得自己的名字居然能和偶像的芳名並列一處，大受刺激，於是紛紛激起了投票的動力。「選美」活動聲勢漸漸浩大，《明星日報》就此以另類之道走向主流，時至今日仍被人尊為「中國最早的專業娛樂報紙」。

在這期間，明星公司的胡蝶、聯華公司的阮玲玉及天一公司的陳玉梅，得票遙遙領先其他演員。

一九三三年二月二十八日，《明星日報》報社邀請了各界名人及律師在上海北京路大加利萊社舉行了「影后」選票揭曉儀式。

結果，明星公司的胡蝶以二萬一千三百三十四票列第一，榮登「電影皇后」的寶座；天一公司的陳玉梅和聯華公司的阮玲玉分列第二和第三位。

選舉過程中，當時最著名的三位女星，明星公司的胡蝶、聯華公司的阮玲玉、天一公司的陳玉梅，票數非常接近，三家公司當家花旦間的競爭異常激烈。但到了二月二十八日晚上，在《明星日報》揭曉儀式上公佈的結果，卻是胡蝶以二萬一千三百三十四票獲勝，足足領先第二名陳玉梅一半有餘。

不過我們沒有理由懷疑其中有詐，因為選舉過程和揭曉程序有各界名流四十多人公證，且有律師監督開票，而且從當時的綜合實力來看，胡蝶的風頭在大眾中也確實高人一頭。她的名字被註冊成香煙品牌不說，本人還被當做中國演員的代表送去歐美列國周遊考察了一圈，回國之時歡迎隊伍人山人海。這些都大大提高了她的知名度。

選票揭曉後，原來準備再單獨舉行一次盛大的「電影皇后加冕典禮」，因胡蝶本人一再謙辭，只好將加冕典禮和「航空救國遊藝茶舞大會」結合在一起進行。由此也可以看出胡蝶為人內斂謙和的一面。

「航空救國」自然要比「電影皇后加冕」來得光明正大有意義。藉著這樣的名頭，頒獎舞會上冠蓋雲集，既有吳鐵城、潘公展這樣的政界要人，也有杜月笙、虞洽卿這樣的商界大佬，論規格不在後世任何一次選美之下。授予胡蝶的證書上，一篇授獎辭寫得駢四驪六，內中更有「女士名標螭首，身占鼇頭，倏如上界之仙，合受人間之頌」的詞句。

大會於三月二十八日下午二時在靜安寺路大滬跳舞場舉行。由於事關「救國」，「大滬」的經理免費出借會場並免費供應茶點。屆時會場門口懸掛著「慶賀胡蝶女士當選電影皇后，航空救國遊藝茶舞會」的橫幅，場內擺滿了各界贈送的大小花籃兩百多個。不到兩點鐘，門外車水馬龍，門內人如潮湧，於是工部局派來了多名巡捕在會場門口維持秩序，救火會出動救火車一輛預防意外。

由於胡蝶正患眼疾，所以五時才到會。當新誕生的電影皇后終於在臺上出現時，會場上立即出現了一個高潮。

幾位社會名流致賀詞之後，大會即將「電影皇后證書」當場授與胡蝶。

半個世紀之後，胡蝶在回憶錄中對自己當選影后之事曾經做過簡要的記敘：

一九三三年另一件有趣的事是選舉電影皇后，這是因美國電影女明星瑪麗・皮克福特得了第二屆奧斯卡最佳女演員金像獎後，就有了「電影皇后」之譽。瑪麗・皮克福特來滬訪問後，《明星日報》也在每日報端附印選舉票，把收到的選票放入特製的選舉箱，並且鄭重其事，當眾開票。由於我的票數最多，就得了這個稱號。幾十年來這個像遊戲之舉的稱號一直跟著我，這是觀眾對我的愛護，我卻不敢妄自尊大。

在中國電影史上，這既不是第一次、也不是最後一次選舉「電影皇后」了。早在二十年代中期，張織雲就獲得過「影后」的桂冠。但是，沒有哪一次評選有一九三三年初的這次影響大，究其原因，主要與特殊的時機和候選人有關。

我們現在看看老照片，不難發現，胡蝶的姿色並不在阮玲玉之上，何況阮玲玉本人比照片還要美麗、動人。在過去的一些電影片花中，阮玲玉秀氣中有一種嫵媚，內裡的妖嬈與悲哀的性情並存，是很讓男人迷惑的；反觀胡蝶，她臉盤大，雖是端莊，卻不耐看，甚至稍嫌粗笨。胡蝶並未有天下第一的姿色，卻獨得「第一美女」的稱號，原因何在？

說起來，胡蝶還是比阮玲玉更會做人吧。她們曾經也是在一個公司裡共事過的。在影片《白雲塔》中，當時「明星公司」的導演張石川要胡蝶演一個正派的小姐，要阮玲玉演一個品質比較壞的小姐，原因是導演喜歡胡蝶，因為胡蝶聽話，是有名的乖乖女，讓她咋演就咋演；而阮玲玉卻總喜歡按自己的體會演繹角色，這難免會與導演發生爭執。導演一煩，就不願給她好角色演，甚至後來都不願重用她。當年的阮玲玉也是在這樣的失意之中，才離開「明星」換到聯華公司的。

聯華公司雖也重用阮玲玉，但這個公司的新派人物比較多，更加關注的是演員的表演藝術和影片的藝術品質，而不是「選美」這類帶有娛樂性質的事情。所以，公司也不會花大精力去為阮玲玉做宣傳，甚至買選票。而反觀胡蝶所在的明星公司，則極力吹捧胡蝶，借「選美」之機，大大提高公司的知名度。他們力捧胡蝶，還因為胡蝶的性格好。在影業界各種派別的紛爭中，胡蝶總是保持沉默，不參與意見。她與人相處總是周到友好，而阮玲玉則更情緒化一些。

不管通過怎樣的管道和手段，胡蝶在當選為「電影皇后」之後，得到的實惠是數不盡的。當時的一些雜誌報紙關注胡蝶的一舉一動，把胡蝶的打扮從頭到腳分析給讀者看，以她作為最美麗的範本。如胡蝶的酒渦就成為了美女的標質，她的影像紛紛出現在廣告畫中。這樣的影響甚至一直延續到胡蝶去香港之後，如其丈夫做生意賣的暖水瓶、就一直用「胡蝶牌」作為商標。

——阮玲玉與胡蝶到底誰更美？

多少年來，影迷們的爭論一直沒有間斷過。這幾乎成了一個世紀難題。正如我們問：黛玉與寶釵到底誰更美？

——賈寶玉既為林妹妹的弱柳身牽腸掛肚，也為寶姐姐夏天裡不小心裸露出來的一段雪白豐盈的酥臂而怦然心動。纖秀與豐腴，都是風姿；流麗與端麗，都是美麗。究竟誰更美？只能說是情人眼裡出西施，不同的人有不同的答案。

在時隔一年後的一次「中國十大女明星」評選中，胡蝶當選的是「最美麗的女明星」，而阮玲玉則被選為「演技最佳的女明星」。胡蝶再次成為「民國第一美女」，她的一顰一笑，牽引眾人視線；她的旗袍樣式、髮式妝容，領引時尚風向。總之，在那個年代，胡蝶是眾目顧盼的花魁，而阮玲玉是空谷裡的那朵幽蘭，低了頭可以無人而自芳。

但偏偏那是個胡蝶的時代，阮玲玉被覆蓋在胡蝶的身影之下，原因何在？

不如試想：在賈府，寶釵與黛玉誰更受歡迎？

寶釵在賈府左右逢源，如魚得水，上上下下都稱讚她待人好、行事穩重，賈母誇她：「提起姊妹，從我們家四個女孩兒算起，全不如寶丫頭。」因為寶釵溫和圓通，做得來「世事洞明皆學問，人情練達即文章」。而黛玉沉醉在自我世界裡，與詩書為伴，又有點情緒化，全然不答理人情世故，在眾人看來就顯得愛使小性子、尖酸刻薄。於是，對黛玉，愛她的愛極，遠她的惟恐躲不及，她這種人物始終進不了主流世界，要麼低調了去，要麼邊緣了去。

阮玲玉與胡蝶的性格恰如黛玉與寶釵。阮玲玉以性情行事，胡蝶以人情行事；一個自我任性，一個穩重練達；一個有才，一個有德；一個演戲比做人好，一個做人比演戲好。那麼，人際關係好的那個就是得勝者。（見《柔弱阮玲玉和風月胡蝶：恰如黛玉和寶釵的民國美女》二〇一〇年三月十二日「雅虎文化」）

謎 14

阮玲玉未贏得「電影皇后」大選，原因何在？

在這次「電影皇后」的評選中，阮玲玉名次落後胡蝶，並不是阮玲玉在電影表演藝術方面的造詣不如胡蝶，而是因為其他方面的多種原因造成的。

原因一，這次評選並非專家投票。最多的選票恰恰來自於非知識階層的觀眾，在他們的眼中，胡蝶確實有著別人難以取代的位置；而許多喜愛阮玲玉的知識階層的觀眾對這類的評選活動根本就不感興趣，從而造成阮玲玉失去許多選票。

「當時電影還不太普及；觀眾除青年學生外，以市井中人為最多。比較趣味上傾向低級。在表面上看來，胡蝶似乎聲勢要大一點。而這批人的素質，則遠不如擁阮玲玉者之優。以學生們來說，大概小學生全愛胡蝶，中學生擁阮擁胡各半，大學生則可以說是向阮玲玉一面倒。」（周棄子：《我迷阮玲玉》載《傳記文學》四十五卷三期）

原因二，財大氣粗的「明星」公司的高度重視和大力宣傳使胡蝶具有其他演員所無法比擬的影響力。而「聯華」並沒有像「明星」捧胡蝶那樣刻意去力捧阮玲玉。這使得胡蝶的當選非常順利。

原因三，胡蝶能夠當選「影后」，與她在電影藝術方面的造詣也是分不開的。她所塑造的銀幕形象多為端莊嫻靜的淑女，程序化的表演足以應付。不過如果僅僅就演技而言，阮玲玉是足以與她匹敵的。

當時曾有人將阮玲玉和胡蝶作了一個比較，這個比較雖然不是科學的，甚至有些膚淺，但卻代表了一般市民階層觀眾的普遍看法：

論儀容，胡蝶無阮玲玉之俏麗，阮玲玉不如胡蝶端莊；

論表演，阮玲玉之表演活潑生動，作風浪漫，易惹人喜愛，亦易為人輕視；胡蝶之演技，滯鈍呆板，但態度大方，有人喜亦有人不喜。

拿阮玲玉近期參演的影片《野草閒花》、《三個摩登女性》來說，阮玲玉扮蕩婦像蕩婦，扮鄉女像鄉女……她一舉一動，莫不把劇中人物的個性表現得痛快淋漓。因而她更得注重藝術品味的觀眾所喜愛。

有趣的是，「明星」老總張石川的夫人何秀君當時對阮玲玉也有一個客觀的評價：

「阮玲玉性格直爽、感情奔放，在攝影場上想哭就哭、想笑就笑，非常率真，拍起戲來，表演自然。但她對石川這個大導演的指派並不言聽計從，漸漸地石川對她有些傷腦筋，因此，也就沒重視培養她。」

不管外人怎樣議論紛紛，阮玲玉本人對「影后」評選這類活動並不怎麼放在心上。

好友胡蝶當選，阮玲玉也為她高興。即使胡蝶本人，對當選「影后」一事，看得也很淡，她稱之為「遊戲」。

其實，在評選「影后」的一九三三年初，阮玲玉和胡蝶還都沒有達到她們表演藝術的巔峰時期，代表她們表演藝術最高成就的作品恰恰是在此後的兩年中拍攝出來的。

在此後的兩年中，阮玲玉在「聯華」的「默片」中大展其長，胡蝶則在「明星」的「聲片」中盡顯風流，她倆交相輝映，聲震影壇。她倆還有一個共同特點，就是對電影表演藝術的執著追求，有一份強烈的事業心，她倆的敬業精神是影圈內人士有口皆碑的。

客觀地講，胡蝶比較善於理解導演意圖，對導演是言聽計從的；阮玲玉則有更多的獨立思考，注重體驗角色的心理，因此，阮玲玉的表演往往比胡蝶更具個性，也更具藝術魅力。

身為「電影皇后」的胡蝶，自己也曾承認在演技上不如阮玲玉——「阮玲玉演得了我的角色，但我演不了她演的角色。」

事實也的確如此。在默片時代，阮玲玉是個感情非常細膩的「本能演員」，她能絲絲入扣地體味角色的情感，無聲卻有神，她用眼神、表情、肢體動作等、細緻入微地走進角色的故事與內心世界。

以阮玲玉的代表作《神女》為例：阮玲玉以精湛的演技把一個品格崇高的母親與一個地位卑微的妓女奇蹟般地融合為一體，演到人物的靈魂深處，觀眾莫不為之震動。後來，在阮玲玉永別影壇後，《神女》又被改編成《胭脂淚》，由胡蝶來重演。胡蝶的表演固然溫良敦厚、嬌媚風雅，但她似乎無法豐滿地詮釋那個靈肉糾纏的複雜的「母親」角色，以致這部電影反應平平，各方面都沒有超過當年的《神女》。

謎 15

與阮玲玉同時代的「影帝」是誰？

除了《明星日報》的「電影皇后」選舉外，同年《電聲日報》發起的電影評選活動也是娛樂界頗為轟動的事件。《電聲日報》的選舉共選出了中國十大電影明星、外國十大電影明星等。

其中中國十大明星選舉的結果，以得票數多少依次為：胡蝶、阮玲玉、金焰、陳燕燕、王人美、高占非、黎灼灼、陳玉梅、鄭君里、黎莉莉。

《電聲日報》的這次「十大電影明星選舉」，是男女混選，也使得進入前十名者更為不易。其選舉結果應該說基本上反映出這些電影明星在觀眾中的知名度和在影壇中的地位。

其中金焰儘管只排名第三，卻是男演員中排名最高的，因此他也就獲得了「電影皇帝」的稱號。

一般來說，三十年代初中國電影的表演，還處在比較幼稚的階段。中國電影女演員的出現，本來就比男演員要晚（剛開始的女角往往都是由男演員反串扮演）。後來，當電影女演員開始登上銀幕之後，也大都以容貌、形態來取悅觀眾，離真實地塑造、刻劃人物相去甚遠。

阮玲玉可以說是中國電影史上重視塑造各種女性形象的最早的女演員之一，特別在她成功出演了《故都春夢》、《野草閒花》之後，人們更是對她刮目相看了。她的確是一顆日見光彩、前途無量的影星，觀眾心目中的「無冕影后」。

謎16

成名後的阮玲玉月薪幾何？

阮玲玉自轉入聯華公司後，在演藝事業上得到了順利發展，給她也帶來了經濟收入的好轉。一九三三年，阮玲玉的月薪已經達到七百元。此外，每拍一部電影還有一筆可觀的酬金，加上其他的廣告等方面的收入，足以讓阮玲玉過上中產階級以上的生活水準。僅從阮玲玉已經自備小汽車、雇傭自己的司機這件事上即可見一斑。

只是出名後的阮玲玉與其他明星相比，她的生活還是相當樸素的。阮玲玉的衣著雖然很入時，卻只是款式裁剪講究而已，衣料並不昂貴。一般明星都好穿高跟鞋為時髦，阮玲玉卻只穿平底繡花鞋。平時她接人待物也頗為平易溫和。正如阮玲玉對記者講的：「我今雖然集幸運於一身，但總不忘往日之飄零。」

謎17

阮玲玉藝術成就最高的三部代表作是什麼？

就我們現在所能看到的阮玲玉後期影片裡，以《故都春夢》（一九三〇年）、《神女》（一九三四年）和《新女性》（一九三五年）三部為最有藝術光彩、最有代表性。也有少數評論家將《小玩意》代替《故都春夢》入選「三強」。《小玩意》是孫瑜編導的「抗日救亡三部曲」之一，思想意義比較突出。如果從藝術價值的角度來衡量，筆者還是主張投《故都春夢》一票。

一九三三年，孫瑜開始編導他的「救亡三部曲」（《野玫瑰》、《小玩意》、《大路》）之一的《小玩意》。

阮玲玉向他表達了再度合作的意思，孫瑜欣然同意她扮演影片的女主角葉大嫂，還決定邀請她的養女妙容在片中扮演葉大嫂童年的女兒——珠兒（長大後的珠兒由黎莉莉扮演）。

讓我們先來看一下《小玩意》的故事梗概——

美麗的太湖邊，座落著美麗的桃葉村。村裡有一戶姓葉的人家，男主人老葉是個漁民，女主人葉大嫂，原名葉秀秀，以做各種手工小玩意謀生。小女珠兒活潑可愛。

內戰爆發後，葉大嫂在一年之內失去了丈夫和幼子。為了躲避內戰，她帶著小女珠兒流落到了上海，在北站附近搭了個草棚棲身，仍靠做一些手工玩具謀生。

十年光陰艱難度過，珠兒長成了一個漂亮的大姑娘。她繼承了母親的手藝，還能做出許多新鮮的手工玩具。

不久，上海「一・二八」事件爆發，中國的十九路軍英勇抗敵，珠兒勇敢參加戰地救護，不幸犧牲。

寒冷的除夕之夜，家破人亡的葉大嫂還在沿街叫賣她的「小玩意」兒，忽然，街頭響起了慶祝春節的爆竹聲，葉大嫂以為戰爭的槍炮聲又起，當街大呼：「敵人又殺來了！大家一起出去打呀！……中國要亡了……快救救中國呀！……」路人卻厭惡地指著她說：「那個女叫花子又瘋了！」……

影片反映了中國動亂社會十幾年中的風雲變化。阮玲玉扮演的葉大嫂也隨之從青年女性成為中年婦女。

阮玲玉年僅二十三歲，還是第一次飾演這種類型的人物。從創作思想上看，她已擺脫了當時一般女明星的愛美心理，她不以外形動作和形態美來吸引觀眾，而是著眼於人物精神世界的創造。隨著劇情的開展，一步步地揭示人物的心理深度。

在影片中可以看出，阮玲玉不僅有表現人物的嫻熟技巧，而且有很高的審美追求。葉大嫂的一生是悲苦的：在帝國主義侵略、軍閥混戰、民不聊生的黑暗社會，她遭到破產、亡夫、失子的一連串打擊，最後，連唯一的女兒也死於抗日的戰火中。而阮玲玉沒有一味地去演人物的悲苦、自我憐憫，而是不卑不亢，突出了葉大嫂這個人物堅強不屈的樂觀性格。

阮玲玉在《小玩意》中，演得最出神入化的地方，還是在影片的結尾部分——

某年春節，葉大嫂在身遭家破人亡之後，流落在春花舞場門外的街頭，猛聽見爆竹一聲巨響，誤以為敵人殺來了，精神失常地高呼：「中國要亡了……快救救中國！」她指著那些沉醉在燈紅酒綠中的男女：「我所說的是你！是你！……」

雖然葉大嫂的語言是用字幕打出來的，可阮玲玉對於她那種對侵略者懷有深仇的瘋狂心理和扭曲的神情，掌握得恰到好處。影片用幾個中、近景，拍攝了人群中的葉大嫂大幅度擺動身肢和凝視失常的眼神，顯示出阮玲玉已完全沉浸在角色之中——透過她的眼神，一幕幕敵人摧殘、殺害中國人的慘劇在重現，透過她自己製作的小玩意——拿著武器的士兵去衝鋒陷陣的幻覺，有力渲染了她的愛國激情。

謎18

誰冠以阮玲玉「默片時代中國女星第一人」？

權威大導演孫瑜當年曾在《聯華畫報》上發表文章說：「阮玲玉的卓絕演技霸佔了中國影壇十幾年以來的第一位。」

在阮玲玉去世二十多年後，他又寫文章懷念阮玲玉，對她的表演藝術給予了更高、更準確的評價：「阮玲玉的天才演技，是中國電影默片時代的驕傲。」

阮玲玉在她同時代的電影女明星中，她的銀幕形象被稱為「輕盈敏捷、婀娜多姿」。阮玲玉的藝術生活，整個是處在默片時期。默片中的演員，只能借助字幕表示人物的語言。所以默片時代演員的表演形式，不可能像現在這麼豐富，這就更多地要求演員在表演角色時，不僅需要豐富的面部表情，而且需要身體靈活，氣質優雅，以加強整個場面的感情、藝術效果。

縱觀阮玲玉所拍攝的影片，她是很能領略其中之精髓的。在生活中，她一方面愛跳舞，注重形體健美訓練；另一方面，在飲食等生活習慣上也甚為注意保健。

阮玲玉訓練、愛護自己的形體，一方面適應了默片時代演員以造型、動作為主要表演手段的需要，更重要的是，使她在扮演各種角色時，具有較大的適應性。她不像當時一些體態過於豐碩的女演員，只能演富家女性，不能扮演貧家女子；只能演城市女性，不適宜扮農村婦女。阮玲玉卻不受此限制，演一類人有一類人模樣。

趙丹在生前曾這樣稱許阮玲玉說：

穿上尼姑服就成為尼姑。換上一身女工的衣服，手上再拎個飯盒，跑到工廠裡的女工群裡去，和姐妹們一同上班，簡直就再也分辨不出她是個演員了。

鄭君里回憶說：

她的演技熟練、樸素而自然，絲毫沒有雕鑿的痕跡。每個人物都烙印著她特有的清麗、優美的表演風格，具有強烈的藝術魅力。既使她扮演一個庸俗的「交際花」，需要時，也有一種脫俗的韻味。

謎19

阮玲玉主演的《神女》為何能排名中國電影九十年之冠？

在中國電影史上，你必須知道阮玲玉，阮玲玉的影片《神女》是必須要看的。《神女》，中國早期默片的巔峰之作，在中國電影史乃至世界電影史上都佔有重要的位置。

這樣一部傑出的影片卻出自一位名不見經傳的美工師之手，而且是他導演的處女作。你相信嗎？

這位美工師就是吳永剛。當年的吳永剛，他的腦海裡有一個街燈下的女人始終揮之不去，為此他畫了一幅畫，就叫《街燈下的女人》。不久這幅畫演變成了影片《神女》。初出茅廬的吳永剛與大牌影星阮玲玉合作得非常愉快，這令他很感動。

《神女》向觀眾展示的是一位身處都市社會底層的下等妓女的生活遭遇：

一個年輕的女性，在環境的逼迫下靠出賣肉體來養活自己和孩子。一天晚上，她為躲避員警的追捕而誤入流氓章老大的住處，從此被章老大所霸佔。她曾經想找一份正當的職業，但到處都是失業的人群；她也曾經想擺脫章老大的糾纏，但又因章老大以傷害她的孩子相要脅而沒能逃脫魔掌。為了使孩子受到正常的教育，她把孩子送進了學校，並偷偷地攢下了一筆錢。然而孩子的身分最終卻為校方所不容。當她打算和孩子一起離開，到一個「沒有人認識」的地方去的時候，卻發現她藏在牆洞裡的血淚錢已被章老大拿去賭錢了。她趕到賭場，在激憤和絕望中，順手抄起酒瓶砸向章老大。結果，章老大被砸死了，而她自己則進了監獄。在獄中她苦苦思念著自己的兒子……

搞美工出身的吳永剛，在影片的畫面造型和鏡頭運用上都非常講究，使這部影片具有很強的視覺藝術性。阮玲玉的出色表演也為影片增色不少。她演活了一個被侮辱與被損害的、善良而崇高的下層婦女形象。在影片中，阮玲玉通過其細膩的面部表情（尤其是眼神）和她的形體動作，在看似不經意之間，準確地傳達出人物思想感情，細膩地表現出人物豐富的內心世界，達到了此時無聲勝有聲的效果。

如果說阮玲玉代表著中國默片表演藝術的最高水準，那麼《神女》則是她本人表演藝術生涯中的顛峰之作。

《神女》具有明顯的批判現實的意味。通過影片，吳永剛表達了他對於生活在社會底層的弱者的深切同情和對無私母愛的讚美。他在〈「神女」完成之後〉一文中說：「在上海，尤其可以見到這種現象：她們被人蹂躪，被人唾棄，被當作榨取金錢的工具，過著非人的生活。這是整個社會的問題，這是社會經濟制度的病態。」

一九二五年，十八歲的吳永剛來到上海，在百合電影公司當了一名美工練習生。吳永剛一面做美工，一面悉心鑽研電影藝術和技術，觀察導演拍片和觀看外國影片，觀察和研究當代的社會生活及新聞事件，在大量的知識積累中擴大了視野，獲得許多感性知識。

《神女》的故事情節就來源於現實生活中發生的一個新聞事件——一個城市的普通婦女，迫於要撫養她幼小的兒子，忍辱出賣肉體。結果一個流氓不僅佔有了她，還要奪取她全部的「賣身錢」，她在忍無可忍之下，將他打死，最後被法院判處十二年徒刑。

劇本完成後，吳永剛想得最多的就是：《神女》必須要選擇一個上好的女演員來擔任主角。

此時，他首先想到的是演技好、戲路寬的阮玲玉。但他又顧慮重重——因為阮玲玉從拍完《三個摩登女性》、《小玩意》等影片後，聲譽日隆，她能與一個初出茅廬的青年導演合作麼？

吳永剛不敢直接向阮玲玉請求，而是轉了個彎，請電影廠負責人黎民偉代為提出。吳永剛帶著一種惴惴不安的心理等待著。不久，黎民偉轉告吳永剛說：阮玲玉答應了，她說：「沒關係，讓我來演好了。」

由於有了阮玲玉的參加，吳永剛進一步增加了拍好《神女》的信心。因為在此之前，吳永剛作為「聯華」的一位美工師，曾經無數次在攝影場上看見過阮玲玉在攝影機前的表演，他認為她入戲快，反應力非常快，有著非常敏捷的感應力，如同一張感光最快的底片；她對於工作是聰明而誠懇，待人接物使人感到像是一團和煦的春風。

阮玲玉在《神女》中扮演的那個連名字都沒有的、神容黯淡的下等妓女，既沒有嘉寶演《茶花女》的雍容華貴、珠光寶氣，又沒有費雯麗演《魂斷藍橋》裡的瑪拉那麼嬌美誘人、脈脈含情。她，只是一個從來沒有被人愛過疼過、從來沒有嘗過人間溫暖的下等妓女——容貌既不驚人，衣著更不華貴——似乎這種女性應該自始至終愁眉苦臉、哭哭啼啼的吧？然而她的臉上不僅笑了，而且常常掛著各種不同的笑臉，如苦笑、慘笑、假笑、哀笑、淒笑……而當有人安慰她時，她卻哭了。……

在《神女》中，阮玲玉從第一個鏡頭起，步態、面容、情緒、細節，都演得那麼從容、自然、準確，卻又不是瑣瑣碎碎、斷斷續續的；一皺眉，一昂頭，一舉步，一個眼神，都是人物整體中有機聯繫的一枝一葉。

這種對人物的整體把握和表達的能力，體現出阮玲玉的表演藝術已進入成熟的境地；她已不是摹仿生活，而是在創造生活；她已不是表演人物，而是在創造人物。總之，阮玲玉在《神女》中創造的女主人公、已超越了一般表演上的真實、質樸、自然，達到了創造完整、豐滿形象的性格化表演的高峰。

下面，我們具體說一說在《神女》裡，有三次表現「神女」上街賣淫的鏡頭——

第一次：她初次出街，來到昏暗的路燈下，從人物的眼神、面容、步態，尤其是抽煙、吐煙圈的細節，活畫出她被迫從事這一不幸「職業」的無奈之舉。但阮玲玉並不以這些表面的、外觀的真實為滿足，而是在細微的瞬間、在面容的變化如緊閉一下嘴唇的表情中，顯露出她內心的委屈、無奈和痛楚。這都是在極短的鏡頭中完成的，反映了阮玲玉感情變化迅速、明快的特點，使得人物在具有真實可信的同時，具有了深度和厚度。尤其令人驚訝的是，阮玲玉在步態的運用上，像出色的音符那麼準確、傳神：如表現她出賣肉體掙不到錢，而在當鋪門口徘徊時，進退兩難的步態；當寒夜過去，熬到黎明，她拖著疲憊的步子緩慢，沉重地上樓——這一步態，既反映了她身體的勞乏無力，更表現出她心靈的悲切無望。在畫面中，阮玲玉有時是以背影出現，卻給人以勝過正面、勝過語言、勝過面部表情許多倍的感染力和想像力。

第二次：她在街上賣淫時，遭到巡警的追捕。慌忙之中，她竟誤撞入那個高大肥胖的流氓房裡。她如同一隻小雞似地，剛逃過豺狼的追逐，又落入餓虎的巢穴。驚魂未定，神色惶恐，她向流氓發出一絲希望的祈求。流氓掩護了她，把員警打發走了。她神色略顯安定，流氓又強迫她留下過夜：「你應當怎樣來謝我？今天別走了！」她聽了他的話並不聲響，平易的外表隱含著內心無比的屈辱和痛苦。此時，她在一個較長的搖鏡頭中，默默地向裡面走去，跳到桌上坐著，還用一隻腿搭在木椅上，她向流氓要了一支煙，在指甲上磕了磕煙絲，熟練而又從容地吸著……在阮玲玉的臉上，我們沒有看見她啼哭、悲切的表情，然而在她這種默默地、連續不斷的形體動作中，在她那淡淡的、冷峻的目光後面，卻使人感到她有無數比啼哭、悲切更深沉的心理語言，此時無聲勝有聲！

第三次：阮玲玉只是以她特別的步態，向嫖客走去——鏡頭中是她的腳的特寫。簡簡單單的、樸素的幾步，暗示出她一次次出賣了自己的肉體，幹著最不幸、最可恥的勾當。電影表演不可能在每個鏡頭中，全都顯露演員的面部和肢體，但在局部鏡頭中，也要緊緊聯繫著人物整個精神狀態。在這一小節鏡頭中，雖然只是雙腳走動的特寫，可它是有主體感覺的、有生命的。阮玲玉不僅眼睛有戲、臉上有戲，連腳步都十分有戲，觀眾也完全可以想像出阮玲玉當時那似笑非笑、欲哭無淚、楚楚可人的豐富神情。

以上這三次賣淫細節的表演處理，鏡頭都不算太長，阮玲玉卻在有限的篇幅裡，在默默無言的動作中，以及在細微變化的表情裡，活現出一個舊上海灘上、生活在最低層的妓女血淚史。她演得既有下等妓女賣笑的職業特點，又演得那麼含蓄，毫不給人一種感官上的生理刺激。

阮玲玉表演貌似醜惡的生活現象，卻留給人們美的藝術享受。這正反映出她的美學觀、藝術觀的日趨成熟。

在此之前，阮玲玉曾在《玉堂春》、《故都春夢》、《人生》等影片中，成功地扮演過多名妓女的角色，唯獨在《神女》中，塑造了一個更深層次的、富有哲學意味的藝術典型。

阮玲玉在這一角色身上所追求、所探尋的，有更為重要，更具特色的另一面，那就是她在第一場裡就定下的基調——崇高而無私的母愛。正是流動於她心靈之中的這種複雜的母愛，使神女的形象發出了與眾不同的異彩。

在影片中，孩子才是「神女」的歡樂、安慰和希望。她既是一個每晚淪落街頭的妓女，又是一個有著偉大母愛的溫柔賢淑的女性；正因為她充滿了偉大的母愛，她才淪喪十字街頭；她的肉體雖然可以屬於這世上的任何男子，可她的靈魂卻只屬於她的孩子；當她一抱起孩子時，似乎在靈魂裡，便純潔得沒有一絲污穢、沒有一絲雜質。

人們不能不感到驚訝：阮玲玉竟能有這樣的天才——將最不幸、最痛苦的情感和最崇高、最豐富的母愛揉和在一起；竟能從一個最下等的「神女」身上，發掘出最無私、最純潔的母愛之光；竟能從最尋常、最普遍的日常生活中，昇華出一種真善美的藝術境界。

人們從心底發出由衷讚歎：在三十年代初，中國早期女演員的表演大都還受著文明戲、形式主義、刻板化的束縛時，阮玲玉卻邁出了現實主義表演藝術的極寶貴的一步。

從內心到外形，從動作到表情，她都能做到如此自然、和諧、清新、質樸，她力求現實感、生活感而不流於瑣碎，她注重人物的性格刻畫，注重人物形象的整體。所有這些，與同一時期的國際女星相比，阮玲玉是毫不遜色的。

導演吳永剛，在和阮玲玉合作拍片後，更領略到她表演技藝之精深。在拍攝《神女》期間，紛紛有人來參觀拍片。一九三四年十月間，「聯華」總經理羅明佑同當時的實業部長陳公博、商務局長何煒賢前來片場觀摩。阮玲玉微笑與他們一一握手、交談，而當她往鏡頭前一站，她又毫無影響地投入到劇情中去。阮玲玉在鏡頭前，有一種驚人的信念感和想像力，瞬間，她即能投入角色的心緒情感之中。

還有一次，她這方面的表現更為突出：在拍攝她進監獄一場戲時，正好有一群廣東老鄉遠道趕來片場看她拍戲。她熱情接待他們，親暱地與他們交談著。等到拍攝現場一切安排就緒，導演吳永剛擔心她馬上進不了戲，可她卻愉快而愜意地說：「不要緊不要緊，開始吧。」只見她在「監獄」的鐵欄杆前一站，定了定心，當攝影機開動時，她早已進入了角色：憤懣時，面容分外淒苦；悲傷時，兩眼淚如雨下——使在一旁參觀的老鄉對她的表演倍感同情。尤其使人驚奇不已的是她的眼淚來得那麼自然，使參觀的人忘記了她是在演戲，而陪她掉下了眼淚。

吳永剛深感阮玲玉卓絕的表演天才，稱阮玲玉是「感光最敏銳的底片」，無論有什麼要求，只要向她提出，她都能馬上表現出來，而且演得那樣貼切、準確，恰如其分。

「有時我對角色想像和要求還不如她體驗的細膩和深刻。在拍片時，她的感情不受外界干擾，表達得始終是那麼流暢、逼真，猶如自來水的龍頭一樣，說開就開，說關就關。」（吳永剛語）

一九三四年十二月，《神女》與廣大觀眾見面了。該片得到了各方好評與無數觀眾的喜愛，被稱為是當年最好的國產片，有的影評甚至稱之為「中國影壇奇異的收穫」。

吳永剛在拍攝了默片《神女》（一九三四年）之後，於一九三八年又重新拍攝了和《神女》內容幾乎完全一樣的有聲片——《胭脂淚》。這雖是後話，但事關重要，在此不得不提。

拍《胭脂淚》時，阮玲玉已去世三年，該片的女主角由「影后」胡蝶扮演。其他配戲的主要演員儘量保留（如飾演孩子的黎鏗，扮演流氓的章志直等），場次、鏡頭的分切等處理也基本忠實於《神女》。

有聲片《胭脂淚》問世後，影片有一定的影響，但遠不能與阮玲玉當年的《神女》相提並論。人們難於忘懷的還是阮玲玉在《神女》中那纖弱靈巧、造型優美的形體；更難於忘懷的是她那悽楚、冷峻的眼神，不動聲色，卻此時無聲勝有聲的豐富的內心世界——這一切的美，在人們心中是永恆的。

隨著歲月的流逝，《神女》的藝術成就越來越為後人所重視，該片既是阮玲玉從影史上的巔峰之作，也是中國電影史上不可多得的佳作——直到一九九五年中國電影誕生九十週年之際，《神女》仍被評為九十年來十大國產佳片之首。

半個多世紀過去了，中國的觀眾和電影界的同行們，仍然為阮玲玉、為《神女》所傾倒；而世界各國的電影專家，竟也像發現了一顆彗星似地讚歎阮玲玉和她的《神女》發出的異樣光輝。

法國的揚・托平說得很中肯：

> 吳永剛的《神女》，是中國最後幾部默片之一。……女演員那種憂鬱的美和樸實無華的演技，經導演處理後發出了異樣光輝。一種淡淡的哀愁緊隨著她的步履和眼神，在表現得最精彩的時候，不禁使人想起法國導演帕勃斯特的作品。當她與富於同情心的校長會見，校長因她是妓女而不能再收留她的兒子做學生時，感人的情緒達到了頂峰。

義大利的加尼・隆多里諾的評價也符合實情：

> 影片《神女》是一名妓女的寫照，這在美國或法國同一時期拍出的影片中已出現過千次，但影片《神女》卻是有獨創性的，是深刻的、中國化的。
>
> 自然，這種獨創性，首先要歸功於阮玲玉高超的表演藝術。

謎 20

阮玲玉曾多次拒絕「第三個男人」蔡楚生？

一九三四年初冬的一天，「聯華」公司的一名劇務給阮玲玉送來一張紙條：

阮小姐：

請明日到導演辦公室來，有要事相商，切記，切記！

蔡楚生即日

阮玲玉接紙條後有點不知所措，不知道蔡楚生要找她是有什麼事情，她心想：「他找我幹什麼，難道又要我拍那些我不想拍的電影？」

蔡楚生是一九三一年加入「聯華」公司的，而他到「聯華」後導演的第一部電影的調子是低沉的，那時恰逢抗日情緒高漲，因而引來了一些輿論的批評。

蔡楚生獨立執導的第二部影片是《粉紅色的夢》，影片中濃重的胭脂氣與國難當頭人民在痛苦中呻吟的時局尤其顯得格格不入。故此，蔡楚生所導演的這兩部影片不但票房價值不高，而且引起人們的反感。

這最初的兩部影片，蔡楚生都曾邀請過阮玲玉主演，只是當阮玲玉接到劇本時，發現劇本裡的角色並不適合自己，同時她對剛剛開始導演生涯的蔡楚生的能力也不是很瞭解，擔心做不好會將自己辛辛苦苦奮鬥而來的名譽毀於一旦，因而兩次婉言拒絕了他。

《都會的早晨》是一九三三年蔡楚生編導的標誌他思想轉變的力作。該片通過對生長在貧富兩個不同家庭的一對兄弟，所走的絕然不同的人生道路的描寫，透過一系列家庭倫理的衝突，揭示了貧富兩個階級對立的現實。

之後的《漁光曲》是蔡楚生在一九三四年編導的、他最負盛名的代表作之一。在海邊長大的蔡楚生，在這部片子中通過對他所熟悉的漁民苦難生活以及青年知識分子改良中國社會的夢想破滅的描述，用藝術方式展現了殘酷的社會現實。該片於一九三四年盛夏季節公映時，無數觀眾冒著六十年不遇的酷暑去影院觀看，創下了連映八十四天的空前紀錄。

這時候的阮玲玉雖然並不想拍蔡楚生編導的影片，只是生性隨和的她在第二天還是來到蔡楚生的辦公室，蔡楚生熱情地接待了她。

「蔡先生，你今天要我來，有什麼事嗎？」阮玲玉實話直問。

「阮小姐，你大概不會忘記今年年初的艾霞之死吧。」

「當然知道，別提她，一提起她我就歎息，好端端的一個影壇才女，就這樣死去了。」

「阮小姐，你知道嗎？我想把艾霞之死搬上銀幕，女主角艾霞請你扮演。但這只是一廂情願，至於你願不願意，請看完劇本再做定奪。好嗎？」

蔡楚生說著把劇本遞了過去。

蔡楚生提起艾霞之死，阮玲玉是知道的。那麼一個有才華的青年演員，竟然就自殺了。在電影圈內艾霞的名氣也是非常大的，她是當時著名的「作家女明星」之一，而在當時能兼作家與女明星職業於一身的青年女性，實在可謂鳳毛麟角。

生於一九一二年的艾霞，祖籍福建廈門，原名嚴以南。幼時隨經商的父親居於北平，曾就讀於聖心女校。她的學生時代，正值新文化運動的高潮時期，她接受了民主和自由思想的薰陶，並與大學生的表哥相戀。

然而，她的自由戀愛遭到了封建意識濃厚的父親的堅決反對，她的戀人屈服於壓力退縮了。為了追求她所熱烈嚮往的自由，她毅然與家庭決裂，隻身南下，闖進了上海。她改名為艾霞，加入田漢領導的南國劇社，從而開始了她的藝術生涯。

一九三一年，艾霞轉入電影界，加盟天一公司。第二年她被推薦進了明星公司，很快就因主演影片《舊恨新仇》而嶄露頭角。

一九三三年是艾霞生命中輝煌的一年，她在年初創刊的《明星畫報》第一期上發表了一篇很感人的短文，題目就叫做〈一九三三年我的希望〉。

艾霞在這一年的確成了明星公司一顆最引人矚目的新星。她主演的《現代一女性》、《時代兒女》、《豐年》等多部影片連續公映，其中由她自編並主演的、帶有自傳性質的《現代一女性》，更顯露出她卓越的文學才華。艾霞終於獲得了廣大觀眾的認可，《現代一女性》描寫了一個以愛情填補空虛的青年女性，在革命者的啟發下覺醒的故事。在尚有「文盲女影星」的時代，能自編劇本的女影星更顯得難能可貴。

然而，這樣的一位年輕的影壇才女在拍完《現代一女性》後卻不幸再一次陷入了愛情的欺騙之中，她曾歎息：

眼淚同微笑，接吻同擁抱，這些都是戀愛的代價。要得這夠味的代價，這夠味的刺激，就得賠上多少的精神，結果是什麼？無聊。

愛情的失落使艾霞頹喪，而周圍黑暗的現實則更令艾霞憂傷，她失去了繼續活下去的勇氣。一九三四年二月十二日，年僅二十二歲的艾霞服毒自殺了。

艾霞在孤獨和絕望中死去了，然而她死後卻未能得到安寧，一些黃色小報的記者們竟然拿艾霞之死大做文章，將惡毒的污水潑向她，對這位追求進步、嚮往自由的女影星大加污蔑，企圖在死者身上賺取更多的金錢。

謎21

《新女性》為何成了阮玲玉的絕唱？

《新女性》是阮玲玉成熟時期的電影表演藝術代表作。在這部影片中，她的表演達到了一個新的境界：銀幕上的「韋明」與生活中的阮玲玉已疊印在一起、溶化在一起。她不是在表演角色，她是用自己的血和淚、用自己的心靈，凝鑄成一個全新的藝術形象。

在三十年代，婦女要在社會上求得獨立和生存，常常會處在黑暗勢力的包圍之中——特別是對一名電影女明星。艾霞既是一個有才能的演員，又是一個有才能的作家，在上海這個十里洋場、人吃人的社會裡，她終為感情的被騙、經濟的拮据，在抑鬱中憤而自殺。

她死後，某些報刊把這一悲慘事件作為頭條新聞，極盡其添油加醋之能事，在死者身上大作文章，要從死者身上榨取最後一筆收入。更有一些無良記者和黃色小報捕風捉影，把艾霞和蔡楚生的關係寫得非常污穢。這也讓蔡楚生產生了要把艾霞的遭遇拍成電影來反擊那些無德的媒體的想法。他要通過對艾霞之死的描寫來揭露黑暗的現實社會對知識女性的殘害。

艾霞的殘酷遭遇，深深觸動了當時在「聯華」任導演的蔡楚生、李萍倩等人。他們都是艾霞生前的好友，沒有比他們更瞭解、更理解艾霞了。

但當時由於《漁光曲》的拍攝使蔡楚生難以分身，他便邀請同事孫師毅擔任《新女性》的編劇。孫師毅欣然答應，不久，題名為《新女性》的劇本便放到了蔡楚生的案頭。聯華公司決定由蔡楚生擔任該片導演，聶耳負責作曲（其主題曲「新女性歌」後來紅遍大江南北），最好由頭牌明星阮玲玉來扮演女主角韋明。

蔡楚生親自將劇本交與阮玲玉閱讀。當阮玲玉讀完《新女性》後，心情也久久不能平靜——可以說，從來沒有哪一個劇本讓阮玲玉感受到如此巨大的震動。

劇本中的那位貧困的女作家，雖與阮玲玉現實生活有一定的距離，但阮玲玉用她的心完全能夠感受到那位貧困女作家的心，阮玲玉相信自己一定能演好這一角色。

《新女性》的女主人公韋明就是艾霞的化身，故事結構有艾霞的真實事蹟，也有虛構的部分——

韋明為了爭取婚姻自主，而離家出走。在韋明生一女兒後，她們母女被男方遺棄了。韋明覺悟到女人不應做男人的奴隸，而應過一種有意義的獨立生活，便來到上海，在某女子中學擔任了音樂教員。

校董王博士覬覦韋明的美貌，對韋明進行百般引誘卻不能如願後，便串通女校長故意辭退韋明，斷絕其生計。

堅強的韋明只好致力寫作，將創作的小說送到書店出版，卻又遭到書店老闆的剝削和黃色報刊的侮辱。生活窘迫萬分的韋明，又遭遇女兒的病危。為了挽救愛女性命，在無助之中，她聽從了一個暗娼鴇母的擺佈，答應去「做一夜的奴隸」，以肉體來換取女兒的救命錢。但她萬萬沒有料到，她要接待的嫖客正是曾經對她百般侮辱過的王博士。氣憤之中的韋明打了王博士一耳光，奔回了家。

失業的痛苦，生活的壓力，女兒生命的垂危，他人的污辱，同學的誤解，壓得韋明再也直不起腰來，就在她的小說出版的時候，她吞下了毒藥。無恥的小報記者幸災樂禍地寫出「獨家消息」，發在當天的晚報上。當韋明一息尚存時，滿街的報販已在大叫：「快看女作家自殺新聞！」「快看女作家的一頁風流穢史！」……

韋明被送進醫院，經搶救她漸漸地醒了過來，但仍沒有活下去的勇氣。這時她的朋友趕來，啟發韋明要勇敢地活下去與惡勢力鬥爭，並把晚報上造謠污蔑她的所謂「新聞」給她看了——〈女作家的一頁穢史〉標題赫然入目！韋明震怒了，並由震怒而覺醒，她用盡全身氣力喊出：「我要活，我要報復！」她要求醫生拯救她，但是為時已晚，她終於含恨離開了人世。

當一九三四年冬季的第一股寒流抵達上海之時，蔡楚生和阮玲玉這兩位著名的電影人，開始了一次在電影史上堪稱典型範例的合作關係。

《新女性》一片是用一種緊湊的快節奏拍攝完成的。它的拍攝週期在短短的兩個多月的時間裡傾注了劇組成員的大量的心血。

作為導演的蔡楚生運用其嫻熟的導演技巧，在女主角韋明身上寄予了他對被壓迫被侮辱的知識女性的無限同情；對於影片中的王博士和小報記者齊為德，則給予了有力的鞭撻。

阮玲玉為了演好韋明這一令她心痛的角色，全身心地投入到了拍片中去。著名影人鄭君里曾回憶道：

在影片《新女性》裡，我記得十分清楚，她（阮玲玉）對角色的準備工作做得非常嚴肅，一反以前在攝影場內談笑風生的習慣。每個鏡頭的排演和拍攝都準備好充沛飽滿的情緒，一絲不苟，特別當她拍女作家自殺的場面時，每個鏡頭都是真情畢露，聲淚俱下，一場戲拍下來，她的神經似乎被震撼得支持不住。

這該算是阮玲玉在表演上最下氣力的一齣戲。可她對於女作家的生活畢竟是有距離的，她雖然決意急起直追，卻不能像對待熟悉的角色那樣駕輕就熟，得心應手。可是，這部影片作為阮玲玉接觸新的思想、新的生活的開端，她對舊的憎恨，對新的熱愛的感情，從來沒有表現得這樣鮮明、強烈而飽滿。

在《新女性》拍攝的同時，由羅明佑編導的《國風》也開拍了。廠長兼導演羅明佑點名要阮玲玉在《國風》中擔任主角。這樣，阮玲玉便同時進行兩部電影的拍攝工作。

黎莉莉在《國風》中與阮玲玉飾演一對姐妹，她經常來觀看阮玲玉《新女性》的拍攝，從中揣摩阮玲玉的表演技巧。儘管黎莉莉與阮玲玉之前已有過幾次合作，她對阮玲玉的表演才華曾多次親眼目睹，但阮玲玉在《新女性》中服藥自殺的那場情真意切的忘我表演，仍使她感受到了強烈的震憾。

後來她問阮玲玉：「你在表演服安眠藥的剎那間，心中想些什麼？」

阮玲玉略想了一下，推心置腹地答道：「很不幸，我也有相似的遭遇，只是我沒有死成。我在演這場戲時，重新體驗了我自殺的心情。在自殺的剎那間，心情是萬分複雜的，我想擺脫痛苦，可是反而增加了痛苦，有很多人的面孔出現在眼前，其中有你最親愛的人，也有你最憎恨的人，每當一片安眠藥吞下去的時候，都會有一種新的想法湧上心頭……」

阮玲玉與黎莉莉在《國風》中

對影片《新女性》的拍攝，對阮玲玉最關注的人要算是導演蔡楚生了。對此他曾撰文說：

> 在《新女性》的合作過程中，我們在生活和工作上看到她（阮玲玉）許多好的表現，也從她的片語隻言中、或通過劇情的矛盾鬥爭她所表現出來的強烈的感情中，看到她內心在贊成什麼、反對什麼，她在嚮往什麼、又在追求什麼；我們都十分敬重她，也為她在思想上的這種進步而高興；但她終究是一個太溫情，感情太脆弱的人，我們又無時不為她的處境而耽無窮的憂慮。

蔡楚生在拍攝《新女性》時，既紀念著艾霞，又十分理解、同情幾乎與艾霞同命運的阮玲玉。他既驚異於阮玲玉表演韋明一角的成功，又從她表演時的眼淚中，領悟到阮玲玉陷於生活的漩渦裡而不能自拔。他感到阮玲玉在演繹角色的同時似乎心裡有許多話要說，而他自己也同樣有很多話要對她講……

他們兩人在共同的理想、共同的追求和共同的藝術創造中，彼此間不由自主地萌生著感情。但現實環境又是不可能、不允許的，他們只有將各自的感情隱藏在內心，抑制在內心。

阮玲玉死後，蔡楚生聆視著她的遺體，更有著不可對人言的深沉的隱痛，他暗自求吳永剛在為阮玲玉守靈時，剪下她的青絲一縷留作紀念，並囑吳嚴守祕密。長期以來，吳永剛果守口如瓶，從不告人。後吳老晚年，覺得這事早已事過境遷，才向世人洩露了此段衷情！

導演蔡楚生在《新女性》這部影片中凝聚了不少的心血，使阮玲玉精湛的表演達到了更新的高度。在拍攝影片過程中，他「憚心竭智，罄力以赴，甚至不顧櫛沐，使這位風度翩翩的年輕導演變得蓬首垢面」（柯靈語）。

與阮玲玉合作過的導演，都能領略到，她既是一個天才的演員，又是十分勤奮刻苦的人。她常常在進入攝影場以前，就早已將角色準備好了。在進入攝影場之後，她往往有意識地放鬆一下情緒，比如在一邊看看小說、打打毛衣什麼的。可在拍攝《新女性》時，卻一反常態，她在攝影場裡，總是靜靜地坐在一個角落，旁若無人，思緒、情感完全沉醉在角色之中……

也許，她從自己短短的人生經歷中，深深地體會到角色韋明的遭際是多麼可悲；同時，韋明在劇中可悲的經歷，又使她更加清楚地看到自己痛苦的命運——她在這黑暗的社會中，也遇到了張達民、唐季珊之流的欺騙、壓詐、凌辱……也許，她在想戲時，簡直分不清哪些是角色的感情，哪些又是自己在生活中的真實感受？

有一場戲，需要拍韋明從扶梯上滾到樓下的一個鏡頭。蔡楚生怕阮玲玉身體纖弱，加上在緊張的拍攝工作中她又連犯胃病，打算這個鏡頭用遠景處理，另外找一個身材和她差不多的人來代替她失足摔倒。可阮玲玉堅決不同意，以為這樣會減弱人物情感的連續性和完整性，她表示願意親自來做，並將遠景改拍成中景。這個鏡頭拍完後，她的膝蓋也磨破了。

銀幕上短短幾秒鐘的鏡頭，她也要這樣認真對待。現在，我們從《新女性》的完成片看來，阮玲玉從樓上滑下來的鏡頭，體現了韋明那種遭際不幸的悲劇命運，恰恰是構成了這一藝術形象的一個真實環節。作為一個藝術家，她對自己的藝術創造，是要求滴水不漏的。

《新女性》開始攝製於一九三四年年底。當時年僅二十八歲的青年導演蔡楚生，不久將到蘇聯去學習。所以，《新女性》是在短短的二、三個月內攝製完成的。特別是韋明家裡的許多重場戲，就是在一連三個不眠的通宵趕拍出來的。

有一天，阮玲玉共拍攝鏡頭二十五個，流淚十四次。作為一個演員，她要付出多麼大的心力！特別在韋明服用安眠藥片的一場戲中，更是傷筋動骨。曾有一番文字對當時的場面進行描述——

拍攝之前，她獨自靜默了一會，就很快進入角色之中，眼淚不斷地流下來，她一邊流淚，一邊服「安眠藥片」。出現在銀幕上的是她的面部特寫，她臉上沒有多餘的表情，隨著她吞下一片又一片的安眠藥，她的眼神起了錯綜複雜的變化，流露出一個自殺者在這生死關頭的矛盾心情，表現出她對生的渴望，對死的嚮往和畏懼，還有她的無助和悲哀——從她眼神的變化中，甚至可以看出是誰殺害了她！……她在演這場戲時非常激動，事後還哭了大半天，在場的人也深為感動，沉浸在這個悲劇氣氛之中不能自拔……

阮玲玉在演這場戲時，完全進入了忘我的境界，內心的極度悲憤，對人生的徹底絕望，與外在的平靜取得相輔相成的效果；豐富的內心活動凝結在心如死灰般的神情中，正所謂「燦爛至極歸於平淡」。還有她的那雙會說話的眼睛，怔怔的望著人生彼岸，絕望、孤獨、悲哀、憤怒、無告……這些極強烈的感情從眼神裡閃過，最後歸復平靜——對人生的依戀就此灰飛煙滅，只剩下虛無和冷漠。那雙眼睛，誰看了一輩子都不會忘記的。

正如阮玲玉自己所說的那樣：「很不幸，我也有過和片中的韋明相似的遭遇，只是我沒有死成，我演這場戲，等於是重新體驗了我自殺時的心情。在自殺的剎那間，心情是萬分複雜的，我想擺脫痛苦，可是反而增加了痛苦，有很多人的臉孔出現在眼前，其中有你最親愛的人，也有你最憎恨的人，每當一片安眠藥片吞下的時候，都會有一種新的想法湧上心頭……」

影片中，除服用安眠藥片自殺的一場戲十分動情外，還有韋明被送進醫院病床上、臨死前的一場戲。阮玲玉也是完全沉浸在角色之中。她激情難抑，淚如泉湧，以致攝影機停止轉動後，她還在哭泣，她仍然躺在攝影場的床上，用白被單罩住自己的臉……她拿出手帕，捂住嘴，想控制自己的感情，可反而痛哭失聲……

一場戲拍攝下來，她的身體和神經幾乎要震撼得支持不住了。全攝製組的工作人員都支援不住了。

蔡楚生見阮玲玉依然在床上抽泣著，透過白被單的顫動，他似乎看到了阮玲玉因生活的積怨而引起滿腔悲憤的一顆受傷的心！他讓所有的工作人員都離開這裡……

少頃，他緩緩地轉過身，向阮玲玉的床邊緩緩走去……他低下頭，用手偷偷拭去眼中流出的淚痕。

一九三五年舊曆除夕的前夜，《新女性》首映於富麗堂皇的金城大戲院。在首映式上，蔡楚生向觀眾特別介紹了阮玲玉。

季節雖是冬天，氣候卻像春天那麼溫和。戲院內坐滿了觀眾，他們以欣喜的心情盼望《新女性》的演出。經過一次、兩次的鼓掌催促之後，潘氏管弦樂隊開始演奏了，阮玲玉和聯華聲樂團，在聶耳先生的率領下，合唱「新女性歌」。

阮玲玉興致盎然，穿上了她平時喜穿的蜜黃色花旗袍，戴著她心愛的長耳環，姍姍而來，輕盈優美、婀娜多姿。

《新女性》首映十分成功。許多報刊和觀眾都對阮玲玉的精湛演藝作了熱情的評價——

阮玲玉的一場含淚出賣自己的戲，是不能再逼真了。觀眾們盡在傷感地流淚，啊，阮玲玉的魔力！

阮玲玉的藝術事業，正在一步步向新的高峰攀登，她已經深深扎根於千萬觀眾的心中。

《新女性》透過韋明的悲慘身世，相當生動地表現了當時社會中一些正直的知識女性被壓迫、被侮辱的命運，活畫出了當時都市社會現實生活中殘酷的一面。

《新女性》這部影片編劇編得好，導演導得好，演員表演得更好。

正因為這部影片刺到了當時社會某些人的疼處，所以在影片公映之後，廣大觀眾雖一片叫好，爭相觀看，而有人卻對它恨之入骨，準備將《新女性》及其主創人員置之死地而後快。

阮玲玉萬萬沒有想到，《新女性》首映之日，在她面前不僅有讚揚和鮮花，還有一把把殺人不見血的「軟刀子」正向她砍來！……

首映之日，除社會各界進步人士看片外，還有一批無孔不入的黃色報刊記者。他們開始進場時，也像往常一樣玩世不恭，嘻嘻哈哈，當他們看完影片時，竟然一個個像凶神似地臉色鐵青、怒衝衝地離去。

緊接著，電影《新女性》裡因為寫了幾個新聞記者的無恥行為而遭到了記者公會的抗議。

三十年代初，這樣的抗議事件已經發生了多起：如《再會吧上海》（一九三四年。編導：鄭雲波。主要演員：阮玲玉、張翼。），因醜化了一個醫生而遭到醫療公會的攻擊；在《飛花村》（一九三四年。編導：蔡楚生。導演：鄭應時。主要演員：胡萍、高占非。）中，因暴露了某鐵路職員販毒事件，和拐逃婦女的黑幕，而遭受到鐵路工會的反對；等等。

《時報》記者滕樹谷為首的幾名記者，當晚看過影片後，一走出金城大戲院，就在旅館裡開了三個房間，糾集了許多黃色報刊的同行，大寫誹謗文章，儘量施展他們的「才能」，捏造最下流的謠言來攻擊《新女性》的編導和主要演員，揚言要把蔡楚生、孫師毅、阮玲玉等「罵出上海去」（見《電影藝術》一九六〇年三月號）。他們連夜大寫攻擊文章，還以記者公會的名義向聯華影業公司提出了三項所謂的「最後通牒」——

一、登報向全國新聞記者道歉。

二、保證以後不能再有同樣事件發生。

三、將《新女性》影片內有意侮辱新聞記者部分截去。

但蔡楚生、孫師毅等人旗幟鮮明地將這些無理要求頂了回去，嚴詞拒絕了記者公會的蠻橫條件。

記者公會碰了這個釘子後，經過一番緊鑼密鼓的策劃，便施出絕計：以後凡關於聯華的電影廣告，各報一律拒登；如有聯華宣傳稿件，從此永勿刊載，以示拒不合作。

記者公會此舉令聯華的決策者深感憂慮，電影公司失去報刊的宣傳是一件不可想像的事，他們只得讓步了。於是他們請出《新聞報》的汪伯奇、《申報》的馬蔭良從中斡旋，表示將接受條件，並在各報刊登道歉廣告——

> 敝公司《新女性》影片中穿插新聞記者之片斷引起上海市新聞記者公會之不滿後，蒙汪伯奇、馬蔭良先生允為調停，敝公司深為感歉，現將片中欠妥各節剪除，已圓滿解決。

隨即聯華向記者公會發出了正式的道歉函，記者公會將該函在各報刊登，意圖進一步搞臭《新女性》，但恰恰從反面為《新女性》做了絕佳的廣告宣傳。

經過此番周折之後，《新女性》終於再度公開與觀眾見面，雖然被迫刪去了部分鏡頭，但影片仍給人以強大的震撼，爭相觀看《新女性》的觀眾成倍增加。不少進步影評給該片以高度評價，並對某些記者及記者公會的霸道行徑予以嚴厲的駁斥。

誠如有的影評所言——

《新女性》中表現了某些新聞記者的卑鄙無恥而引起了一個大浪，終於刪剪道歉了事。其實，這種事件是十分可笑的。無論哪一種職業中，總有不良分子存在，只要稍有頭腦的人，總會知道是個別的、特殊的。藝術品暴露某種職業中的個別敗類決計不會使人懷疑整個幹某種職業的人，假使表現了一個敗類，就算侮辱全體，那麼以後的電影中就不能再有壞人出現，……

天下之大真無奇不有，無理取鬧之人到處即是，我們至少希望他們不要失去理性，……嚴格的檢查自己的隊伍吧，把這樣的敗類暴露和清除吧。這樣的話，不但是中國電影界之幸，也是新聞界本身之幸。

那些黃色記者們對如此結果當然不滿意，既沒能將《新女性》打入冷宮，更沒能將蔡楚生和孫師毅罵出上海，他們十分惱火。幾天後，他們再次聚集在一起，商量進一步進攻的策略。

會上，他們想出一個毒招：柿子專撿軟的捏——把矛頭指向阮玲玉。

一時間，電影界內內外外翻捲起一股股黑浪。這並沒有使蔡楚生屈服。阮玲玉雖是一名勢單力薄的女演員，她的頭腦是清醒的，她完全和蔡楚生採取了一致的堅定態度。

韋明——阮玲玉，在《新女性》裡，她們是合二為一的。在韋明的身上，流動著阮玲玉的血液和對黑暗勢力嫉惡如仇的全部思想感情。阮玲玉對惡勢力的種種卑劣手段，是有一定心理準備的，決心與之戰鬥。但她哪裡能想到：這些上海灘上的黃色報刊記者，是什麼卑劣的手段都使得出來的！他們無中生有，製造了不少桃色新聞，以圖報復。

正如魯迅先生深刻指出的：

> 現在的報章之不能像個報章，是真的；評論的不能逞心而談，失了威力，也是真的。明眼人決不會過分的責備新聞記者。但是，新聞的威力其實是並未全盤墜地的，它對甲無損，對乙卻會有傷；對強者它是弱者，但對更弱者它卻還是強者，所以有時雖然吞聲忍氣，有時仍可以耀武揚威。於是阮玲玉之流，就成了發揚餘威的好材料了，因為她頗有名，卻無力。
>
> ……不過無拳無勇如阮玲玉，可就正做了吃苦的材料了，她被額外的畫上一臉花，沒法洗刷。叫她奮鬥嗎？她沒有機關報，怎麼奮鬥，有冤無頭，有怨無主，和誰奮鬥呢？……

確實，在阮玲玉演完《新女性》後，上海電影刊物的出版可謂風靡一時，各大日報也幾乎沒有一家不設電影副刊或不登電影文章的；單本的電影刊物也一陣風似地不斷湧現，以助人們茶餘酒後的消遣。特別是，各種小報也大都連載電影文章以作號召，競相描繪明星、導演的私生活，添油加醋，大肆渲染，以吸引一批小市民讀者。

在金錢、利潤面前，很多報刊無意中推波助瀾，將阮玲玉一步步推向了生存的絕境……

謎 22

蔡楚生為什麼對阮玲玉見死不救？

阮的演藝事業如日中天，《新女性》一片使她和導演蔡楚生之間有了逐步的瞭解，萌發沒有言傳的暗暗的情愫。但公演該片卻致阮惹火燒身：張達民欲敲詐當紅影星，糾結小報記者極盡無事生非、煽風點火之能事，並誣告阮玲玉與唐季珊，阮玲玉收到了法庭傳票。

阮玲玉拍完《新女性》最後一個鏡頭那一晚，即將告別這個劇組，表現出難捨難分的依戀之情，當夜已經深時，阮玲玉還在這裡流連徘徊不忍離去。

這天晚上，兩個都有過飄零身世、都靠自強自立來立足於電影界，有著共同藝術志趣和為藝術而獻身的精神，也互相暗暗愛慕的兒女，終於打開心扉，進行了一番知心知意、知冷知熱的深長的交談。交談中除互相傾吐各自能夠領會並不付諸言傳的情愫外，阮玲玉第一次向一個，也是唯一的一個坦誠相待的朋友，傾吐了自己的身世。即便在這樣的場合，溫厚善良的阮玲玉也沒有多說張達民和唐季珊的壞話，她傾訴的是自身的不幸與悲哀，這更使蔡楚生感到阮玲玉很有教養，是一個難得的心地善良的女性，因而更加敬重。

人們更願意相信，那天晚上，他們之間有過這樣的一段對話：

阮玲玉：我想最後再問你一次，你可以帶我走嗎？

蔡楚生：……

阮玲玉：我們一起去香港？

蔡楚生慢慢點了一支煙，依然沉默著。半天，他咕嚕了一句：去了，同樣還要回來。

阮玲玉：可以啊。那就結了婚再回來。只要你捨得同居的舞女和鄉下的老婆……

蔡楚生卻岔開話題問：你剛才不是說，還有一件事要問的嗎？

阮玲玉：……

蔡楚生：我在這裡，還有一些事情要辦……

阮玲玉愣了愣，便一言不發地站起身、走掉了。

……

可惜，只有那天晚上，他們的心扉開啟了這麼一次，從此以後，那扇大門又重新關閉了，他們各自壓抑了自己內心的熱情，只留下那晚的永世難忘的一瞥。

在蔡楚生也離世後，著名作家，影界前輩柯靈先生第一次公開披露：在《新女性》合作過程中，這兩位彼此傾心相訴的藝術家，各自痛苦的扼殺了燃燒的熱情。阮玲玉力圖改變命運的努力落空了。要不然，這一幕悲劇也許可以避免。

也許是一個「使君有婦」。一個「淑女有夫」的緣故使他們最終放棄了自己心底的感情吧，但這也只是「也許」而已，在這個「也許」後面也許還有更為複雜的心理的、社會的、經濟的種種原因，後人就不能隨意猜測了。

一種真正的純真、美好的感情就這樣被扼殺了，而這種感情卻是阮玲玉從少女時期一直期盼的，這才是真正的悲劇。

悲劇的真正美學定義是美好而純真的東西被毀滅，阮玲玉和張達民、唐季珊的結合，雖然開始是有一段美好的時光，但他們對阮玲玉是有目的的，並非像蔡楚生那樣是發自內心的、真摯而美好的感情。當兩顆互相傾慕的心還沒有碰撞時即被扼殺了，這才是真正的悲劇，令人扼腕而歎。

一直在尋愛的阮玲玉只有絕望而死。

好女人碰不上好男人，阮玲玉難逃遇人不淑之命。第一種男人無恥無能，本不足道。第二種男人是不被粉飾的商人，他也許從未有過白頭到老的許諾，但他懂遊戲規則，能給的與不能給的從來涇渭分明，赤裸卻沒有欺騙。最後那個，愛她怕是最真心的，只是勇氣欠佳。

阮玲玉一生都在尋找一個寧靜舒適的地方，可以容納她那顆美麗而孤獨的心，她有尋找的勇氣，只是她所遇見的男人沒有一個敢承擔那份愛的！

生活不如藝術，即使阮玲玉在鮮花盛放的年華猝然凋謝，那些愧於她的男人也不會像電影《阮玲玉》那樣，坐到她身邊去，默默凝視著她，痛飲她的美麗與哀愁……

PART 4

人性可畏

假如唐季珊搶救阮玲玉時送醫及時……假如蔡楚生敢於帶阮玲玉私奔……假如她的朋友們能對阮玲玉多一點關心和支持……假如輿論與公眾對她多一點寬容……假如唐季珊不虐待她，真的對她好……假如張達民不敲詐、狀告阮玲玉……

阮玲玉之遺容

謎1

到底是誰殺了阮玲玉？

到底是誰殺了阮玲玉，這成了舊上海最複雜難解的一個問題。

阮玲玉這支風中的蠟燭終於黯然熄滅了。吹滅蠟燭的人，除了唯利是圖的小報和記者，也許正是那些影迷、那些每天都不肯放過小報上有關阮玲玉官司的熱心人。

水想來是會蒸發的，而阮玲玉就是那樣嬌弱的水質；阮玲玉的自我消滅使哀痛的影迷想到的是《新女性》結尾處，她那「我要活啊！請救救我！」的嘶聲呼喊，它道出了「新女性」對生存的真切渴望。

阮玲玉的遺體停放在膠州路的萬國殯儀館，無數的影迷前往弔唁——根據不完全統計，三天之內有十萬人左右，而且均是自發行為。根據當時報紙的記載，有好多女學生不上課，拎著書包跑到「萬國」要進去看阮玲玉。膠州路水泄不通，租界派出大批員警來維持秩序。

阮玲玉的死激起了廣大觀眾和電影從業人員對她的深切同情。孫瑜坐在阮玲玉遺體旁，默默地凝視著她，痛惜這位被當時社會惡勢力吞噬了的藝術天才。

孫瑜在《聯華畫報》上發表文章說：「她的一生是一頁掙扎向上的史實。阮玲玉的卓絕演技霸佔了中國影壇十幾年以來的第一位。」

在阮玲玉去世二十年後，他又寫文章懷念阮玲玉，對她的表演藝術給予更高、更準確的評價：「阮玲玉的天才演技，是中國電影默片時代的驕傲。」

阮玲玉的死，激起了公眾對社會惡勢力的無比憎恨，黃色記者、張達民和唐季珊頓時成為千夫所指的罪魁禍首。因此，那幫黃色記者及涉案報紙、以及張達民和唐季珊之流，一時間都爭先恐後地為自己開脫罪責。

黃色記者們試圖誤導輿論，他們把阮玲玉的自殺竟說成是受了她所主演的《新女性》一片的影響，是《新女性》「教唆」阮玲玉自殺的。對此，《新女性》的編劇孫師毅憤而寫下輓文：

> 誰不想活著？說影片教唆人自殺嗎？為什麼許許多多志節有虧、廉恥喪盡、良心抹煞、正義偷藏、及自鳴得意之徒，都尚苟安在人世？
>
> 我敢說死者，是社會脅迫她致命的！請只看羅羅皂皂，是非倒置，涇渭混淆，黑白不分，因果莫辨，卻號稱輿論的話，居然發賣到靈前。

另有一些記者則聲稱他們關於阮玲玉的報導是「有聞必錄，有事實為依據的」，似乎阮玲玉的死和他們毫無關係。也有些報紙受到阮玲玉之死的震動，對自己曾有意無意地加入過誹謗阮玲玉的黑色大合唱的行為，有一定的反省，且在阮玲玉去世後，發表了一些比較接近事實真相的報導和悼念阮玲玉的文章。

更多的報紙則熱衷於討論阮玲玉為何要自殺。於是開列出五花八門、似是而非的所謂原因——有指張達民和唐季珊為兇手的，也有說是因為輿論的脅迫，也有說是虛榮心驅使的，還有說真正的劊子手，是中國不長進的影迷等等，不一而足，煞是熱鬧。

阮玲玉在遺書中寫到：「人們一定以為我畏罪？其實我何罪可畏，我只後悔不應該做你們兩人的爭奪品。」

阮玲玉若真無情，她不會選擇自絕；

阮玲玉若真軟弱，她也不會選擇自絕。

阮玲玉的一身傲骨偏偏要被埋葬在那個渾濁的社會裡，不得翻身。

寧死也不願意遭人惡意恥笑的阮玲玉，她是那支一直在隨風搖曳的紅燭，她的熄滅包含了太多的無奈。

她太清醒了，一個人清醒在眾人皆沉睡的夜裡，是多麼可怕的寂寞。

世人的不寬容，她才離去的；曾經最親密的人來加害她，她才心碎的。

看不見前途，她才走上了不歸路。

沒有遇上那個能讓她燃起熾熾愛火的男人，她這支風中的紅燭熄滅了。阮玲玉一個人愛著，誰對她好，她就愛誰，愛得死心踏地，卻落得膽戰心驚。新聞、流言、報紙、雜誌包圍了本就是柔弱女子的她，那是怎樣的人言可畏啊！她不願周遭的塵土玷污了她的一世清白。

於是阮玲玉靜靜的走了，沒有留下過多的埋怨，也不再留戀塵世——甚至還寫下這麼一句：「我很快樂！」……

雖然由於男人的無情、男人的無義、愛情的幻滅，導致了她最後走上絕路；雖然在她走上絕路的過程當中，她一直還是有機會可以活過來的——但是同樣是由於人性的冷酷、人性的可畏，第二次殺害了阮玲玉！

謎 2

阮玲玉因為害怕出庭受審才自殺？

阮玲玉無愧於上海灘的第一「骨感美人」：瘦削修長的身材、婀娜多姿，細長飛挑的眼睛，不笑時流露出自然天成的憂戚感，有一種「煙視媚行」的風姿。

阮玲玉，總是一襲旗袍加身，鑲花邊的、高開衩的、格子型的、碎花型的還有純色的陰丹士林布。

阮玲玉走了，掙斷了她的愛恨情愁。在茫茫人海中，阮玲玉懸掛她等愛的旗幟。在滾滾紅塵中，飄零的是她疲憊的紅顏。張達民的無義、唐季珊的無情，使得阮玲玉將獨自站在高高的被告席上聆聽判決。

阮玲玉不怕出庭，但告她的是她的男人，把她推上刀山的是她的另一個男人。那麼的無情，那麼的無義，十年孽緣讓她累得苦不堪言，只是從來都沒有找到合適的休息的地方。

或許活著真的太難了——或許她此時才明白她所扮演的苦難女性為什麼最終選擇自

殺——或許，只有永遠的休息對此刻的她是最有吸引力的。

雖然不停地有人告訴她要堅強，要獨立，要做新女性，而她的生活似乎又非如此不可，從一個男人到另一個男人，從每一次渴望到每一次傷害——阮玲玉的男人們不想知道她經歷了什麼又想要什麼，雖然他們是很需要她的。

阮玲玉在經歷了種種自己才明白的痛楚後，理所當然的渴望自己被理解、被疼愛，阮玲玉表達自己的愛，表面溫情綿綿實質意味深長，可是她的男人卻一個一個的視若無睹，或者不屑一顧。

他們沒有共同的經歷，又如何找到共同的語言呢？

不是真正愛你的人，又怎麼能夠去理解你的苦你的哀呢？

時代造就了阮玲玉，時代也毀了阮玲玉，她代表女性依附男性的性別註定了她的悲哀。

阮玲玉在男人的幻想中成為明星。可是她自己仍然是那種對男人無限依靠的女子，無比孤獨，無比溫柔。這樣的女子在那樣一個時候、那樣一個地方，又怎麼能夠狡猾的、果斷的保護自己呢？

她生命中似乎沒有離開男人，在那些男人眼裡，她不過和錢有關，和面子有關。張達民說愛她，也不過是從她那裡支取賭資，而唐季珊所做的也沒有跳出商人的本質。蔡楚生似乎是她的希望，可是他一樣的計算、猶疑、退縮。

可以想像她那樣的女子要到什麼時候才會向男人求婚，主動要求和男人私奔？那是她被傷到最深的時候，是最絕望的時候，最走投無路的時候——因為已經不害怕被拒絕的結果。

演技派的明星阮玲玉在現實生活中終究是軟弱的。

阮玲玉用死給自己找到了一條回家的路。再沒有了對愛無盡的期盼，也沒有了愛的傷害，還有「人言可畏」對她的污辱與追逐。

《香雪海》、《神女》讓人感受阮玲玉內心相同的苦楚和彷徨；《新女性》中韋明的自殺和此後阮玲玉的自殺成為慘烈的參照——而每一次悲戲裡的痛哭都讓我們心中升起對阮玲玉的深切同情，和對中國近代女性命運的思索。

「救救我」的呼聲何止是韋明一人的呼號，也不是阮玲玉一人的吶喊，她是中國乃至全世界女性對自己真實命運的吶喊和自見。

縱然有那麼多人在描述阮玲玉最後的日子，但是對一個故去的人、一個自裁的人，其實你永遠無法知道她那一刻最真實的心境。

謎3

阮玲玉自殺，是因為她太愛面子？

生活中的阮玲玉心地善良，思想單純，性格溫柔，又不乏獨立人格。身為電影明星，她視形象為生命，為此付出了痛苦的代價。在她身上，既有新女性的時尚與勇敢，也有傳統女性對男人的依賴，儘管她收入頗豐，但在心理上卻必須有個男人作依靠。當第一個男人張達民靠不住時，她便感到生不如死，不惜吞食安眠藥欲尋短見，幸好當時被發現及時、搶救及時，才被從死亡邊緣拉了回來；後來，第二個男人唐季珊又靠不住了，她心中的天地便完全塌陷，於是便義無反顧地去了另一個世界……

年輕人都要面子，年輕女人更要面子，年輕漂亮的名女人更是非常的要面子，這都是人之常情。但如果一個人把面子看得比裡子還重、比生命還重，是否就輕重倒置了呢？人的生命只有一次，珍愛生命永遠畢竟是第一重要的，沒有了生命，一切便無從談起。

一個天才的公眾人物，在如此鮮嫩的花季歲月做出如此冷漠的死亡選擇，是她本人的不幸，是她親朋好友的不幸，更是廣大影迷及中國電影事業的不幸。

謎 4

唐季珊拖延對阮玲玉的救治，是故意，還是過失？

唐季珊在阮玲玉死後，他想推卸罪責的思想明顯多於悲傷的感情。除篡改遺書外，首先表現在他發現阮玲玉服毒以後的急救不力。通常過量服用巴比通安神藥片者，如能於四小時內救治，則藥性尚不致深入，性命還可挽回，但四小時以後，便無力回天了。這個簡單的醫藥常識，見多識廣的唐季珊不可能不知道。

讓我們再來簡明地梳理一下當天夜裡發生的事情——

阮玲玉於三月八日臨晨二時左右服毒，到唐季珊感覺有異而被發現之時，至多不出半小時。唐季珊居住上海已經很久，同時又絕非無醫藥常識的人，況且他平時結識醫生甚多，家裡汽車也是現成的——可以說在搶救條件上是萬事具備。

假使在這時，唐季珊立召可靠的醫生出診，或者將病人立送妥善的醫院，都可以在數十分鐘之內辦到。然而令人不可思議的是：唐季珊竟捨近而求遠，將阮玲玉送往偏僻的四川路日本人開設的福民醫院，無非是看重那裡地偏人稀，外國人有為病人保守祕密的信譽，自己的家醜不致於很快的外揚。

在到達福民醫院後，唐季珊又因該院夜間沒留值班醫生而與之交涉、糾纏，最終無奈而折回，這中間又耗費了不少時間。一直猶豫到將至天明時，唐季珊才又打電話輾轉請中國療養院的陳、張醫生前來救治，但又因為病人所在的小醫院缺乏完善的設備，只好又轉送至蒲石路中西療養院——這時候，已是臨近第二天正午了。經過這樣長久時間的折騰，阮玲玉身體裡的毒性已發作無遺。

雖然，每個人都會害怕和儘量避免「家醜外揚」，但唐季珊卻是把自己的面子看得比愛人的性命還重要。簡直是拿愛人的性命當兒戲。這就不可饒恕了。

例如，當時設備最完善的廣仁醫院，就在唐家附近。唐季珊當時如果不是把阮玲玉送到福民醫院而是送到廣仁醫院，阮玲玉便可以確保不死。

又如，阮玲玉生前每有疾病，總去諾爾醫院求治，她是該院的老主顧，並且和該院的醫生看護有多年的關係。唐季珊也曾陪同她到諾爾醫院去過幾次。既然知道該院條件很好，尤其為阮玲玉平日所信仰，但是唐季珊卻偏偏避開不去——不知唐季珊究竟是何居心？……

所以，我們可以這樣說：唐季珊故意延誤阮玲玉的最佳救治時間，其實是第二次殺死了阮玲玉。

謎 5

唐季珊為了贏得官司，故意犧牲了阮玲玉？

阮玲玉去世後的第二天，張達民控告阮玲玉和唐季珊的案子仍按原定時間即三月九日開庭。

張達民縱然臉皮再厚，此時也不敢出庭了，遂託故由其律師代到，而唐季珊則裝出了一副受害者的樣子來到了法庭，理直氣壯地站在被告席上。

此日庭審並無結果。三月十七日再次開庭，這一次張達民、唐季珊及雙方的律師均到庭。張達民在庭上大放厥詞，說他和阮玲玉曾多麼相愛，並拿出一張合影來證明他和阮玲玉是履行過結婚手續的。

唐季珊則一副胸有成竹的樣子，不慌不忙從容答辯，稱他與阮玲玉正式同居之時，阮玲玉早已與張達民辦理了脫離關係的手續，並當庭出示了由張達民和阮玲玉共同簽字的脫離同居關係的約據。

此時，張達民變得面如死灰。

三月二十二日，法庭對此案進行判決，結果是唐季珊無罪。判決理由是：張達民無法證明他與阮玲玉有合法的夫婦關係，而在脫離關係的約據上清楚地寫著是「戀愛同居」，所以張達民的訴訟請求不能成立。

不少輿論認為，犧牲了阮玲玉的唐季珊更得公眾與法官的同情，讓他在這場官司中立於不敗之地。

也就是說，不管唐季珊的主觀意圖如何，客觀事實上，阮玲玉之死對他的這場官司肯定是有利的。

謎 6

阮玲玉的朋友，為什麼對她見死不救？

再美麗的歌，總有一天，歌會唱完；
再傷心的淚，總有一天，淚會流乾。

天下沒有不散的宴席，曲終人散，好不傷感。

阮玲玉走了，帶著所有的恩恩怨怨，帶著她的愛恨情仇，帶著她的祕密去了。

留下的人，見證者，只是把自己的影子投射在她的故事中充當她的朋友——但是他們在阮玲玉自殺前夕，都幹了什麼？他們對明星阮玲玉的生活真的關心過嗎？

似乎只有死才能喚起人們透過她的美麗來瞭解她的好，和她的哀愁。在她去世後，幾位正直的藝術家痛定思痛，檢討了當時電影界人與人之間關係的冷漠——正因為這樣的冷漠，使得阮玲玉在那麼多流言的壓力下產生了一種無人傾訴、也無法傾訴的痛苦。正如她身中劇毒而無法排解。

「阮的私人生活和她的痛苦是不容易被人知道的。阮的訟事直到最後也沒有一個同事替她策劃應付。」（費穆〈阮玲玉女士之死〉，載《聯華園報》一九三六年三月一日）

這在費穆是終生引以為憾的事。

曾在藝術上使阮玲玉深受教益的孫瑜先生在他的一篇〈悼玉〉文章裡說：

以戀愛的幻滅，康健的消失，名譽的損傷，都不足以殺害阮玲玉。我覺得她的死，是因為她沒有一個知己的朋友。使她感到孤淒和失望。她再也沒有奮鬥的勇氣了。

沒有一個可以傾訴的朋友，對於在三十年代紅極一時、擁有億萬影迷的阮玲玉來說這不能不說是她最大的悲哀。

愛與哀愁，像一杯濃郁的烈酒，阮玲玉一口一口的飲著，由甜到苦，再至無味。

世人對她的不寬容，她才離去的。

曾經最親密的人來攻擊她，她才心碎的。

她的眼睛看不見前方的路，她才走上了不歸之路。

面對「藍顏知己」的退縮和放棄，自始至終，都是阮玲玉一個人在戰鬥，一個人一廂情願地愛著——誰對她好，她就愛誰，愛得死心踏地，卻落得膽戰心驚。

新聞、流言、報紙、雜誌包圍了本就是柔弱女子的她，那是怎樣的人言可畏啊！

她不願周遭的塵土玷污了她的一世清白。

於是孤單的阮玲玉靜靜的走了，不再留戀塵世——原本這一世給她的就只有哀愁。

這一世，生與死，她看得明明白白；悲與苦，她體會的真真切切；下一世，她還做那個美麗、自愛的女人嗎？

夜涼了，夢醒了，孤獨的身子帶著那顆碎了的心，走了……

就到此為止吧，她累了。

生如曇花般美麗，死如曇花一現般淒絕。

在最美的時刻離去，總好過「紅顏彈指老，剎那芳華盡」——作為阮玲玉的朋友們，也許只好用這樣的阿Q精神最後安慰一下自己了。

謎 7

影后胡蝶為什麼沒有參加阮玲玉的葬禮？

一九三五年三月八日阮玲玉服毒自殺時，胡蝶正帶著《姊妹花》等影片坐在自海參崴到莫斯科的西行列車中。

胡蝶參加了國際電影展覽會後，又赴德、瑞、法、意、英等國考察電影事業。當她載譽歸來時，阮玲玉已去世整整四個月了。

當時上海的十六家電影院一起放映了胡蝶主演的影片，一時間，胡蝶在影壇中獲得了更高的聲譽。

當胡蝶從海外歸來、聲譽大振之時，有無聊記者又居心叵測地訪問她，問：

「阮玲玉死後，有人說胡蝶聽了大笑，有這回事嗎？」

胡蝶哭笑不得地說：「這真是謠言造得太過分了，這樣一個天才死了，是我們國片界的一大損失，我怎麼會笑呢?!」

好在那次出國訪問期間，周劍雲夫人幾乎與胡蝶女士朝夕相處，周夫人對上述這種無稽之談曾反駁道：「胡小姐聽到這消息後，在外面哭了好幾次倒是真的。」

其實胡蝶與阮玲玉的私人關係挺好的。胡蝶在出國訪問前，還專門到阮玲玉家裡來拜訪過她，順便和她辭行。想不到，這成了她們見的最後一面。

我到歐洲之前，到她家去第一次沒有見到她，只見到她媽媽和她女兒小玉。後來又去了一次，她剛好在家，兩人見面，十分高興。我們既是同鄉，又是同行，所以談的話題也是大家感興趣的。

談到我這次出國訪問，她也很高興，也很感慨，她說：「能有機會出去走走，開闊一下眼界，總是好的，不知我此生是否還有這次機緣。」

說著說著，大概觸動了她的心事，她不覺眼圈紅了。我連忙岔開話題，勸她說：「人生也似舞臺，悲劇也總有結束的時候，我自己在苦的時候常對我自己說，快了快了，演完苦的就會有快樂的來了，你現在不也是苦盡甘來嗎？」

（見胡蝶回憶錄）

據胡蝶回憶，那次見面她們還談到即將普及的有聲電影，阮玲玉因是廣東籍的上海人，怕過不了國語關，胡蝶說，那我來教你好了。阮玲玉欣喜地答應說：那太好了啊。

所以胡蝶表示不相信，這樣一個對未來充滿憧憬的明星，怎麼會自己輕易走上絕路呢？

謎 8

唐季珊的前妻、影后張織雲嘲笑阮玲玉自殺？

一九三五年三月八日，是上海的傷痛之日。

一九三五年三月八日下午六時三十八分，服毒自殺的阮玲玉在經過了十幾個小時的折磨後，她的心臟終於停止了跳動，一代影星溘然長逝。

阮玲玉的死，令整個上海乃至全國都為之震驚。她的死，也給予這個城市巨大的陣痛。她得到了一場全球注目的葬禮。幾十萬市民在馬路邊向她的銅棺默哀。

海內外之急電交馳，所致唁函哀悼之詞，不可勝述，不可數計。市民奔走相告，諮嗟歎惜，相率赴弔。

阮玲玉死後獲得哀榮，九泉之下，她的心會因此平靜嗎？

當年四大名旦之一的張織雲、也是唐季珊的前妻，她在阮玲玉死後深有感觸地說：

「余於阮之死，亦不欲有何批評，但認為中國婦女因缺乏真實學問而致其悲痛耳。大概婦女因缺乏真實學問之故，意志比較薄弱，每在遭受痛苦時，易為錯覺支配……」

謎 9

張達民痛悼阮玲玉，是做戲？還是良心發現？

阮玲玉慘死之日的當晚，張達民泡在一個叫揚子的跳舞場裡，正與舞女們狂歡。一位朋友將阮玲玉的死訊告訴了他，他不敢置信，以為是和他開玩笑。當他確信此事為真後，不由心中一陣發虛——因為他明白、他是逃脫不了「兇手」的罵名和罪責的。

聞知噩耗、心亂如麻的張達民，決定先坐汽車到阮玲玉生前居住的唐宅小洋樓去看看，去打聽打聽情況。當到達沁園春路口時，他又覺去唐宅似乎不妥。正在猶疑之時，見弄內開出一輛汽車，他認出車中所坐兩人為聯華公司職員，當時也顧不上太多，急忙上前攔車，向他們打聽情況。其中一人話未出口，已哭得唏哩嘩啦……

張達民還是從他們口中打聽到、阮玲玉的遺體已運送到了萬國儀館。張達民這才真的確認了這一事實：阮玲玉是真的死了。

張達民又急轉車至萬國殯儀館。

下了車，張達民直奔館內而去。該館西洋工作人員禮貌地攔住他，詢問他的來意？張達民以英語回答說，他是阮玲玉的親戚，是聞訊趕來看阮玲玉的。工作人員便很有禮貌地向他說明和指示了阮玲玉所安置的方位，張達民匆匆道謝一聲，便直奔樓上的某間停屍室。

此時，室內正好寂無一人，僅阮玲玉屍體橫陳在那裡。張達民見到後，一時內心翻江倒海、情不自控，縱身伏於阮玲玉屍體上嚎啕大哭！……

過了一會，漸漸地有人走了進來。之後聯華公司的人也來了。他們上前制止了張達民，並把他驅至室外。到午夜時分，張達民哭喪著臉、灰溜溜地走了。

回到家中的張達民，似乎神經受刺激過深，轉輾反側，無法入眠。往事如潮水般湧上心頭。他畢竟是個人，而不是一根木頭。人心都是肉長的。與阮玲玉六、七年的相聚，件件往事在腦子裡如電影一般，一幕幕地映演出來。一時間，張達民心如刀鉸，魂不守舍。反正睡不著，也不管時間遲早了，張達民立刻出門，雇個人力車返身又去了殯儀館。

殯儀館的守門人已認識他，所以這次並未攔阻他。當他上樓，走到扶梯中間時，看見有兩個聯華公司的人守在那兒，對方認出他是張達民，便不許他進去，並訓斥他說：這裡是唐家的喪事，你姓張，與你不相干！

張達民欲辯解，後來樓上聞聲又出來幾個「聯華」職員，聚集在樓梯上，壯大了聲討的聲勢；樓下大門口那守門的巡捕聞聲也趕了過來，這才知道他就是阮玲玉的前夫張達民，也勸他不要上去了，不要來了。張達民恐寡不敵眾，便不再辯解、不再堅持己見，萬般無奈地退出了殯儀館，仍舊乘人力車回家。

聯華電影公司的職工為什麼要阻止張達民呢？第一當然是恨他。如果不是他尋釁誣告阮玲玉，而且毫無必要地提起刑事訴訟逼迫阮玲玉出庭受審，一心要出她的醜、撕她的臉、潑她的髒水，阮玲玉會在此刻走上這條絕路麼？要知道，明天，三月九號，就是阮玲玉「出庭受審」的日期啊！所以大家都恨他，也替阮玲玉恨他、替阮玲玉擋著他——不讓他再次接近，玷污阮玲玉。

第二個原因，當然是唐季珊對張達民有所防範，有所佈置。唐季珊是個大富商，更是聯華電影公司的大股東，說穿了，他是聯華公司真正的老闆之一。老闆向員工佈置任務，員工豈有不賣力、不執行之理？

此時東方已露魚肚色，春寒料峭，張達民情急衣單，出了殯儀館，一連打了好幾個寒戰。他坐上人力車，行了不到百米，張達民忽然又變卦了，他靈機一動，想到：殯儀館中還有另一處樓梯，我從那裡上去，繞個彎，然後直插阮玲玉停屍房，他們又能把我怎麼樣？……

於是張達民又命人力車回頭，三至殯儀館。沒想到，前二次放他入內的那個守門人這次主動上前來阻止他，態度不溫不火卻很堅決。張達民見狀，這才死了這條心。

話說張達民再次回到家中後，呆坐生悲，又因悲而發呆。忽然他覺得雙手麻木，並漸漸的蔓延到上半身，覺得肢體完全麻木了，連皮膚也失去了知覺！……

張達民心裡頗覺驚疑，從迷信方面去想，會不會是阮玲玉死後有靈，前來作祟報復？……

過了一會兒，這種麻痹狀態又漸漸地退去了。張達民彷彿從死神手裡掙扎逃出，驚懼得渾身大汗淋漓。

（後來，張達民曾將此事告訴別人，其中有懂醫學的人告訴他：這是因為他曾經伏於屍體上哭過的緣故。因為屍體上塗有防腐劑一類麻醉性較強的藥，接觸的時候染到自己身上來了，到了一定的時間就會發作。）

肢體恢復知覺的張達民，腦袋似乎也從麻木中甦醒過來：他猜測天亮之後，各報將阮玲玉自殺的消息一登，自己必定立時成為萬眾唾罵之人，他怎樣才能為自己開脫罪責、躲過此劫呢？……

張達民經過一夜苦思冥想，終於想明白一點，要人們不罵他、不追究他，最好的辦法就是讓人們相信他是愛著阮玲玉的，他所恨的只唐季珊一人而已。他雖然告了他們兩個人，但他的本意只想報復唐季珊一個人。理由很簡單：因為唐是他的情敵，唐是他的死敵！是唐季珊讓他人財兩空、窮困潦倒！……

第二天一早，張達民按預定計劃，找到了與自己相熟的記者，痛說「革命家史」。

他還拿出一塊絲巾，指著上面的兩塊紅斑說，這是他昨晚去殯儀館見到阮玲玉的遺體時，用絲巾擦拭阮玲玉嘴邊的鮮血時留下的印跡，他表示要將此絲巾永久保存，以誌紀念。說完，他還將絲巾繫在了頸上，像是異常珍惜的樣子。

接著，他又主動約見了另外一位記者，大言不慚說了以下早準備好的一番話：

我眼下所受的刺激、以及精神痛苦，實際上甚於死者百倍。痛定思痛，我只是愧恨自己缺乏金錢，以及交友不慎，以致原來與玲玉的美滿家庭，有今日之結局，好比《啼笑因緣》中的男女主人公沈鳳喜與樊家樹遭遇的結果。事實勝於雄辯，再說多少又有什麼用呢？只是希望社會輿論能為我主持公道，希望廣大民眾能擦亮眼睛給予公正的評論。……

張達民以上的忸怩作態立刻遭到了公眾輿論的唾罵：這個無賴竟能說出他的「痛苦甚於死者百倍」這樣的話，並以張恨水先生的名作《啼笑因緣》中的富有正義感和同情心的青年學生樊家樹自比，其無恥已到了無以復加的程度。其故作姿態，令人作嘔。

雖然某些事實似乎正如張達民所說：阮玲玉死後，張達民哭過，也曾三赴殯儀館去探視，或企圖探視阮玲玉的遺體，似乎他因阮玲玉之死在精神上受到很大的刺激。但公眾絲毫也不同情他，甚至呼籲司法機關把他抓起來、治他的罪。

次日，張達民便以此為藉口，向法庭請假，他沒有以原告身分於三月九日出庭參加審訊。

其實他實在是無臉見人，也沒有這個膽子露面。他怕義憤填膺、怒火中燒的群眾用亂磚拍死他。

翌日也就是三月十日，張達民繼續約見來訪的記者，繼續為自己造有利的輿論。張達民以「多情人」自居，自稱自己曾三赴殯儀館，如何不顧危險、撫屍痛哭，差點兒麻醉中毒、自斃家中；在殯儀館如何被唐季珊無理阻攔、受盡欺侮；……張達民說話時，還不忘在面容、表情上加以配合，表現出淒慘之狀，且說話的語氣慢慢的微弱起來，更是一副不勝悲切的哀憐之狀。

此外，他還想出一個鬼點子，要求親自主持收殮阮玲玉的遺體，並懇請他兄長資助，讓阮玲玉以「張夫人」的名義安葬。但張家兄輩們本身就阻止他這樣去做，他們勸他說：阮玲玉已改嫁，你們的夫婦之情已盡，而且人死不能復活，何必多此一舉、製造矛盾呢……？

阮玲玉的死訊公佈後，特別是阮玲玉的遺書發表後，張達民果然受到了多方譴責。張達民讀了報上所載阮玲玉遺書的全文，阮玲玉死前對他的怨恨，白紙黑字，寫得清清楚楚。

阮玲玉在公開發表的遺書中所言「張達民，我看你怎樣逃得過這個輿論」，未免把張達民想得太脆弱了一點，此刻的張達民早已沒了起碼的良心和廉恥，哪裡還在乎什麼輿論的譴責?!

當有記者問他對阮玲玉公開發表的遺書有何看法時，他竟能這樣振振有詞的說：

遺書已見報載，我詳細查其字跡，發現其與阮玲玉的筆跡不對，當然這只是我的懷疑，尚不能完全確定，這需要專家的鑑定才能得出結論。但我對於此事，決心追究到底，決不使犯法者逍遙法外。……

張達民的這段話登報後，招來的照例是公眾輿論的一頓臭罵——你想逃脫罪責，你想嫁禍於人，你想洗清自己，你想轉移視線，你想倒打一耙……

總之，沒有一個人相信他說的話是真的，也沒有人願意聽他胡扯，在被他逼死的阮玲玉親筆譴責面前，張達民你還不老實認罪、誠心懺悔，還在無理狡辯，胡攪蠻纏，真是豬狗不如！

總之，張達民已無可奈何地陷入了四面楚歌、孤立無援、過街老鼠人人喊打的淒慘之境。

如果這時候，能有人冷靜下來，包括魯迅先生在內，冷靜地聽一聽張達民說的這番話，客觀地分析一下他的真偽，進而客觀地分析一下被公開發表的阮玲玉遺書的真偽，事情也許就會是另外的一種面貌，我們也許就不至於被一份拙劣偽造的遺書欺騙達幾十年之久……

此乃後話，當在後文中專題論述之。

現在還是讓我們回到當時事件的進程中來。

阮玲玉的葬禮，張達民是不敢參加的。他聲稱他是「不願徒增悲痛」才不去的。其實他實在是無臉見人，也沒有這個膽子露面。還是那句話：他怕義憤填膺、怒火中燒的群眾用亂磚拍死他。

數日後，張達民又忸怩作態，一個人悄悄來到阮玲玉的墓地，獻上一束鮮花，流下兩行熱淚。

張達民的這一行動，也只是聊以自慰罷了。此時的他早已賭光父母留給他的萬貫家財、早已是一貧如洗。雖然他曾放出大話，要求主持收殮阮玲玉的遺體，可阮玲玉身後浩大的殯殮費，他將如何負擔？既是空話，又是瘋言。徒增笑料罷了。

實際情況是：自從阮玲玉死後，張達民像社會上某些昧良心的商賈、小販似的，不失時機地圖謀借阮玲玉之死發點橫財。

隨著阮玲玉的殯葬大殮之後，張達民的臭名，也漸為社會公眾所知。他在一些以阮玲玉的經歷為題材的新劇演出時，像小丑一樣被請登臺致詞演說。

試舉一例：香港宏信影片公司當時拍攝了一部關於阮玲玉的影片，即粵語有聲片《情淚》。其導演一職，恰好是張達民的胞兄張惠民。為了吸人眼球，更為了吸金，他們以重金聘用張達民，並大張旗鼓地宣揚劇本的一切情節材料由阮玲玉的初戀情人張達民提供。企圖用此舉來現身說法，以達到謀利有方的目的。張達民於日暮途窮之際，得此良機，也是欣然接受。後來這部影片遭到了廣大觀眾的抗議和抵制，才沒有能夠放映。

謎 10

唐季珊哀悼阮玲玉，是真心？還是假意？

在阮玲玉離世之初，唐季珊比張達民做了更充分的表演。

他利用阮玲玉至死也沒有完全識破他的本來面目這一點大作文章，首先在各報刊登「報喪」的告示，稱：

唐季珊夫人（即阮玲玉女士），痛於國曆三月八日戌時壽終滬寓，茲擇三月十一日申時，在膠州路萬國殯儀館大殮，擇日出喪，謹此訃聞。唐敬玉堂謹啟。治喪處設萬國殯儀館。

在老家尚有結髮妻子在世的唐季珊，這時候儼然以阮玲玉的丈夫自居，也算是拼足了血本。

在阮玲玉入殮的儀式上，每位發言者都心清沉痛地緬懷阮玲玉的業績和為人，獨獨唐季珊致詞時大談他與阮玲玉的所謂真正的愛情，痛罵張達民的訴訟害死了阮玲玉，似乎阮玲玉之死完全是張達民的罪責，與他的所作所為毫無關係。

舉殯時，唐季珊特製法琅紀念章數千枚，貽送殯之人。紀念章上刻「唐夫人阮玲玉女士紀念章」字樣。但聯華公司同人得此章後，即予退還。據報載：「亦有當即用刀將唐夫人三字鐫去之者。其他送殯之人，亦多設法除去唐夫人三字。」

阮玲玉自殺後，各報曾對唐季珊頗多攻擊。迫於形勢，唐季珊不得不當眾表白：「余為丈夫，不能預為防範，自然難辭其咎，但余再不願取妻，願為鰥夫至死。……」

同時，在阮玲玉大殮時，唐季珊除向來賓致謝外，還以激昂的情緒，向大家高聲表白：「近日外間有傳言說，阮女士與本人之愛，係屬追求奢侈生活，實則不然，阮女士在聯華公司，月收入達千元，用以代步者，也是半舊汽車……至於張達民訟案進行之際，經人勸解，當時言明由本人給張二千元了之，不料張達民出爾反爾，加倍索要四千為酬，勸解未成，這才引起訴訟。」說到這裡，唐季珊更有一番高姿態：「總之，如本人有不端行為，大家盡可以用任何手段來對付本人，而不能去對付已故的阮女士。」

前面曾提到，阮玲玉離世後，唐季珊為她報喪的公告出現極端之語，如下款的署名為「唐敬玉堂」四字。按照中國數千年來宗法社會的傳統，「××堂」是代表某家族、或一大家庭的名詞，並且含有表示門第的封建思想。唐家的堂名本不叫「敬玉堂」，這是唐季珊此次為了阮玲玉之喪而臨時特起的。所謂「敬玉」，可解釋為敬愛阮玲玉之意。唐季珊在這方面可謂再次下足了賭注。可對照平時及以後唐季珊對待阮玲玉之所作所為，此舉實為小丑跳樑，不禁滑天下之大稽！

唐季珊會說、會表演，不如大家會看。如在阮玲玉出殯之日，唐季珊贈阮玲玉紀念章給來賓——圓形的紀念章上除阮玲玉頭像外，還有「唐夫人阮玲玉女士紀念章」字樣。但電影界同人得此紀念章後，多用小刀將「唐夫人」三字挖去。由此可見，旁觀者對唐季珊之鄙視、之憤恨，到了何種程度?!

謎11

阮玲玉的葬禮為什麼被稱為「世紀葬禮」？

一九三五年三月八日，是全世界勞動婦女的節日。

阮玲玉曾以自己艱辛而創造性的藝術勞動，塑造了一系列真實感人的女性形象，揭露了中國黑暗社會落在婦女頭上的苦難。她在銀幕上曾自殺四次，入獄兩次。這些由她扮演的角色，也都具有悲慘的結果。哪知，她也像自己扮演的角色那樣，以自殺的悲劇結束了自己短暫的一生。

阮玲玉死訊傳出，整個上海乃至全國都為之震驚。海內外之急電交馳，所致唁誄哀輓之詞，不可勝數。市民奔走相告，諮嗟歎惜，相率赴弔。

三月八日至十一日，在上海通往萬國殯儀館的膠州路上和沿著墓地聯義山莊的途中，男男女女，絡繹不絕。他們如同失去親人一般，唏噓飲泣，沉痛悲憤，徘徊憑弔，盡日不散。

是誰獲得了如此盛大的哀榮，這樣深受廣大群眾的熱愛？

上圖：聯華影業公司同仁公祭阮玲玉會場
左圖：喪禮的先導
右圖：參加喪禮的群衆

她，就是「一代藝人、無冕影后」——阮玲玉。她以其卓越的表演才能，打動了億萬觀眾的心靈。民眾銜悲憑弔，不僅表達了對阮玲玉的惋惜和悼念，而且也表示了對迫害阮玲玉致死的黑暗社會、醜惡勢力的極大憤慨和強烈抗議。

在上海膠州路萬國殯儀館裡，四周及大廳中央滿置花籃，芬芳馥郁，阮玲玉遺體自樓上一號室中移置樓下大廳西首穿堂中，頭西腳東。

阮玲玉身上穿著生前最喜愛的蜜色繡花旗袍，躺在百花叢中，臉上似乎還留著淚痕。她置於鮮花叢中，面容安詳寧靜，黑亮、蓬鬆的鬈髮依偎在臉的兩側，曼妙可愛，栩栩如生！靠頭一端的幕壁上，懸掛著阮玲玉穿花旗袍，戴長形耳環之側影照片。

黎明偉、羅明佑、金焰、王人美、黎莉莉等電影界著名人士在遺體旁守靈默哀。

金焰的眼睛哭腫了，她逼視阮玲玉的臉龐，似乎在問她為何離世而去？對其年輕夭折甚有不解之意；黎莉莉守在阮玲玉的遺體邊，久久地望著她的遺容，見阮玲玉平靜安詳，似要把她的音容埋在心底，此刻她倒沒有流淚，她取下自己的髮卡，替阮玲玉別在她飄忽不定的頭髮上；聯華影片公司又委任孫瑜、費穆、吳永剛等大導演為之守靈。殯儀館的靈堂裡佈滿了花圈、花籃和輓聯，最引人注目的是阮玲玉生前好友梁氏三姐妹的一幅輓聯（事後曾引爭議）——

行進中的靈車

人言可畏，處境堪悲，是非無定評，投井下石逞私憤，姐若不死，對此惡濁世界，何以為生；世論尚存，公道未泯，哭聲震遠近，萬人空巷瞻遺容，靈而有知，睹茲熱烈感情，能勿傷心。

三月十一日，「聯華」會同阮玲玉的家人及唐季珊在萬國殯儀館為阮玲玉舉行大殮儀式。遺體於下午三時入殮。入殮前，阮玲玉的親屬知友及聯華同人舉行追悼。

金擎宇宣告追悼會開始。最先由聯華一廠廠長黎民偉致悼詞：

阮女士的絕代的天才，經過了非常的身世，就她的修養，就她的地位，就她的人生經驗，難道就肯這樣的輕生？兄弟今天敢說一句話：阮女士決不是這樣糊塗的一個人。她的逃世，不是為了解脫自己，而是一個可憐女子，一個弱者，對於社會上無情的壓迫，作一個消極的最後表示。所以她要死！

阮女士的一生，是鬥爭的一生，她從最低微的地位，掙扎到今日的地位。

諸位親眼看見，自從她死後的第二天起，一直到今天這三天之中，已經有六萬群眾，在她的靈前靜靜地走過；我相信，還有更多的群眾，在精神上，都環繞在阮女士的身旁。這種身後的光榮，就是她在生前鬥爭、掙扎而得來的光榮。

我們大家知道，阮女士演了多少感人肺腑的影片，她偉大的天才，精深的藝術，永遠留在人們的紀念之中，而人們也永遠受到她的感動。一個藝術家的存在，也許比一個政治家還要有價值，而一個藝術家的死，為社會，為國家，該是怎樣一種損失。

前面說過，阮女士的一生，是鬥爭的一生，她無日不在掙扎向上，然而無事不使她灰心痛苦，同時，因為自己淒涼的身世，不幸的婚姻，社會又給了她怎樣的批評和壓力?!

阮女士已經看到社會的冷酷無情，尤其是女子的地位，在半封建的社會制度之下，是永遠沒有翻身的一日。她覺得自己的微弱能力，已經不能挽救她自己，已經不能改善這個社會，同時，也不能拯救無數在水火之中的女同胞。所以，她在三月八日國際婦女節的那一天，服毒自盡，用她的屍體，擺在社會面前向社會要求正義，向社會要求女子的平等、自由！

我們今天已不能責備阮女士的輕生，我們只有責備自己，為什麼竟看著她受這樣的逼迫而死。

我們今天對著阮女士的遺體，在這裡同聲一哭，覺得阮女士的死，是含著一種非常意義。我們只要常常紀念著阮女士的死，大家努力來解除所以死的原因。而且，社會上從此不再有第二個女子的自殺，那麼我們這個簡單的追悼式，方才完成了它的意義。

黎民偉先生在講話時，差不多一言一淚。他的傷感使在場的林楚楚、陳燕燕、梁賽珍，還有很多同人都心酸淚下。

第二個在追悼會上發言的是由孫瑜先生追述阮女士生平事蹟及逝世經過。

接著，羅明佑先生代表同仁致詞：

諸位，阮女士死矣，少頃大殮後，吾國唯一女藝術家，將成永訣。

阮死之日，為國際婦女節，……蓋以阮女士之天才、地位、報酬，在我國婦女界已少看見，但猶不免因被壓迫而死，其他婦女之痛苦更可相（想）見。

阮適在婦女節犧牲，最堪深憶，余現不必為阮女士表揚，即以彼死後從各地發來之唁電信百數十起，以及每日來此瞻仰者六萬餘人，並敝公司同人，上自兄弟，下至工友，無不一致哀悼，即可證明阮女士之死，決非區區聯華公司一家之

> 損失，而係中國藝術文化重大損失。
>
> 阮適於婦女節自殺，絕非一般自殺可比，實為改造社會而犧牲、為婦女解放及社會正義而呼籲，自有其意義。
>
> 人生原為服務社會而生，非自私自利而生，阮女士之死，並非自殺，實為社會及婦女而犧牲者……

羅明佑先生發言時，由於心情悲痛，過於紊亂，說到這裡，噓不成聲，便再也說不下去了。

二時三十分開始入殮。唐季珊請來了道士一名，忙著做法事。唐身著白長衫，腰間繫白布，神情頹傷。

銅棺一出，靈堂內哭聲震耳，家屬們搶天呼地的衝到屍身旁邊去；阮母雙手撫胸，哭至失聲；梁賽珍、梁賽珠在一邊力為勸慰，小玉也跟著嚎啕不已。在哭聲中，三位西殯殮人員把屍體裝入棺中，一代表演藝術家阮玲玉女士，便在這一瞬間和世人作永別了。

三天後，即三月十四日，阮玲玉的靈柩移往位於閘北的聯義山莊墓地。

上午十一時，萬國殯儀館前的草坪上，三百多位阮玲玉生前的至親好友已肅然排好隊伍。下午一時十分，由黎民偉、陸涵章、孫瑜、蔡楚生、費穆、吳永剛、金焰、鄭君里等十二人，共同舁櫬上靈車，並由靈車舁櫬入墓地。

這日，前來送葬的隊伍長達十餘里，影迷們甚至有從南京、杭州專程趕來執拂的。從萬國殯儀館到聯義山莊墓地有二十多里路，靈車一路所經之處，萬人空巷，沿途夾道致哀者達三十萬人。

美國紐約時報駐滬記者見狀極為感動，特為報導說：這是世界最偉大的哀禮。這張報紙上還配有一幅插圖：送葬行列中有一大漢，頭紮白布，身穿龍袍——意謂：「倘中國仍有皇帝，他也會來參加葬禮的。」

美國洛杉磯報刊上也報導了上海為阮玲玉舉殯的新聞，題目是〈三十萬群眾送中國女明星之喪〉，文中說：

「仰慕阮女士才華而專程前往瞻謁遺容者逾十萬，悲壯熱烈之情形，較范倫鐵諾死時，有過之而無不及。此種情形在中國當屬空前。」

阮玲玉就這樣安葬了。在閘北的聯義山莊墓地，她的墳墓編號是J字一一三一號。

聯華公司同人，為紀念阮玲玉，除發起追悼會外，又捐資為阮塑小型銅像一具，永久樹立於徐家匯攝影場內。塑像高二尺許，以示永遠不忘阮玲玉對藝術的貢獻。

謎12

唐季珊在阮玲玉死後許下諸多諾言，到底兌現了多少？

唐季珊在開過阮玲玉追悼會後，將阮玲玉的遺體以「唐季珊夫人」的名義安葬於上海閘北柳營路「聯義山莊」。起初，唐季珊曾計畫在阮氏墓地建立一座義大利石碑。後來，他聽說義大利雲石墓碑的價值達到千金左右，也就作罷。凡知此事的人，對流氓富商唐季珊平日不惜揮金買歡，而在愛人死後，竟吝嗇此區區小錢，都甚感不平，並公開給予嘲笑。

唐季珊當時刻意表演了一陣，之後又怎麼樣呢？他許下的那些諾言又兌現了多少？還是讓我們來看看事實吧——

一九三五年年底，也就是阮玲玉去世不到一年的時間，有一隊阮玲玉的粉絲沿著上海西寶山路進發，專程到「聯義山莊」瞻仰阮玲玉墓，他們所見著的，是一小塊橫不到八尺，豎不到一丈的墓地，周圍鋪著枯萎將死的草皮，圍著快要爛斷的鐵絲，那麼陝窄荒寒的一塊黃土，真是墓草淒淒，滿目蒼涼，何堪憑弔？……

在鐵絲欄邊，豎著兩塊牌子，一塊寫著「唐阮玲玉」，另一塊寫著「此墳建築尚待計畫」。

在阮玲玉的前面加上一個「唐」字，無論在法律上、在道義上、在感情上都沒有根據，也是對阮玲玉的一種玷污。

「此墳建築尚待計畫」，這八個字欲蓋彌彰，不僅欺騙世人，難道還要欺騙後人，還要欺騙那地下受冤的死者？

難怪他們要發文責問：自從安葬了阮玲玉之後，唐季珊有沒有來墓地悼念過他的愛人？……

這難道是一代傑出女星的最後歸宿麼？

唐季珊在阮玲玉自殺後，曾聲稱「余對玲玉之死，可謂萬念俱灰。今生今世，余再不娶妻，願為鰥夫至死」。可他後來還是娶了一位新夫人，之後不久又姘上了一位酒吧女郎。

這難道是以「敬玉堂」自稱的唐季珊對死者最大敬重的表示麼？

人們不禁要問：人間為什麼允許那麼一個喪心病狂又無恥之極的傢伙這麼放肆？讓他玷污了一塊美玉的身體，又讓他來褻瀆她的靈魂?!……

謎 13

唐季珊是否偽造了阮玲玉的遺書？

阮玲玉安葬後，公眾輿論仍然沒有放過她的兩個情人——張達民和唐季珊。大家強烈要求，一定要看到阮玲玉留下的遺書。

在公眾輿論的轟炸，特別是電影界人士的催促下，唐季珊雖百般推託但也萬般無奈，不得不拿出了一份字跡潦草的「告社會書」，末尾署名「阮玲玉絕筆」。這份所謂的遺書重點對張達民的無理糾纏和誣告進行了激烈指責，最後連寫兩遍「人言可畏」結束全文。

這就是名噪一時、流傳彌久、影響深遠的阮玲玉遺書代表作：「人言可畏」。全文如下——

告社會書

我不死不能明我冤，我現在死了，總可以如他心願，你雖不殺伯仁，伯仁由你而死，張達民我看你怎樣逃得過這個輿論，你現在總可以不能再誣害唐季珊，因為你已害死了我啊！我一死，人們一定以為我是畏罪。其是（實）我何罪可畏，因為我對於張達民沒有一樣有對他不住的地方，別的姑且勿論，就拿我和他臨別脫離同居的時候，還每月給他一百元。這不是空口說的話，是有憑據和收條的。可是他恩將仇報，以冤（怨）來報德，更加以外界不明，還以為我對他不住。唉，那有什麼法子想呢！想了又想，惟有以一死了之罷。唉，我一死何足惜，不過，還是怕人言可畏，人言可畏罷了。

阮玲玉絕筆廿四、三月七日

當時因為這份假遺書的發表，讓所有的人都以為阮玲玉是因為承受不了輿論的壓力，承受不了兩個情人的「家醜」官司給她的名譽帶來的損傷，加上她演了那麼多的悲劇角色，入戲太深，所以才自殺的。

但後來隨著那些當事人的良心發現，提供新的史料，隨著我們對阮玲玉研究的不斷深入，我們發現事情原不是這樣的。

但這份假遺書，當時多數人都沒有識破。雖然當事人張達民對遺書的筆跡、語氣等方面提出了置疑，但並不堅決，並不十分肯定，且很快被公眾的口水淹沒。

這份假遺書公佈以後，雖然欺騙了公眾，但輿論仍然不肯甘休。大家一致認定，死者既然留了遺書提到張達民，不可能不留遺書給唐季珊。

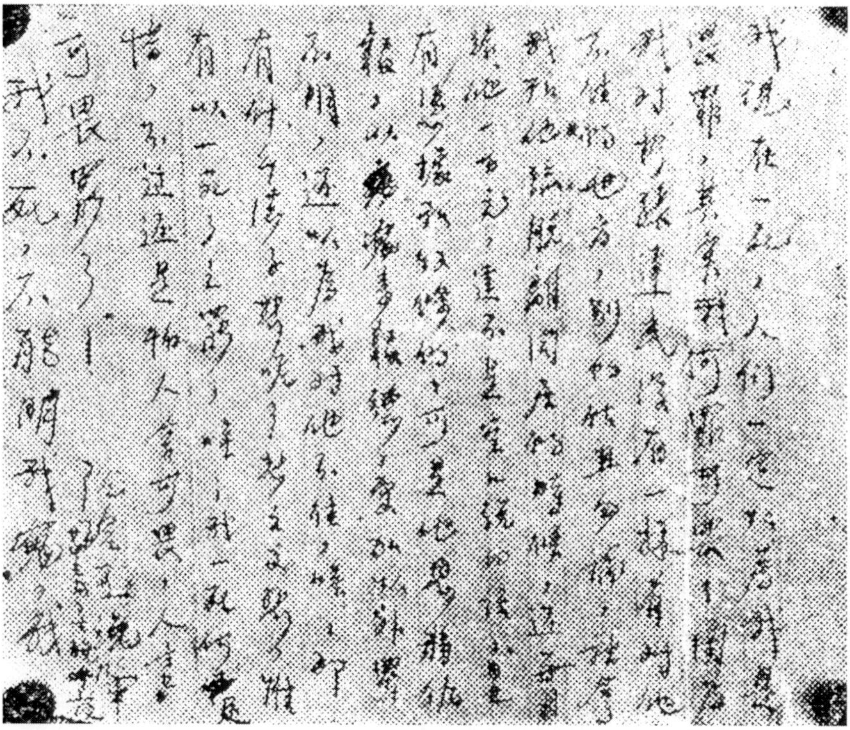

阮玲玉致社會之遺書

一些熟悉阮玲玉的電影界同仁也認定，阮玲玉一定是另有一份遺書給了唐季珊。在強大輿論的一再轟炸和追問下，唐季珊逼不得已，只好在阮玲玉大殮之後，又公佈出了阮玲玉的第二份「遺書」，全文如下——

季珊：我真做夢也想不到這樣快，就會和你死別，但是不要悲哀，因為天下無不散的筵席，請代千萬節哀為要。我很對你不住，令你為我受罪。他雖這樣百般的誣害你我，但終有水落石出的一日，天網恢恢，疏而不漏，我看他又怎樣的活著呢。鳥之將死，其鳴也悲，人之將死，其言也善，我死而有靈，將永永遠遠保護你的。我死之後，請代拿我之餘資，來養活我母親和囡囡，如果不夠的話，請你費力罷！而且刻刻提防，免他老人家步我後塵，那是我所至望你的。你如果真的愛我，那就請你千萬不要負我之所望才好。好了，有緣來生再會！另有公司欠我之人工，請向之收回，用來供養阿媽和囡囡，共二千零五十元，至要至要。另有一封信，如果外界知我自殺，即登報發表，如不知請即不宣為要。

阮玲玉絕筆廿四、三月七日午夜

這兩份遺書分別發表在一九三五年四月前後聯華影業公司出版的《聯華畫報》上。大家別忘了，唐季珊可是聯華公司的大股東。這其中的貓膩，不難揣摩。

後面這第二份遺書一經發表，倒是立刻引起了大眾廣泛的置疑！大家發現，文中以阮玲玉的口氣寫給唐季珊的話，多有虛誇。如稱「我很對不起你，令你為我受罪」、「我死後有靈，將永遠保護你」……等等，明顯有造作的嫌疑。既不符合阮玲玉自殺時的心理，也不符合兩個人當時的情感現狀。

其中一篇文章的言辭十分犀利，觀點也很有代表性——

就此遺書觀之，作偽的地方太為明顯了。上海茶商、花花公子唐季珊和從少女時代就霸佔阮玲玉的張達民一樣，都是迫害她的元兇。阮玲玉自殺前，唐季珊對她的感情已經不專，唐季珊不僅曾在街上當眾打過她，還曾在電影界同仁面前公開辱打過阮玲玉，唐季珊和張達民都曾逼得她幾次自殺未遂，而遺書中卻有「我很對不起你」、「令你為我受罪」、「你如果真的愛我」，如此「深情款款」的字句，這也未免寫得太假了吧?!此時此地絕非是阮玲玉說得出口的呀！

另一方面，阮玲玉的文化程度並不太高，平日又忙於拍戲，甚少提筆寫作，但觀此遺書，卻文思縝密，文辭修飾有加，一個悲憤交迫、傷心欲絕的人，如何能從容地寫出如此通達流暢的文字?!

置疑歸置疑，但苦於沒有有力的證據，大家熱議一陣子也就放它過去了。

其實自從三十年代以來，電影界、文化學術界對阮玲玉公開發表的兩封「遺書」的真偽始終懷有疑問。理由如下：

其一，阮玲玉雖然是著名影星，但在當時的社會裡地位並不高，怎麼可能在自盡前書寫「告社會書」？既不合情，也不合理。

其二，無論是從少女時代就霸佔阮玲玉的張達民，還是在佔有阮玲玉前後玩弄過多位女影星的唐季珊，都是迫害阮玲玉的元兇。唐季珊不僅曾在電影界同仁面前公開辱打過阮玲玉，而且也曾被阮玲玉發現有對她不忠的行為，試問阮玲玉怎麼可能留下「我很對不起你」這樣的遺言？這顯然是在顛倒黑白。

所以，揭開這一謎團，還阮玲玉和歷史以真實面貌，成了很多阮玲玉鐵桿影迷、阮玲玉研究者追蹤數十年的一個目標。暨南大學連文光教授、上海老作家沈寂先生等，就是其中的幾位。沈寂先生從四十年代在香港工作到五十年代回到上海，長期堅持不懈採訪了許多曾與阮玲玉共事的電影界名人，掌握了大量第一手的資料，為揭開這一謎團奠定了堅實的論證基礎。

謎14

阮玲玉的真遺書是怎樣洩露、又是怎樣被發現的？

其實在阮玲玉死後僅僅一個多月，四月二十六日出版的《思明商學報》，就登載出了阮玲玉的另外兩封「真遺書」。只是因為《思明商學報》是香港三十年代出版的一張內部發行的機關小報，發行僅一千五百份，外面的讀者是看不到的。不僅當時的讀者看不到，就連以後研究電影史的學者也沒有人發覺，事實的真相就這樣被塵封了半個多世紀。

直到一九九三年三月，暨南大學連文光教授編著的《中外電影史話》，才附有這份新發現的阮玲玉「真遺書」。但看過這本著作、知道此事的人還是不多。後來上海寫電影史料的老作家沈寂寫了〈真實遺書揭開阮玲玉死亡真相〉一文，其根據就是這份新發現的「真遺書」。

阮玲玉的「真遺書」真正引起公眾的注意、並被媒體廣泛報導，已經到了西元二〇〇一年。

也就是說，在湮沒了整整六十六年之後——中國早期電影傑出的代表人物、一代影星阮玲玉的兩封被認為是真實的遺書才有了重見天日的機會。

這次重新發掘它的，正是阮玲玉研究專家、上海老作家沈寂先生。

上世紀九十年代末，為編寫阮玲玉的電視資料片，上海老作家沈寂先生再次查閱浩如煙海的史料，終於找到了那份傳說中的《思明商學報》。

這是一份印刷量很小的內部刊物，上面刊登了兩封阮玲玉不一樣的遺書。據沈寂的研究，這兩封遺書的心態、口吻和文筆，可以確認無疑是阮玲玉的親筆。

一封是寫給張達民的，對他的無恥行為進行強烈譴責，表示自己看清了他和唐季珊的醜惡面目，她這樣寫道：

> 達民：我已被你迫死的，哪個人肯相信呢？你不想想我和你分離後，每月又津貼你一百元嗎？你真無良心，現在我死了，你大概心滿意足啊！人們一定以為我畏罪？其實我何罪可畏，我不過很悔悟不應該做你們兩人的爭奪品，但是太遲了！不必哭啊！我不會活了！也不用悔改，因為事情已到了這種地步。

第二封寫給唐季珊，控訴他是「玩弄女性的惡魔」，並說自己被迫選擇一條絕路，是因為「沒有你迷戀××，沒有你那晚打我，今晚又打我，我大約不會這樣做吧！」

……這就寫出了阮玲玉自殺的直接原因——

季珊：沒有你迷戀「××」，沒有你那晚打我，今晚又打我，我大約不會這樣做吧！我死之後，將來一定會有人說你是玩弄女性的惡魔，更加要說我是沒有靈魂的女性，但那時，我不在人世了，你自己去受吧！過去的織雲（唐季珊前女友），今日的我，明日是誰，我想你自己知道了就是。我死了，我並不敢恨你，希望你好好待媽媽和小囡囡（阮玲玉的養女）。還有聯華欠我的人工二千零五十元，請作撫養她們的費用，還請你細心看顧她們，因為她們惟有你可以靠了！沒有我，你可以做你喜歡的事了，我很快樂。

玲玉絕筆

這一重要的重新發現證明：此前流傳了半個多世紀的所謂「阮玲玉遺書」、以及「人言可畏」的遺言，均可能是他人出於卑鄙目的的偽作。

這份真實遺書中的「××」，經考證，被確認是唐季珊佔有阮玲玉之後又勾引上的歌舞影星梁賽珍。

《思明商學報》在發表阮玲玉遺書的同時，還附加刊登了一篇〈真相大白唐季珊偽造遺書〉的文章，說明了是誰提供了這兩封真實遺書。

文中說：阮玲玉自殺當晚，確寫遺書二封，內容對唐季珊極為不利。於是唐季珊指使梁賽珍的妹妹梁賽珊仿其筆跡和語氣，按照唐季珊的意思重新寫了兩份假遺書。梁賽珊後為良心所責，說出真情，並將原遺書交給本報發表。原遺書極短，文字不甚流暢，而且塗改多處。

梁賽珍、梁賽珊姐妹也聲明，是梁賽珊參考了唐季珊交給她的阮玲玉真正的遺書，按照唐季珊的意思起草了兩封假遺書，說出「人言可畏」等話語，以減輕唐季珊的責任。那潦草的字跡也是她梁賽珊模仿的。

其實筆跡作偽這一點，當時張達民就曾公開指出過。他曾對記者說：「遺書已見報載，唯詳細查其字跡，與阮之筆跡不對，……」云云。

梁賽珊也說阮玲玉真的遺書她並沒有交還給唐季珊，而是交給了《思明商學報》的記者。

至此為止，真相是不是可以說終於大白於天下？阮玲玉自盡後，唐季珊畏於社會壓力，竟要梁賽珍的妹妹梁賽珊代筆，篡改、偽造了兩封阮玲玉的「遺書」，並以「人言可畏」為託辭，企圖將他虐待阮玲玉致死的罪責推向社會。

然而事情並不如此簡單。

謎 15

阮玲玉「真遺書」的真偽之辯

無論是阮玲玉「真遺書」見報的當時，還是阮玲玉「真遺書」重見天日的當代，都有不少人在頻頻質疑阮玲玉第二份「真遺書」的真偽。

質疑者認為：也有可能是有人想陷害唐季珊，而故意編造了這第二份遺書，交給香港的小報去發表。何況，《思明商學報》在發表阮玲玉「真遺書」的同時，附加刊登了一篇文章，說明提供這兩封真實遺書的是梁賽珍姐妹。但奇怪的是，梁賽珍姐妹從此在人間悄然消失，再也找不到她們了。這就使得事件更加撲朔迷離。同時，也進一步說明瞭這份「真遺書」的格外珍貴。

但研究者們後來發現：他們採訪的許多證人、以及他們發現的許多細節，都可以和這第二份「真遺書」對應起來。

第一是阮玲玉的司機，他證明說，當年三月七號晚上那天，阮玲玉和唐季珊一起參加了一個宴會，後來又一起去舞廳跳了一場舞，深夜時分，他這位司機把他們送回家去的。當時，唐季珊和阮玲玉坐在汽車上，為第二天法院開庭的事情，發生過劇烈的爭吵。

此外，有一段時間，和阮玲玉住在同一條弄堂裡面的鄰居，好幾次看到阮玲玉站在家門口哭，唐季珊不放她進家門，並且也不許阮玲玉的母親來開門。梁賽珍姐妹也是他們的鄰居之一。有一次，梁賽珍姐妹深夜從舞場跳舞回來，也發現阮玲玉被關在門外，站在刺骨的寒風中抖抖索索、哭哭啼啼，她們幫著喊門，唐季珊也不准開。她們姐妹只好把阮玲玉勸進自己家去暫避風寒。因此我們基本上可以相信，像這樣的情況是經常發生的。這也足以說明阮和唐之間的感情現狀到底是一個什麼層次？

第三，當天夜裡，唐季珊發現阮玲玉服藥、尋短見，並且已經昏迷過去。發現的時候距離她吃藥最多只有半小時左右，其實稍微有些醫學常識的人都知道，對於吃安眠藥自絕的救治，救的早還是很容易救活的，洗胃吊鹽水，稀釋它的毒性。唐季珊作為一個見多識廣、交際廣泛的富商，他不可能沒有這樣基本的常識。可他又對阮玲玉幹了些什麼？他心懷叵測，一而再，再而三的拖延時間，他簡直就是故意把阮玲玉活活拖死的。

我們不妨再來回顧一下，唐季珊是怎樣一步一步地「拖」死阮玲玉的——

當唐季珊發現阮玲玉吃了安眠藥自絕的時候，他首先想到的是，如果我把阮玲玉送到醫院裡面去，不得了，那麼著名的一個明星自殺，不得了，馬上會鬧得滿城風雨，我又要承擔很多的干係了。所以他就想到把她送到一個日本人開的小醫院裡去。因為日本人開的醫院在很遠、很偏僻的地方，並且他們有嚴格的替病人保密的規矩。所以，當時的唐季珊就開車把阮玲玉往那所日本人的醫院裡送。這家醫院離阮玲玉住的地方很遠，很偏僻，唐季珊開夜車開了一個多小時，才勉強送到那個醫院。可那個醫院夜裡卻沒有急診，沒有值班醫生。到了這個時候，唐季珊還是不選擇把阮玲玉送到大醫院裡面去。三十年代上海有很多著名、醫療水準很好的教會醫院，他都不送。他就是怕自己的名譽受損。在這人命關天的緊要時刻，唐季珊居然把阮玲玉轉送到了自己的一個私人醫生朋友那裡，這個時候距離阮玲玉吞食安眠藥已經有六小時之多，已經很危險了，不好救了。這個鄒醫生一看此情形也很害怕，覺得自己的朋友送來的這個病人眼看沒有救了，他負不起這個責任。他於是當場提出要請醫生來會診——他的真正目的是需要有見證人，否則病人死在他的診所裡面他怕講不清楚。所有來會診的醫生都說一定要把病人送到條件好的大醫院裡面去。唐季珊在萬般無奈之下，才勉強同意轉大醫院。轉到大醫院的時候，已經到了上午十點鐘左右。當時電影公司的老闆黎民偉也到了，他是一個非常有腦子的人，他拍了一張阮玲玉轉院過程中的照片。

阮玲玉在需要分秒必爭的搶救過程中被連續耽擱、不斷的轉院，本身就說明瞭唐季珊的冷酷無情。這個時候，阮玲玉的生命對他來說並不重要，這個時候，怎樣掩蓋住事情的真相才是最重要的。

雖然是阮玲玉遇人不淑，兩個男人的無情無義、多次的愛情幻滅導致了阮玲玉最後的絕望，導致了她最後走上絕路，但在她走上絕路的過程中，她還是有太多機會可以回頭、可以活過來的。

阮玲玉的研究專家們後來通過各方面資料的綜合分析，共同認為發表在香港《思明商學報》的阮玲玉的第二份遺書來得更可靠一點。如果阮玲玉那麼愛唐季珊，唐季珊也是那麼愛阮玲玉，那麼阮玲玉是不至於心理崩潰、用如此極端的方式、如此絕望的走向生命的極端。

謎16

梁賽珍為什麼要冒險洩露阮玲玉的真遺書？

上海老作家、阮玲玉研究專家沈寂先生對此的研究結論有二：

第一個原因，是阮玲玉的臨終絕筆，加上後來億萬民眾聲勢浩大的對阮玲玉的悼念之情，感動、感化了梁氏姐妹；

第二個原因，是唐季珊的不得人心，和他一系列醜惡的表演，使梁賽珍姐妹認清了唐季珊的嘴臉，出於良心，她們決定公開阮玲玉的真實遺書。

沈寂說，從阮玲玉的真實遺書可以看出，她是舊時代的犧牲品，是當時千千萬萬受侮辱、受迫害的女性的一個縮影。值得慶幸的是，這位傑出影星在生命的最後時刻終於幡然覺悟，向迫害者發出了憤怒的控訴。

也有的研究者認為，梁賽珍冒險洩露阮玲玉的真遺書，還另有隱情：當時唐季珊為了隱瞞阮玲玉的真遺書，隱瞞自己的罪惡，情急之下，懇請他的相好梁賽珍幫忙偽造假遺書，並許諾了她巨大的好處；但因後來這些巨大的好處沒有兌現，梁賽珍姐妹才一怒之下，將唐季珊的這一醜行抖露出來，以泄私憤。

梁賽珍姐妹在洩露阮玲玉的真遺書後，奇蹟般地消失不見了！直到現在，也沒有人能找到她們。

梁賽珍姐妹突然而成功地「從地球上消失」，顯然是早有準備、蓄謀已久的。究其原因，其實不難識破，研究者們不外乎認為原因有二：一是梁賽珍姐妹害怕唐季珊的報復；二是梁賽珍因之前與姓唐的偷情，心中對阮玲玉有愧，亦怕阮的真遺書面世後，自己會遭到世人的唾罵。那麼，對她們來說，還有什麼比悄然「人間蒸發」更好的選擇呢？

謎17

唐季珊、張達民最後的下場是怎樣的？

輸了官司的張達民覺得上海不能再待下去了，他就在表姐的幫助下去了香港。為了證明自己，他開始寫劇本、演電影。很快，三年之後，即一九三八年，張達民病死於香港。

而那位聲稱再不娶妻的唐季珊，最後還是娶了一位新夫人，並且同時又泡上了一個酒吧女郎。也許是情場太得意了，唐季珊後來在經營上遭遇詐騙、生意慘遭失敗，他被迫賣掉了別墅，自己捧著茶葉沿街叫賣，晚年潦倒而死。

阮玲玉的母親倒是得到了唐季珊的贍養。一九六二年，阮媽病逝於上海。阮玲玉的養女小玉後改名為唐珍麗，亦由唐季珊撫養到中學畢業，後來隨丈夫赴泰國定居。

謎18

當代學者對阮玲玉死因的研究有哪「三說」？

阮玲玉的死因一直是說不盡的話題，直到今天還有各種不同的猜測。阮玲玉自殺現象，絕不是孤立的。在她死的時候，前有艾霞、駱慧珠的自殺，後有英茵的服毒（英茵，小名鳳貞，一九一六年生於北平，是清王朝一位親王的格格。著名表演藝術家、曾任文化部副部長的英若誠先生是英茵的侄子，名演員英達要稱其姑婆。英茵主演的電影、話劇代表作有《十字街頭》、《社會之花》、《夢裡乾坤》、《日出》、《雷雨》等。她服毒自殺時只有二十六歲）。

當代的研究者們對於發生在近八十年前的那段歷史事件、以及阮玲玉的死因，又有哪些新的思考呢？

一是「入戲說」。

此說研究者認為：人們所猜測的她周旋於張達民、唐季珊以及蔡楚生三人之間的曖昧關係並不準確，應該說阮玲玉自身的情感指向是非常清楚的。「聯華」公司當時在整頓風氣，阮玲玉沒有拍完《國風》就被「冷藏」，張達民此時卻控告阮玲玉與唐季珊「通姦」，還要求阮玲玉當堂作證。而阮玲玉其實早已終止了與張的婚姻關係，選擇在三月八日婦女節死去也許表明阮玲玉作為女人的一種抗爭方式。

阮玲玉的死包含了許多潛在的原因，除了性格因素、電影公司的「冷遇」帶來的心理失落、陷入感情風波的精神困境之外，還有一個很重要的原因就是個人對理想生活的希望與現實的極大落差，導致了她對生活的絕望。

一個優秀的演員不論是對幸福的感受還是對悲痛的感受，都比一般人來得更深刻，或許他們沒法從電影中類似的角色中走出來，他們被戲中的敘事邏輯所牽引，改變了他們對人生的思考邏輯，這可能是平常人難以企及的境界。

所謂「戲子」，是這個世界上最感性的情感動物，在自己與別人的故事裡都會動了情流很多的淚，一直流到把自己魂魄消殞了。

看阮玲玉的照片——老上海的旗袍，身姿纖弱而如弱風拂柳，氣質靈秀而如臨水照花；細眉眼，鎖愁煙，多情而隱隱的薄命相。最招人憐的是她處子般的顏面，她在那裡笑，無邪至極，由衷到毫無保留，一直把一顆心裸露在外面給人看，這樣的人總是可愛而危險的。演戲淘空她一半的元氣，愛情淘空她另一半的元氣，剩下來的只有全線潰敗了。

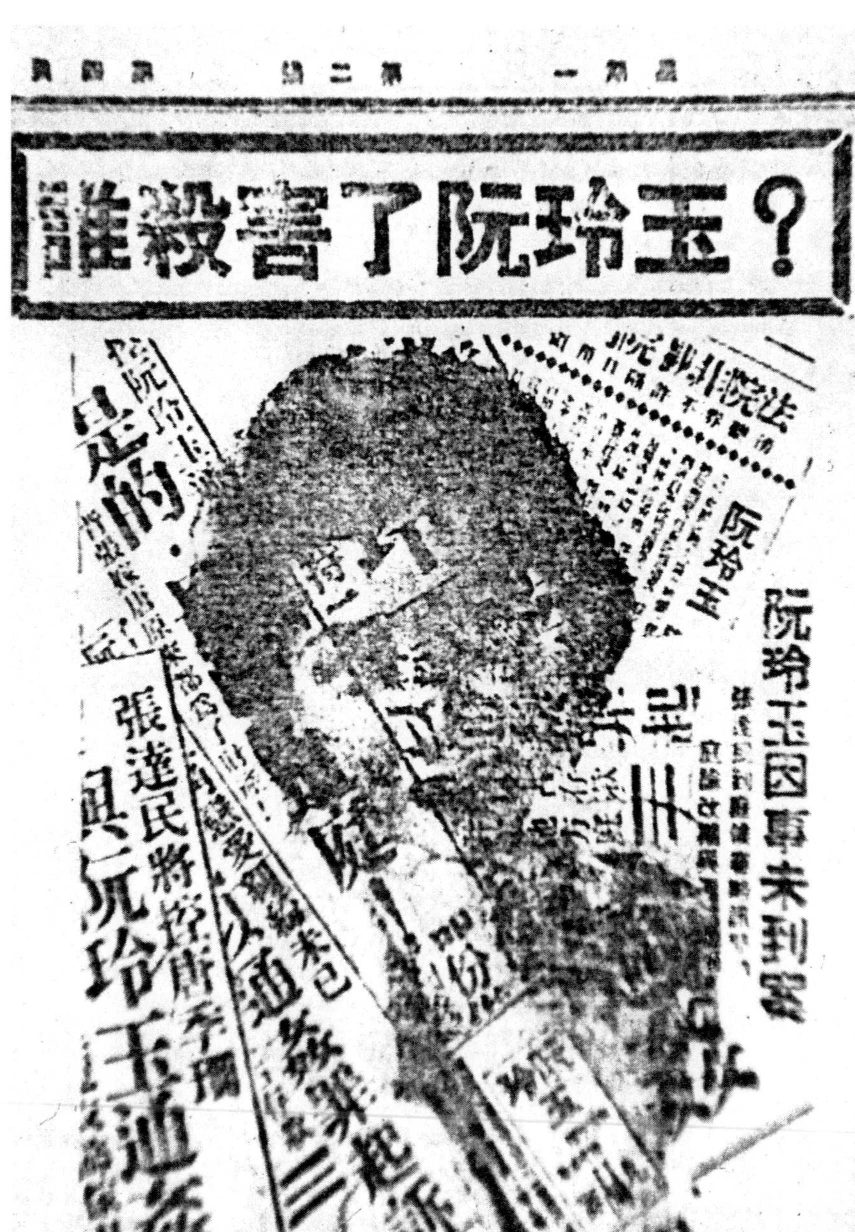

誰殺害了阮玲玉？

是的！

阮玲玉因事未到案

《中華日報》「誰殺了阮玲玉」專欄部分內容

「你們看，她像有永遠抒發不盡的悲傷，惹人憐愛。一定是個有希望的悲劇演員。」她十六歲第一次出現在試鏡室時，導演卜萬蒼就給她下了悲劇的「讖語」。

難怪她會在《掛名夫妻》、《新女性》的片場，把自己哭得城垣都塌陷了。入戲之深，就把自己的人生也當作了戲：滿是虛幻與幻滅，貢獻出全部的自我。

她一心要做一個好演員，她以為盡心演好電影就可以解決好一切。她敬業到超乎想像的地步，讀劇本讀到一百多遍，演角色演到忘我。

比如在拍攝《故都春夢》時，她躺在雪地上拍攝凍僵的場景，導演要求她躺一下就行了，她卻說，不可以，一定要繼續躺到人有凍僵的感覺，拍出來才真實。在拍電影《城市之夜》時，有一場風雨之夜的戲，

阮玲玉在《國風》中

她被淋水，表示一定要淋透。在《新女性》裡，有一場戲是她扮演的劇中角色不願受侮辱，慌亂中從樓梯上一直滾到底層。拍戲時導演是要用替身的，她卻不肯，而且固執地要求真實地、狠狠地撞她。她說：「我越跌得痛，說明壞人越狠。我越跌得重，我的心越恨。」

像這樣的一種進入角色的方式，研究者們認為，阮玲玉是以精神直覺進行創作的表演藝術家——即依靠生命的直覺來直接抵達角色的深處。她用全部的生命力量進行創作，又在表演中體會了自身生活的不安和內心的脆弱，這樣的創作方式造成了她的人生與電影人物的相互渲染。電影角色漸漸占了上風，更強化了她的人生本色。

有人做過統計，九年的銀幕生涯，阮玲玉拍攝了二十九部電影，塑造了各個階層的婦女形象。由於本色的緣故，她擅長演繹的多是悲劇角色——

她在銀幕上曾自殺四次，入獄兩次，其餘便是受傷、癲瘋、被殺和病死等等。雖然影片大都注重傳奇性的結構，而且只限於揭露社會黑幕，未能指引光明的出路，但是，無論她飾演哪一種角色都是充滿著鬥爭，無論怎麼受困也保持純潔的靈魂，憑她的精湛而惟肖惟妙的演技，簡直使劇中人躍然地感動觀眾。（見《電影論壇》署名石郎的文章。）

香港電影《阮玲玉》的導演關錦鵬曾評論說，阮玲玉應該有過不止一次的自殺經歷，瀕死求生的切膚之痛使她把韋明這個因感情受挫而自殺的角色演得足以亂真。阮玲玉有沒有自殺傾向？這個不太好說。但有一點可以肯定的是，有很多資料顯示，阮玲玉是個很情緒化的人。其實這也不奇怪，作家、藝術家基本上都屬於這種情緒化很強的類型。拍攝《新女性》時，女主角韋明自殺身死的鏡頭拍完了，阮玲玉卻久久地躺在「病床」上，躲在白色的被單裡失聲痛哭，哭了很久很久……是她入戲太深？還是想起了自己過去的自殺經歷？預見到了自己的悲劇命運？……

所謂「人生如戲，戲如人生」，阮玲玉如是，張國榮等也如是吧。

二是「局限說」。

阮玲玉雖然在人前驕傲矜持，姿態優美有度，卻始終是一個弱勢的女子。弱勢，不僅僅是指她的性別或是她的生計，而且是她的心理生存能力的缺失。正是這種缺失，把她帶入了自己很難走出的一種心理生存困境。從表象看，阮玲玉的問題由男人引起；但從問題演繹到放棄生命的逃避，卻是由於阮玲玉自身的精神封閉和心理弱勢引起的。

阮玲玉是有著極其鮮明的性別意識的女子。她很喜歡畫眉，當年人們盛傳她在北平畫眉要畫一個小時，在哈爾濱要畫兩個小時，而且多以入鬢細眉示人。她還是理想的賢妻良母，擅長廚技，還擅長佈置房間，種花種草。她一直渴望自己能有幸福的歸宿，存了一個女子最普通的願望：希望找到一個好男人，想要有一個好男人愛她，或者只是在流淚的時候，有一個肩膀可以借用。

從阮玲玉的人生經歷和資料記載來看，她的這種期待是很大的，大到作為終極目標和改變命運的主要途徑而左右了她的生活，使她拘謹、惶恐以致更加的虛榮和脆弱。然而她碰到的男人，卻沒有一個真正地愛她、憐她。歷次的失望終於使她走向了絕望。

事實上，這些男人是導致阮玲玉放棄生命的直接原因。是三個男人先後打擊了她對男人的期待，並把她的信念變成了沸騰的河水，她由於自救能力的缺失而無法泅渡到彼岸。

這就是阮玲玉的凋零。看起來是對一份情感的貪戀，而以生命的結束為終結。從這一表象分析，性情柔順，容貌嬌媚，心理懦弱，是幾千年裡中國女人取悅男人的本色武器，卻也是女人人生悲劇中的本原因素。因為這樣的女人往往無限依靠男人，在對男人的幻想中無限需要男人的保護，卻也往往使男人們在滿足了自己的虛榮或滿足感之後，因為膩味而心生厭倦，自然就容易移情別戀。

然而更真實的情形是，當時為阮玲玉著迷的人何止千萬。她有一隻小藤箱，裡面裝滿了青年男子給她的信，她既不加以嘲笑，更不忍心將這些癡心人的信撕毀，她把它們藏在一隻藤箱裡，上面加了把鎖，還貼了一張紙條，上面寫著「小孩子的信」。

為什麼這麼多人的熱愛不能讓她想到自己如此之短的一生原本也可以很長呢？

阮玲玉把希望過多地寄託在對男人的幻想上。於是，她的生活就很容易出現蝴蝶效應：一隻蝴蝶扇動了一下翅膀，由於客體的原因發生了變動而被放大，最終導致一場風暴。

阮玲玉自殺的直接誘因無非是唐季珊移情別戀，並打了她兩次，這自然是叫人難過的事，但這種難過卻不至於放大到喪失一切的悲苦程度。如果她知道有十多萬人擠到萬國殯儀館瞻仰她的遺容；出殯那天，靈車所經過的街道兩旁，三十多萬人為她送葬，她還會如此輕率麼？

「我死了，你可以做自己喜歡的事情，我好快樂。」阮玲玉在真實的遺書中對唐季珊說。

看到這些話，我們很難理解阮玲玉是真的想放棄生命，倒更像是阮玲玉拿了自己的生命作賭注或是武器，在試圖挽回自己想要依靠的男人。

一個經不起風、經不起雨的女人，生命是她最後的保護了。這是女人們的善良和單純。如此的女子，又如何能接受——人生從來就不是單純的，人性從來不這麼單純！

單純是女人的本色，也是一種品質，但不是生存的通行法則。何況阮玲玉的本色來源還是戴了枷鎖的——

她的身世很苦。父親在她很小的時候就被累死。父親死後，母親只好帶著尚還年幼的她去大戶人家做傭人，她六、七歲時就伴隨在母親身旁替主人家料理雜務。在她的意識裡，一個沒有男主人的家庭是很無措、很卑微的。長大後，她一心想通過一個「有安全感」的男人來改變她和母親的生存處境。男人是天，是她本色的體認。

阮玲玉自身的局限造就了她的悲劇。這是她自殺的內因。

悲劇就是將人生有價值的東西毀滅給人看，這是悲劇的定義。

真正的悲劇是當外部強加給你苦難的時候，自己人性的弱點屈服於這個苦難，從而配合、演變成一齣悲劇。

最後我們不能不看到，阮玲玉在自己人生的歷程當中，在自己的追求、掙扎、探索當中，她一直沒能跳出自己作為一個女性的人生局限——就是她所依靠的是男人、男人，最後還是男人。

阮玲玉是個林黛玉式的女人，徹頭徹尾，非常的女兒態。就活個一縷芳魂，哪管世事黑白。從張達民到唐季珊，她跟的男人不是劫財的紈褲子就是貪色的登徒子。但她跟了男人，每次都癡癡地愛，沒了自己地愛。最後她依靠的男人都成了冰山，她的世界斷桅傾斜了。兩個背棄她的男人帶給她訴訟糾紛，加上媒體的流言攻擊，她撐不住了，就服了安眠藥自殺了。

飲恨飲恨，二十五歲即是一生。在電影《阮玲玉》裡面，有一首主題歌，叫做〈葬心〉，詠歎得那麼淒淒慘慘切切：

蝴蝶兒飛去，心亦不在
淒清長夜誰來，拭淚滿腮

是貪點兒依賴，貪一點兒愛？
舊緣該了難了，換滿心哀
怎受得住，這頭猜，那邊怪？
人言匯成愁海，辛酸難捱
天給的苦、給的災，都不怪？
千不該，萬不該，芳華怕孤單
林花兒謝了，連心也埋
他日春燕歸來，身何在？……

裡面有兩句歌詞，寫得特別好：貪點兒依賴貪一點兒愛。

其實阮玲玉就是貪著一點愛，貪著一點依賴，然後放不掉一點虛榮。

這對一個女人來說，其實是一個很卑微的要求，也是一個天經地義的要求。

三是「圍城說」。

「圍城說」也叫「面子說」。阮玲玉在銀幕上所演的都是「新女性」，而銀幕下的她卻也和所有女人一樣有她的弱點，有軟弱性，也會有虛榮心。通俗地說，就是愛面子。

以前的評論習慣把「阮玲玉之死」解釋成是當時的社會造成的悲劇，今天重新看待這個問題，不妨從女性面子的「圍城」角度來分析或許更為真實，也更為殘酷。

像阮玲玉這樣一位傑出的女演員，她的成功除了先天的條件、良好的機遇外，還與她的個人閱歷大有關係，而她個人婚姻的不幸更使她對人生多一層理解。中國的女性解放其實面對著兩層「圍城」，一層是社會強加給她們的，另外一層就是性別屬性的圍城。

儘管阮玲玉離開我們已近八十年之久，現在，每當人們提起她，那種撕心裂肺、千絲萬縷的遺憾仍然不減當年。

有句名言說得好：做人難，做女人難，做名女人難上加難。有句俗話說的好：人要臉樹要皮。年輕人都要面子，年輕女人更要面子，年輕漂亮的名女人更是非常的要面子，這都是人之常情。

一次，在《小玩意》拍攝外景時，因天氣陰雨綿綿，不能進入拍攝。休息時，攝影師周克笑著問阮玲玉：

「阮小姐，你對於外間批評和擁護女明星有什麼意見？」

阮玲玉笑了笑，把身前的小玉向懷裡攏了攏說：「批評是我最關心的事，擁護，沒有什麼……老實說，只要中國影業發達，能有我一個位子便很光榮了，卻不希望無意識的被人捧上天去，我生怕自己摔下來了呀！」

「名女人」和「面子」就像「圍城」：外面的想進去——沒有得到的想得到；裡面的又想出來——名氣與面子的沉重壓力壓得她們喘不過氣來，拼命的想維護、想保持，保持不住就想擺脫、想逃跑，最後不得不放棄一切……

如果一個人把面子看得比裡子還重、比生命還重，是否就輕重倒置了呢？人的生命只有一次，珍愛生命永遠畢竟是第一重要的，沒有了生命，一切便無從談起。

這種話，說起來總是很容易的。

因此，我們永遠會聽到一個永遠正確的聲音在那兒說：

一個人無論遇到多麼難堪的事，無論受到多大的委屈，她萬萬不能走輕生之路。如果是遇到了野蠻侵害，甚至是暴力威脅，更應該勇敢地反抗，並善於運用法律武器來保障自己的生命權益。阮玲玉沒有這樣做，實在是個很大的不幸……

同時，我們又聽到一個另類的聲音在那兒說：

生命真的就高於一切嗎？中國的那句老話「好死不如賴活」，真是一句放之四海而皆準的警世恒言嗎？比起一個人的名譽、尊嚴、人格、清白、以及被玷污的身體和靈魂等等，苟活難道是唯一必要的選擇嗎？……

生命，到底是數量重要還是品質更重要？

中國有句老話：有志不在年高，無志空活百年。

外國也有句老話：一個人如果失去了金錢，他只失去了一點點；一個人如果失去了勇氣，那他就失去了很多；一個人如果失去了名譽，那他就失去了一切。

阮玲玉的藝術生命，來自對表演藝術的熱愛。特別在她藝術創作的後期，她對自己所扮演角色的探索和對完美藝術的追求，從未因名聲顯赫和感情生活的失意而隨意鬆懈。

在那樣一個紙醉金迷、燈紅酒綠的舊上海灘上，有多少女演員，稍有名氣，便一味沉醉在交際場中，和闊佬、富少、名流、記者周旋，獲取名利，哪裡還顧得上藝術的追求？

這樣連面子、名譽都不要的人，大概是不會自殺的吧。

今天的明星們，顧得上藝術的追求的又有幾個？打開電視，每張熟臉上好像都刺著幾個「門」字；翻開報紙，不見佳作，滿目皆是偷拍離婚打官司。當然，資訊發達是個原因，依靠「炒作速成法」出位，缺乏底蘊恐怕是更重要的因素。

什麼時候，我們身邊能再出一個美好的阮玲玉？

尾聲

永遠只有一個阮玲玉

赤裸的童真、藝術的追求，在當代世界的遊戲規則裡越來越格格不入了，阮玲玉碰得頭破血流。連自己的死，都要以迷醉的姿勢，演出一幕與世界最後驚鴻一瞥的淒美之戲。

在紀實風格的香港電影《阮玲玉》中，有這樣一組鏡頭：

導演關錦鵬問女主角張曼玉說：「當年阮玲玉碰到那樣事情，頂不住，想不開，自殺了；假如今天你也碰到那樣的事情，你會自殺嗎？」

張曼玉撲的一聲笑了，說：「我想我的第一反應，肯定不開心。但我給別人的感覺會是不在乎。我不開心是我自己的事，可是我一定不會給別人那種期望的滿足感。我不會因此而自殺。如果我不想活了，那是我自己的事，而不是因為這件事，我就自殺，我不會為別人的什麼看法去做這樣的蠢事。」

是啊，張曼玉是坦率的。現在不會再有阮玲玉這樣的演員了。他們只演賺名利的戲，不演交出自己命運的戲。連演《阮玲玉》演到靈魂深處的張曼玉，她可以在戲裡癡醉地跳酒醉的探戈，亦歌亦舞亦徘徊，但卸下戲服，縱已半老徐娘的她，還在不斷更換自己的異國戀人。她早認定了生活的活色生香，眼前即享受。

如今社會上流行一句話這樣總結人生說：人之初、性本善，人的童年時代最為單純，但凡是人到中年，都會變成老油子、老滑頭，正如二婚的女人大都會衝著金錢而去。而沒有變成老油子、老滑頭的只有兩種人：除了弱智，就是天才。

赤裸的童真、藝術的追求，在當代世界的遊戲規則裡越來越格格不入了，阮玲玉碰得頭破血流。連自己的死，都要以迷醉的姿勢，演出一幕與世界最後驚鴻一瞥的淒美之戲。

阮玲玉是這樣，周璇是這樣，張國榮又何嘗不是。

他們都真到幼稚。真的人都有幼稚的一面留著，長到三、四十歲還都有幼稚。

阮玲玉之死在轟動了一時後，復歸於沉寂。

以阮玲玉個人的力量，縱然是付出了生命的代價，仍無法與黑暗的現實相抗衡。阮玲玉既不是第一個也遠不是最後一個黑暗勢力的犧牲品。但是，她是最令人難以忘懷的，至少在電影界和喜愛中國電影的人心目中是這樣的。

阮玲玉的永別宣告了一個時代——中國電影的默片時代的結束。阮玲玉給默片時代中國銀幕留下的許多不可磨滅的藝術形象，已永遠地載入了中國電影的史冊。任何人要談論默片時代中國電影表演藝術的最高成就，就不能不談阮玲玉。

阮玲玉個人的經歷固然坎坷不幸，令人唏噓歎息，難以忘懷，但更使人銘記的還是她的才華和藝術。

像阮玲玉這麼美麗善良、像她這麼對演藝事業投入、又像她這麼富有影響力，以至於至今人們還在懷念她的人，也許再沒有第二個人能夠替代她。

雖然，電影事業發展至今，電影界也有不少值得懷念的人。但是永遠只有一個阮玲玉！永遠沒有人能夠取代她！

附錄一

「無冕影后」阮玲玉活動年譜

一九一〇年四月二十六日

阮玲玉出生於上海朱家木橋祥安里。取名鳳根，乳名阿根。父親阮用榮，號帝朝，廣東省廣州府香山縣（今中山縣）人，當時任上海浦東亞細亞火油棧機器部工人，是年三十九歲，母親何氏，是年二十五歲。

一九一一年

阮玲玉年僅三歲的長姐夭折。父母親視唯一的小女兒阮玲玉為掌上明珠。

一九一五年

阮玲玉喪父，母親替人家作傭人，以微資撫養女兒。在這一年，阮玲玉被寄養在母親義姐家中時大病，兩個月有餘方才痊癒。

一九一六年

隨母親到張家當傭人，幫助料理雜事，相當於一個小丫環。進入張家大院後，原本活潑的阮玲玉開始逐漸沉默。

一九一七年

阮玲玉進入私塾讀書，改鳳根為阮玉英。是年身體虛弱，屢犯喉疾。

一九一八年

就讀於上海崇德女子學校。讀書其間，一直體弱多病。

一九二〇年

隨張家遷入乍浦路。

一九二五年

在崇德女子學校讀初二，在六月的學校懇親會上初顯其表演才能。同年，因阮玲玉與張家四少年張達民的戀愛，母親被張家辭退。阮玲玉退學，與張達民開始同居。

一九二六年

改名阮玲玉。為自立，考入明星影片公司，主演影片《掛名夫妻》。

一九二七年

遷居海寧路，在明星公司主演了《北京楊貴妃》、《血淚碑》等兩部電影。這一年，收養了小玉為養女。

一九二九年

轉入大中華百合影片公司，主演《情慾寶鑑》等。這一年，阮玲玉與張達民分居三次，無一成功。其間，阮玲玉在無奈中服毒自殺，幸被搶救回來。

一九三〇年

在聯華影業公司主演《故都春夢》、《野草閒花》、《戀愛與義務》、《桃花泣血記》等，奠定在影壇中的地位。為拍攝《一剪梅》外景，第一次到廣州和香港。

一九三一年

在聯華公司主演了《桃花泣血》、《玉堂春》。託羅明佑為張達民謀得光華戲院經理職位。

一九三二年

在田漢的《三個摩登女性》影片中，成功塑造出一個具有民主革命覺悟的女工形象，阮玲玉成為最受觀眾喜愛的電影明星。這一年冬天，阮玲玉初識唐季珊。

一九三三年

阮玲玉繼而演出的《城市之夜》、《小玩意》、《神女》、《新女性》等作品中，她自然及出色的演技，令她成為紅極一時的影壇第一明星。四月，阮玲玉與張達民辦理分離手續。八月與唐季珊正式同居。

一九三四年

雖然阮玲玉的事業如日方中，但感情世界卻毫不順利。她常說「做女人太苦」、「一個女人活過三十歲就沒有什麼意思了」之類的話。

一九三五年

感情豐富的阮玲玉，周旋於前任男友與現任男友的複雜三角關係裡，為此承受無窮壓力，更不堪黃色小報的無理圍攻及誹謗，於一九三五年三月八日以自殺作解脫。死時只有二十五歲。

附錄二

阮玲玉從影九年中所拍的二十九部影片（一九二七—一九三五）

1 《掛名夫妻》一九二七年，明星影片公司。編劇：鄭正秋。導演：卜萬蒼。阮玲玉處女作，飾演女學生史妙文。

2 《血淚碑》一九二七年，明星影片公司。編劇、導演：鄭正秋。阮玲玉演為封建婚姻殉情的女性。

3 《楊小真》一九二七年，明星影片公司。編劇、導演：鄭正秋。阮玲玉飾演受受盡委屈的婦女，在重重迫害下犧牲。

4 《洛陽橋》一九二八年，明星影片公司。編劇、導演：張石川。阮玲玉飾演傳說故事中的女主角。

5 《白雲塔》一九二九年，明星影片公司，編劇：鄭正秋。導演：張石川、鄭正秋。阮玲玉飾演富家之女蒲綠姬，最後悔慚自盡。

6 《情慾寶鑑》一九二九年，大中華百合影片公司。編劇：朱瘦菊。導演：李萍倩。阮玲玉飾演交際花。

7 《銀幕之花》一九二九年，大中華百合影片公司。編劇：朱瘦菊。導演：鄭其鋒。阮玲玉飾演追名逐利最後墮落的女演員。

8 《珍珠冠》一九二九年，大中華百合影片公司。編劇、導演：朱瘦菊。阮玲玉飾演民間傳說的女主角，在愛情故事中歷盡苦難，後來有情人終成眷屬。

9 《大破九龍王》一九二九年，大中華百合影片公司。編劇、導演：朱瘦菊。阮玲玉在這部武俠片中飾演女俠。

10 《火燒九龍山》一九二九年，大中華百合影片公司。編劇、導演：朱瘦菊。阮玲玉演片中之女俠。

11 《劫後孤鴻》一九二九年，大中華百合影片公司。編劇、導演：朱瘦菊。阮玲玉演在戰亂中受盡苦難的少女。

12 《故都春夢》一九三〇年，聯華影業公司。編劇、導演：孫瑜。阮玲玉飾演歌妓燕燕。這部影片是她表演藝術的轉捩點。

13 《自殺合同》一九三〇年，聯華影業公司。編劇、導演：朱石麟。阮玲玉飾影片中少年之妻。

14 《野草閒花》一九三〇年，聯華影業公司。編劇、導演：孫瑜。阮玲玉飾演木匠養女麗蓮。

15 《戀愛義務》一九三一年，聯華影業公司。編劇：朱石麟。導演：卜萬蒼。阮玲玉飾演少女楊乃凡，最後悔恨投河自盡。

16 《一剪梅》一九三一年，聯華影業公司。編劇：黃漪嗟。導演：卜萬蒼。依莎士比亞《維洛那兩紳士》改編。阮玲玉飾演督辦署衛隊長之妹胡珠麗。

17 《桃花泣血記》一九三一年，聯華影業公司。編劇、導演：卜萬蒼。阮玲玉演牧女琳姑。

18 《玉堂春》一九三一年，聯華影業公司。編劇：朱石麟。導演：莊國鈞。根據京劇改編。阮玲玉飾演蘇三。

19 《續故都春夢》一九三二年，聯華影業公司。編劇：朱石麟。導演：卜萬蒼。阮玲玉飾演歌妓燕燕。

20 《三個摩登女性》一九三三年，聯華影業公司。編劇：田漢。導演：卜萬蒼。阮玲玉飾演東北女郎周淑貞。

21 《城市之夜》一九三三年，聯華影業公司。編劇：賀孟斧、馮紫墀。導演：費穆。阮玲玉飾演紗廠女工。

22 《小玩意》一九三三年，聯華影業公司。編劇、導演：孫瑜。阮玲玉飾演葉大嫂，淞滬抗戰家破人亡，而導致精神失常。

23 《人生》一九三四年，聯華影業公司。編劇：鐘石根。導演：費穆。阮玲玉飾演無名無姓女子，最終淪為風塵女。

24 《歸來》一九三四年，聯華影業公司。編劇、導演：朱石麟。阮玲玉飾商人顧彬之妻。

25 《香雪海》一九三四年，聯華影業公司。編劇、導演：費穆。阮玲玉飾演農村少女。

26 《再會吧，上海》一九三四年，聯華影業公司。編劇、導演：鄭基鐸。阮玲玉飾演鄉村女教師白露。

27 《神女》一九三四年，聯華影業公司。編劇、導演：吳永剛。阮玲玉飾演善良婦女，因生活所迫，又為培育幼兒，不得已而被迫為娼。

28 《新女性》一九三四年，聯華影業公司。編劇：孫師毅。導演：蔡楚生。阮玲玉飾演女大學生韋明，最終服毒自盡。

29 《國風》一九三五年，聯華影業公司。編劇：羅明佑。導演：羅明佑、朱石麟。阮玲玉飾演姊姊張蘭。在拍攝本片中途，阮玲玉服毒自盡。

附錄三

參考文獻

《無冕影后阮玲玉》作者：朱劍；出版社：蘭州大學出版社；出版時間：一九九七年
《阮玲玉畫傳：中國第一女明星的愛恨生活》作者：黃維鈞；出版社：貴州人民出版社；出版時間：二〇〇四年
《一個真實的阮玲玉》作者：戴彥；出版社：東方出版社；出版時間：二〇〇五年
《一代影星阮玲玉》作者：沈寂；出版社：陝西人民出版社；出版時間：一九八五年
《阮玲玉傳》作者：黃維鈞；出版社：北方婦女兒童出版社；出版時間：一九八六年
《阮玲玉》作者：中國電影協會電影史研究組；出版社：中國電影出版社；出版時間：一九八五年
《阮玲玉》作者：趙玫；出版社：新華出版社；出版時間：二〇〇八年
《一代影星阮玲玉》作者：淳子；央視《百家講壇》
《阮玲玉自殺之謎》作者：沈連生；央視《法律講堂》
《阮玲玉》電影導演：關錦鵬；一九九二年

新美學32　PH0149

新銳文創
INDEPENDENT & UNIQUE

人言可畏
——阮玲玉玉碎之謎

編　　著　中　躍
主　　編　蔡登山
責任編輯　蔡曉雯
圖文排版　賴英珍
封面設計　陳佩蓉

出版策劃　新銳文創
發 行 人　宋政坤
法律顧問　毛國樑　律師
製作發行　秀威資訊科技股份有限公司
114 台北市內湖區瑞光路76巷65號1樓
電話：+886-2-2796-3638　傳真：+886-2-2796-1377
服務信箱：service@showwe.com.tw
http://www.showwe.com.tw
郵政劃撥　19563868　戶名：秀威資訊科技股份有限公司
展售門市　國家書店【松江門市】
104 台北市中山區松江路209號1樓
電話：+886-2-2518-0207　傳真：+886-2-2518-0778
網路訂購　秀威網路書店：http://www.bodbooks.com.tw
國家網路書店：http://www.govbooks.com.tw

出版日期　2014年9月　BOD一版
定　　價　490元

Printed in Taiwan

國家圖書館出版品預行編目

人言可畏：阮玲玉玉碎之謎 / 中躍編著. -- 一版. -- 臺北市：新銳文創, 2014.09
面；　公分. -- (新美學 ; PH0149)
BOD版
ISBN 978-986-5716-21-9 (平裝)

1. 阮玲玉 2. 傳記

782.884　　103013957

讀者回函卡

感謝您購買本書，為提升服務品質，請填妥以下資料，將讀者回函卡直接寄回或傳真本公司，收到您的寶貴意見後，我們會收藏記錄及檢討，謝謝！如您需要了解本公司最新出版書目、購書優惠或企劃活動，歡迎您上網查詢或下載相關資料：http:// www.showwe.com.tw

您購買的書名：________________________________

出生日期：________年________月________日

學歷：□高中（含）以下　□大專　□研究所（含）以上

職業：□製造業　□金融業　□資訊業　□軍警　□傳播業　□自由業
　　□服務業　□公務員　□教職　□學生　□家管　□其它_____

購書地點：□網路書店　□實體書店　□書展　□郵購　□贈閱　□其他

您從何得知本書的消息？

□網路書店　□實體書店　□網路搜尋　□電子報　□書訊　□雜誌
□傳播媒體　□親友推薦　□網站推薦　□部落格　□其他__________

您對本書的評價：（請填代號　1.非常滿意　2.滿意　3.尚可　4.再改進）

封面設計____　版面編排____　內容____　文／譯筆____　價格____

讀完書後您覺得：

□很有收穫　□有收穫　□收穫不多　□沒收穫

對我們的建議：________________________________

____

____

____

請貼
郵票

11466
台北市內湖區瑞光路 76 巷 65 號 1 樓
秀威資訊科技股份有限公司 收
BOD 數位出版事業部

……………………………………………………………………………

（請沿線對折寄回，謝謝！）

姓　名：＿＿＿＿＿＿＿＿　年齡：＿＿＿＿　性別：□女　□男

郵遞區號：□□□□□

地　址：＿＿＿＿＿＿＿＿＿＿＿＿＿＿＿＿＿＿＿

聯絡電話：(日) ＿＿＿＿＿＿＿＿＿ (夜) ＿＿＿＿＿＿＿＿＿

E-mail：＿＿＿＿＿＿＿＿＿＿＿＿＿＿＿＿＿＿＿